汉语作为外语教学丛书

汉语作为外语的学习研究：
认知模式与策略

徐子亮　著

图书在版编目(CIP)数据

汉语作为外语的学习研究:认知模式与策略/徐子亮著.—北京:北京大学出版社,2010.4

(汉语作为外语教学丛书)

ISBN 978-7-301-17025-0

Ⅰ.汉… Ⅱ.徐… Ⅲ.对外汉语教学—教学研究 Ⅳ.H195.1

中国版本图书馆 CIP 数据核字(2010)第 044963 号

书　　　名:	汉语作为外语的学习研究:认知模式与策略
著作责任者:	徐子亮　著
责 任 编 辑:	沈　岚
标 准 书 号:	ISBN 978-7-301-17025-0/H·2450
出 版 发 行:	北京大学出版社
地　　　址:	北京市海淀区成府路 205 号　100871
网　　　址:	http://www.pup.cn
电 子 邮 箱:	zpup@pup.pku.edu.cn
电　　　话:	邮购部 62752015　发行部 62750672　编辑部 62752028
	出版部 62754962
印 　刷 　者:	河北涞县鑫华书刊印刷厂
经 　销 　者:	新华书店
	730 毫米×980 毫米　16 开本　20 印张　328 千字
	2010 年 4 月第 1 版　2010 年 4 月第 1 次印刷
定　　　价:	35.00 元

未经许可,不得以任何方式复制或抄袭本书之部分或全部内容。

版权所有,侵权必究　　举报电话:010－62752024

电子邮箱:fd@pup.pku.edu.cn

目 录

序 …………………………………………………………………… 1
前言 ………………………………………………………………… 1

第一章　语言认知的基本原理 …………………………………… 1
　　第一节　认知的神经生理学基础 ……………………………… 1
　　第二节　学习与记忆的信息流程 ……………………………… 6
　　第三节　语言认知的内部机制 ………………………………… 11
　　第四节　认知心理模式 ………………………………………… 15

第二章　听觉感知模式 …………………………………………… 19
　　第一节　模式定义和认知过程 ………………………………… 19
　　第二节　听觉感知模式的认知原理 …………………………… 21
　　第三节　听觉感知模式在学习中的认知作用 ………………… 24

第三章　视觉感知模式 …………………………………………… 36
　　第一节　模式定义和认知过程 ………………………………… 36
　　第二节　视觉感知模式的认知原理 …………………………… 39
　　第三节　视觉感知模式在学习中的认知作用 ………………… 42

第四章　联想模式 ………………………………………………… 51
　　第一节　模式定义和认知过程 ………………………………… 51
　　第二节　联想模式的认知原理 ………………………………… 54
　　第三节　联想模式在学习中的认知作用 ……………………… 56

第五章　记忆模式 … 69
第一节　模式定义和认知过程 … 69
第二节　记忆模式的认知原理 … 72
第三节　记忆模式在学习中的认知作用 … 75

第六章　演绎模式 … 83
第一节　模式定义和认知过程 … 83
第二节　演绎模式的认知原理 … 86
第三节　演绎模式在学习中的认知作用 … 90

第七章　归纳模式 … 105
第一节　模式定义和认知过程 … 105
第二节　归纳模式的认知原理 … 108
第三节　归纳模式在学习中的认知作用 … 110

第八章　整合模式 … 125
第一节　模式定义和认知过程 … 125
第二节　整合模式的认知原理 … 132
第三节　整合模式在学习中的认知作用 … 135

第九章　元认知模式 … 153
第一节　模式定义和认知过程 … 153
第二节　元认知模式的认知原理 … 156
第三节　元认知模式在学习中的认知作用 … 158

第十章　群体学习的认知特点 … 182
第一节　信息线索在认知中的作用 … 182
第二节　丰富信息线索的最佳形式 … 191
第三节　增添信息线索的途径和方法 … 197

第十一章　个别学习的认知特点 206
第一节　个别教育条件下学习者感知信息的特点 206
第二节　个别教育条件下学习者加工信息的特点 210
第三节　个别教育条件下学习者认知汉语的局限 219

第十二章　远程学习的认知特点 222
第一节　远程教学的特点 222
第二节　远程教学的认知原理 227
第三节　远程教学的基本原则 235

第十三章　中介语与学习策略 237
第一节　中介语的性质与成因 237
第二节　使用中介语的学习策略 249
第三节　改进中介语的学习策略 252

第十四章　第二语言的学习策略 261
第一节　基本概念与研究方法 261
第二节　学习策略的共同性分析 266
第三节　学习策略的差异性分析 268

第十五章　认知风格与学习策略 278
第一节　理论背景与研究方法 279
第二节　研究结果及分析(一) 283
第三节　研究结果及分析(二) 289
第四节　元认知策略和认知风格 295

参考文献 299
后记 302

序

今年年初在美国女儿的寓所,徐子亮教授发来她的新著《汉语作为外语的学习研究:认知模式与策略》的电子文稿,要我审读并作序。在国内时,就听说子亮女士继《汉语作为外语教学的认知理论研究》一书后又写了一本《对外汉语教学心理学》专著,时隔半年余,又看到了她的另一部新作,真正感佩不已。一个学中国语言文学的人,涉足于心理学领域,竟然有如此成就,不由得让人惊讶和钦佩。

十五年前,子亮女士就有志于将认知心理学引进对外汉语教学,为学科的理论建设铺砖加瓦。当时,我还在华东师范大学对外汉语教研中心主任的位置上,很赏识她的想法,于是也跟着她阅读一些认知心理学的图书和资料,闲来跟她讨论和交流阅读的心得体会。此时,我就发现子亮女士的毅力和韧劲。她把所有的业余时间,无论走路还是乘车,全都花到了思索和探讨上面。每有心得和见解,就来找我切磋和研讨。"磨刀不误砍柴功",正是十多年来的潜心研究、笔耕不辍,才结出了如此丰硕的成果。

说起《汉语作为外语的学习研究:认知模式与策略》这部新著,早在五年前子亮女士就已经开始构思和酝酿。当时,子亮女士邀我参加《实用对外汉语教学法》的撰写,在统稿、定稿之际,她敏锐地察觉到教学法所罗列的一个个具体的教学方法都是外显的教学行为,而真正起作用并能收到教学实效的应该是内隐的认知心理活动模式。经过五年的艰苦劳作,她终于把自己的观点和想法撰写成了一部专著。

一般所说的教学模式,是指课堂模式或教学模式,即教学方法的归纳和抽绎,是具体教法上一位的概念,既不属于微观的教学招式,也不是宏观的理论体系,而是中观的典型化、标准化了的教学范式。它们可以从实践出发,经概括、归纳、综合、提炼而得;也可从理论出发,经类比、演绎、分析,敷衍而成。因此,从现有的模式研究的成果来看,其分类和归纳是多标准的:有时从环境定位,有时将教法归类,有时依信息加工划分,有时循思维角度界定。例如由教学阶段引导出阶段写作模式等,由教学任务演绎为任务型口语教学模式等,由教学步骤派生出五步口语教学模式、四段法听力模式等,由教学活动概括为精听模式、泛听模式、选听模式等,由教学环境蜕变出环境写作模式等,由教学形式综合为群体教学模式、个体教学模式、远程教学模式等,由教学举措和教学行为演化为直观模式、辨析模式、解释模式、语境模式、联想模式等,由思维方式,抽绎为归纳模式、演绎模式、综合模式等,由信息加工归纳为自下而上模式、自上而下模式、相互补偿模式等,这众多模式都是从不同的角度,经过分析与综合,归纳并提炼出若干教学方法和范式,最后一律称之曰"模式"。因此所谓的"模式",其内涵极其丰富,其种类也极其繁多。不过总的说来,这些模式的形成和提出都有其一定的实践与理论作基础,在各科教学和外语教学中推广和实施,都取得了一定的成效,值得对外汉语教师吸取和应用。当然,对外汉语教学领域,对于模式的研究尚属起步阶段,还不怎么普遍,但是每一位教师都在课堂上组织和整合各种具体的教法以实施教学,形成自己的教学范式和独特风格,这实际上已是建模(建立模式)和用模(运用模式)的过程,不管是自觉的还是无意识的,都正沿着模式的道路摸索着前进。可以设想,如果能把教师们的经验和智慧,加以汇总,涓涓细流就能聚成江河,对外汉语教学的模式体系可赖以建立,汉语国际推广也必将上一个台阶。

　　子亮女士的《汉语作为外语的学习研究:认知模式与策略》以其独特的旋律,融入当前的"模式交响乐"。说其独特,因为她所谈的模式,专指认知心理模式,即在学习过程中有关接收、加工、储存和应用的心理模式,着眼并偏重于信息加工和思维方式。认知心理学有一个著名的公式,即 S—O—R,S 是外界的信息刺激,R 是机体受到刺激后的反应,O 是从刺激到反应的中间必须经过的心理活动和心理过程。S 和 R(即刺激和反应)是可看到的、可听到的、或可触摸到的,属于外显的行为和方式,O 则是内隐的心理活动和规律。目前,一般所说的模式,大多指外显的教学方式或范式,不太注意和探究其内隐的认知加工过程,在阐述和介绍各种模式时,往往是"只说其然,不说其所以然",因而大多数教师只能就事论事地模仿着运用,难以融会贯通和创造发展。作者在该书中所说的模式,诸如听觉感知模式、视觉感知模式、记忆模式、联想模式、演绎模式、归纳模式、整合模式、元认知模式等,都属于 O(认知心理活动)的范畴,是认知心理的模式。她认为,教学的过程实际上是众多认知心理模式共同合作、协调的过程;教学的效果,实际上是众多认知心理模式共同起作用的结果。课堂教学的模式,无论采用什么样的方式和方法,归根结底是诸种认知心理模式的结合体。教师理解并掌握这些认知心理模式,将这些模式协调、组合和应用起来,再加上自己的具体教学实践,可以演绎出众多的课堂教学模式和语言学习模式,以适应听说读写诸种课型与技能学习的需要,使教学更符合认知的规律。从这一点来说,本书作者谱写的模式旋律,其音符似乎更为强烈而有力些。此为本书的第一个特点。

　　本书的第二个特点是教学实录的点评。在每一种认知模式的后面都附上一则或几则教学实录。这些实录,搜集了作者自己上课的亲身实践和听课过程的现场原始记录,展示了国内外一些教师的课堂执教艺术。透过这些实录,折射出认知心理模式在教学中的作用和威力。而作者对每则教学实录的教学环节、教学步骤、教学行为、教学反应等等,从认知角度进行了深入的点评和阐发,将掩蔽和隐藏于外显的教学举措和教学活动之中的内部心理活动一一揭示和钩沉出来,犹如雕璞成玉,使认知心理模式迸发出了璀璨的光芒。这种研究方法,比较新颖,带有一定的原创性,为该书生色不少。如果说子亮女士以往的著作,如《汉语作为外语教学的认知理论研究》、《实用对外汉语教学法》、《对外汉语教学心理学》等,大多采用演绎的研究方法,举一个或几个实例来说明某个论题或观点,所举的实例往往只有一斑,尚难窥视全豹的话,那么,该书的研究则有了较大的突破。她采用了归纳的方法,所举的实例是一堂课或两堂课的教学实录,从实录中分析和归纳出认知过程和认知活动,既看得见一斑或几斑(即部分)的学习认知特点,又能窥见全豹(即整体)的学习认知过程。这不能不说是一大创新。

　　本书的第三个特点是将认知模式的运用推向对外汉语教学的各个层面。一方面,从群体教学、个别教学与远程教学的不同教学组织形式的不同特点来阐述认知心理模式的具体运用;另一方面,从学习策略的角度来进行更为深入的探讨。学生调整自己的学习策略,实际上是在调整自己的认知心理活动和认知模式,使自己的学习更符合认知规律,以便进入学习的最佳境地。本书不仅从学生普遍所采用的诸种策略着手,展示认知模式在外语学习中的作用,而且选择典型的个案,在比较和对照中,揭示认知模式的应用与认知风格的关系及其不同的学习效果。这些章节犹如依托的花萼,扶衬的绿叶,更突现了认知模式这朵红花的鲜艳和光泽。

　　子亮女士生性澹泊,温婉随和,不喜张扬,近三十年来始终默默地俯首耕耘在对外汉语教学这块土地上。桃李不言,下自成蹊。她的每一部著作问世,都会受到圈内人士的关注和重视。相信这一部力作的出版,也将会有良好的反应和影响。

　　是为序。

吴仁甫

2008年2月

前　言

　　汉语作为外语的学习研究是对外汉语学科的一个重要理论研究层面。本书论述的认知模式与策略，是从第二语言习得的角度对汉语的认知进行分析和探讨。

　　汉语作为外语的教学，可以从教的角度和学的角度，以及教和学相互配合的角度，归纳出种种教学模式。一般所说的语言教学模式，属于具体教法的上位概念。它们或者由理论的演绎和具体化而来，或者由教学实践的抽绎和概括而成。虽然也略有涉及认知的内部心理活动，但主要指学习的外部活动。本书所说的模式，专指认知心理模式，即在学习过程中有关信息的接收、加工、储存、提取和应用的心理模式，着眼于信息加工和思维方式。这是一种高级神经活动，它涉及一定的生理学基础和一定的心理活动规律与过程。冠于全书之首的第一章"语言认知的基本原理"，专门介绍认知的神经生理学基础、学习和记忆的信息流程、语言认知的内部机制以及认知心理模式等等内容，便于读者认识诸种认知心理模式的特点，也是下文展开的基础。

　　从第二章开始，一直到第九章，具体介绍八种认知心理模式。每种模式都从模式的定义和认知过程、模式的认知原理、模式在学习中的认知作用等方面加以探讨和阐述。定义和过程主要指模式的特点和流程，认知原理主要依据心理学理论加以阐发，认知作用主要就"教学实录"来点评模式的实际应用和效果。这八种认知心理模式不是孤立的，它们相互之间有着密切的联系，常常是几种认知模式结合起来渗透在具体的教学过程之中。而一般的外显的教学模式，也常常是这种、那种或几种认知模式在内部起着作用。

　　不同的学习形式会有不同的认知特点。我们在研究汉语作为外语的学习的同时，充分注意到了在不同的教学形式下，汉语认知也会形成相应的特性。

　　群体教学、个别教学和远程教学是汉语作为外语教学所采取的主要教学形式。三种教学形式组织教学的特点不同，教师所发挥的指导作用及重心也会有一定的差异,因而其教学效果也各有千秋。群体教学有集体学习的环境,在互动互学,竞争动力方面有优势;个别教学局限于一师一生,活动面较窄,缺少集思广益的条件和氛围,但在因材施教和提高单位时间利用率方面能发挥所长;远程教学是一种新兴的教学形式,以网上电子教材的程序代替教师的指导,学生以自学为主,根据各人在学习上的实际情况和具体问题进行再现、再认等操练。本书的第十章至第十二章,就是从群体教学、个别教学和与远程教学的特点出发,阐述不同教学形式在教和学方面的不同表现和不同反应,探讨不同学习形式下汉语认知的特点。值得注意的是,从心理模式而言,三种教学形式虽然各具特色,但是不论哪种形式,学习者在接收、储存汉语知识和应用汉语技能方面所运用的认知心理模式有共性。根据不同的学习形式,发挥认知心理模式相应的作用,殊途同归,最后都能取得良好的学习效果。

为了提高语言学习(包括外语学习)的质量和效果,学习者都会有意或无意地采用一些学习的方法和范式,以便充分发挥认知模式的内在作用,争取获得最佳的成绩。及时地审视和评估自己所采取的学习策略和学习方法是否正确有效、有无缺陷,该如何改进,采取何种补救措施等等,至关重要。认知心理学非常注重学习者的元认知能力和水平,因为元认知有两大作用:一个是自觉监控知识的接收和应用;一个是根据学习效果的反馈,调整自己的学习策略。学习者元认知水平的高低,直接关系到对学习策略的掌控,从而涉及能否正确地采用学习方法和范式,进而影响语言知识的接收和应用。由此可见,学习策略的确定和调整,对于语言学习至关重要。它上连元认知的监控,下系学习方式的选取,如果元认知——学习策略——学习方式一个系列的联系、安排比较顺畅,就能充分发挥认知模式的作用和潜能,可以较快地步入学习的佳境;如果这个系列中间的学习策略环节出了问题,而又得不到及时的修正,认知模式不能发挥其认知的作用,学习就会走上弯路。基于这样的认识,本书在最后三章着重讨论了学习策略问题。第十三章:中介语与学习策略,介绍了中介语的性质、分类和成因,着重分析了学习者使用和改进中介语的学习策略。第十四章:第二语言的学习策略,通过中国学生学习英语和欧美学生学习汉语的对比,从共同的学习策略和相异的学习策略两方面,依据认知心理学的原理进行探讨和分析,从而抽绎和归纳出选用正确的策略进行外语学习的一般规律。第十五章:认知风格和学习策略,则从个案分析着眼,进行认知风格和学习策略的对照,以成功和不成功的典型个案，分析发挥认知模式的内部潜能和心理规律的重要性。这三章内容各具重心，合在一起又有机地展示了语言学习一般规律的普遍性和特殊性。而最后两章在研究方法上采用了定性和定量分析的结合来揭示语言认知和学习策略的相关性。

为了方便读者阅读和理解，我们为本书做了多媒体课件，可在 http://pup.pku.edu.cn/dl/ 下载。课件主要内容包括两部分：第一部分以教学实录为例呈现课堂教学分析和学生认知过程考察；第二部分呈现不同教学形式的认知特点与学习策略。希望以此梳理脉络、突显要点，使本书更清晰易读。

汉语作为外语的学习研究，在模式的建立和运用方面，在不同教学组织形式特点的利用方面，在策略的选择和协调方面，还有许多课题可以深入展开。本书仅涉及了其中的一小部分。更为全面深入的研究，有待今后与学界同行的共同努力。

徐子亮

第一章 语言认知的基本原理

人类对语言的认知是一种高级的神经活动。这种活动是以人类的神经系统为物质基础的。了解人类的高级神经活动机制,有助于我们把握人类的认知心理过程。

第一节 认知的神经生理学基础

人类能认知周围的世界,这是为人的生理条件所决定的。也就是说,人的基本生理条件,人体的神经系统是认知的物质基础。神经系统分为中枢神经系统和周围神经系统两部分。中枢神经系统包括脑和脊髓;周围神经系统包括脑神经、脊神经和植物性神经,这些神经分布于全身,把中枢神经系统与全身各器官联系起来。神经系统综合各种传入的信息,使机体各器官、系统互相配合,作为一个整体进行生理活动。

一、神经元

神经系统主要由神经元(神经细胞)和神经胶质细胞构成。神经元是神经系统的结构和功能单位,它由细胞体及其外延突起组成。突起有树突和轴突两种,树突多而短,轴突一般只有一条,长而均匀,它由细胞体的轴丘分出,离开细胞体一定距离后才获得髓鞘,成为神经纤维。人的神经兴奋就是靠神经纤维来传导的,可传导的兴奋称为神经冲动。神经冲动在神经纤维中的传导有其特点:第一,神经传导兴奋,要求有完整的结构和正常的功能状态。异常状态如麻醉、冷冻或结扎等会阻滞神经的传导功能。第二,神经冲动是一种绝缘性的传导,往往只沿某一神经纤维传导,并不传递至同一神经纤维束或神经干内的邻近神经纤维。这种特性保证同一神经纤维束或纤维干内不同纤维互不干扰地同时传导冲动,使神经传导的功能十分精确。第三,在神经纤维内神经冲动的传导具有双向传导、相对不疲劳和不减衰性传导等特点①。

神经元的功能是接受一个神经元的轴突末梢与其他神经元的胞体或突起相接触,进行兴奋或抑制的传递,这一相接触的部位称为突触。一个神经元的轴突末梢可形成许多突触小体,它们与多个神经元胞体或树突形成突触,由此建立神经细胞相互间的联系。一个神经元可通过突触对多个神经元施加作用;另一方面,一个神经元的胞体或树突可通过突触接受众多神经元的影响。神经元的功能是接受整合和传递信息②。

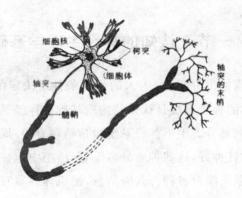

图 1-1　神经元模式图③

二、突　触

突触的兴奋传递包括一系列理化过程。当神经冲动传至突触部分时,突触小泡即释放出化学递质,由于神经元内膜与外膜之间有一定的电位差,引起突触后膜产生兴奋或抑制。减少电位差的突触联系能引起兴奋;增加电位差的联系能引起抑制。因此,突触有兴奋性突触和抑制性突触之分,它们的生理功能

---

① 〔美〕A.C.盖顿 《人体生理学基础—正常功能与疾病机理》,周佳音等译,甘肃人民出版社,1980年,第383—384,390—391页。
② 张长城、葛斌贵、周保和主编 《人体生理学》,科学技术文献出版社,1993年,第190—193页。
③ 柏树令主编 《系统解剖学》,人民卫生出版社,2001年第五版,第306页。

不同。突触传递有四方面的特性：

1）单向传递。

2）突触延搁。突触传递要经历递质的释放和扩散，作用于突触后膜引起兴奋性突触后电位，然后才发生扩布性兴奋。因此突触传递消耗时间较多，此即突触延搁。

3）疲劳。突触部位最易受内环境变化的影响，对内环境变化十分敏感，是反射弧中最易疲劳的环节。例如数秒钟的缺氧就足以使神经元丧失兴奋性，从而发生传导障碍。疲劳是突触功能的一个十分重要的特性，因为当神经系统的某些部位发生兴奋过度时，疲劳可使它们不久即失去此种过度的兴奋性。疲劳的发生是防止神经活动过度的一种保护性机制。

4）兴奋和抑制的总和现象。突触前末梢传来的一次冲动所释放的递质常不足以使突触后神经元产生扩布性兴奋。而如果由同一突触前末梢连续传来一系列冲动，或由另外突触前末梢同时传来冲动，引起较多的递质释放，则可产生较大的兴奋性后电位，从而诱发突触后神经元的兴奋，这即为总和现象。兴奋和抑制都具有总和现象。①

突触是神经元之间的连接点，是控制信息传递的有利部位并决定传布方向。突触在处理信息时有其基本原则，这就是突触具有选择性的作用，它常常阻断弱信号而让强信号通过，常常选择和放大某些弱信号，常常向许多不同方向而不是单一方向输送信号。

突触还具有储存信息，即记忆的功能。当特殊的感觉信号每一次通过一系列突触时，能使各突触变得更容易让下次同样的信号传递过去，这称之为易化。在感觉信号多次通过突触以后，突触的易化可使未被兴奋的感觉输入，或者说仅仅是一个感觉记忆，也能引起冲动而沿同一个突触系列进行传递。记忆一旦储存入神经系统，它们就变成处理机制的一部分。脑的思维过程可以把新的感觉体验与储存的记忆相比较；记忆能够帮助选择重要的新感觉信息，并把它们输送到适当的储存区域以备需要时应用，或输送到运动区以引起机体的反应。②

---

① 山东师院、北京师大等合编 《生理卫生》，人民教育出版社，1977 年，第 127—128 页。
② 〔美〕A.C.盖顿 《人体生理学基础—正常功能与疾病机理》，第 380—381 页。

三、兴奋和抑制

信息通过神经系统传递到大脑并作出反应的方式为:感受器感受到一定的刺激,发生兴奋,兴奋以神经冲动的方式经过传入神经传向中枢;通过中枢的分析与整合以后,如果中枢产生兴奋过程,兴奋便沿传出神经到达效应器,若中枢产生抑制过程,则可使中枢传出冲动减弱或停止。

任何轻微的刺激所引起的感受器兴奋是许多个感觉神经元和许多个运动神经元的冲动成排地传入和传出的结果,同时也有许多个中间神经元的介入。

四、大脑皮层

内外环境变化作用于感受器,感受器将它们转换为神经冲动,经神经传导道路上传至皮层下各级中枢,最后投射到大脑皮层,进行精细的分析和综合,形成各种各样的特殊感觉并升华为意识。在中枢神经系统内,脊髓和脑干是接受感受器传入冲动的基本部位,丘脑是感觉机能的较高级部位,大脑皮层则是最高级部位[①]。作为中枢神经系统发展上最新、最高级和最完善的部分,大脑皮层表面布满许多脑回与脑沟,2/3面积折叠进脑沟内,使皮层的面积得以增加到2200平方厘米。

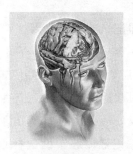

图1-2 大脑半球上面观[②]

大脑皮层主要是一个巨大的信息储存区。整个神经系统的所有神经细胞

---

① 张长城、葛斌贵、周保和主编《人体生理学》,第202—203页。
② 涂雪松编著《神经内科学》,军事医学科学出版社,1999年,第441页。

体,大约有四分之三左右位于大脑皮层内。在这里储存着大部分过去经验的记忆,储存着许多运动反应的构型,其信息可以随意引出,以控制机体的运动机能[1]。大脑皮层的许多重要功能区域,运动区域,在额叶中央前回,支配对侧身体各部分的自主运动。感觉中枢,在顶叶中央后回,接受来自对侧身体各部分的感觉。言语中枢,一般以右手使用劳动工具的人,此中枢在左侧半球,左手者则相反。运动性言语中枢在额下回后部,医学上已证实,当这个部位受损时,患者丧失言语表达功能。感觉性言语中枢在颞上回后部,医学上也已证实,这个部位受损时,患者不能理解言语的意思。听觉中枢位于颞上回和颞横回的皮质。因为来自一侧听觉刺激传导到两侧听觉中枢,故一侧半球受损时,不引起听觉丧失。视觉中枢,主要位于枕叶内侧面距状裂上、下缘,每侧视觉中枢接受来自两眼的对侧一半视觉刺激。损害时出现两眼对侧的同向偏盲。文字符号中枢在主侧角回,受损时,病人虽无视觉障碍,但不能理解文字的意义。

大脑皮层有一些区域是专门用于抽象的思维过程的,如前额叶和颞、顶叶的大部分,这些区域与神经系统的感觉机能和运动机能都不发生直接关系。医学实践已证实,当大脑皮层的一部分受到损坏时,思维过程所需要的大量信息也随之而丧失,与此同时,也丧失了处理这种信息的某些机制[2]。

五、大脑半球

人的大脑分为左右两半球,人体的右部与大脑左半球相联系,左部与大脑右半球相联系。两个半球的功能具有一侧优势。人体解剖学和人体生理学的研究表明,左侧大脑半球为语言的优势半球,大脑的左半球主要进行语言、文字、计算等符号与分析的信息处理;右侧大脑半球在非语词性认识功能上存在一定功能优势,音乐才能、图形,空间辨认,深度知觉和触觉认识等信息加工更多依赖于右半球。人类脑高级功能向一侧半球集中的优势现象是相对的,不是绝对的。左侧半球也有一定的准语词性认识功能,同样,右侧半球也有一定的简单语词活动能力[3]。

---

[1] 张长城、葛斌贵、周保和主编 《人体生理学》,第382页。
[2] 〔美〕A.C.盖顿 《人体生理学基础—正常功能与疾病机理》,第383页。
[3] 张长城、葛斌贵、周保和主编 《人体生理学》,第227页。

人体的神经系统是人的心理产生的自然前提和物质基础。人的心理由人的高级神经系统的活动而产生,而人类对现实世界的认知则是人的心理高度发展的结果。

第二节　学习与记忆的信息流程

学习和记忆是人接受环境变化的影响,获得新的经验或行为习惯以及将获得的经验或行为习惯储存一定时期并能回忆或"读出"的一种神经活动过程。生理学的研究显示:学习和记忆的信息在人脑中的储存和记忆经历了这样一个过程[①]:

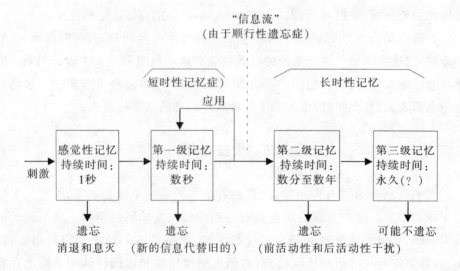

图 1-3　信息的储存和记忆

如图所示,人类信息的储存和记忆可分为两种形式和四个连续的阶段。两种形式为短时记忆和长时记忆;四个连续阶段为:感觉性记忆、第一级记忆、第二级记忆和第三级记忆。

---

① 张长城、葛斌贵、周保和主编《人体生理学》,第 225 页。

一、感觉性记忆

感觉性记忆是人类信息储存的第一阶段，是指感觉性传入冲动（信息）在脑的感觉区储存极短的时间（不到一秒钟），称为"感觉滞留"。具体来说，外部刺激作用于感觉器官而产生一种感觉象，即使外部刺激作用已经过去，但感觉象仍然可以维持极短的片刻，这可以说是感觉信息的瞬间储存（也叫感觉登记）。感觉滞留可以使人们对电影和电视的一张张静止的画面产生连续的、运动的错觉；而人们听话语能把离散的一个个单独的音，构成连续的语音串，也得益于这种感觉滞留。对于语言学习来说，感觉记忆主要是视觉的感觉记忆，称作图像记忆，以及听觉的感觉记忆，称作声像记忆。这种感觉记忆"是原始的感觉形式，是分类前的信息保持"，因而它们"还没有完全被认识"。尽管感觉记忆是如此短暂，但它为进一步的加工提供"额外的、更多的时间性和可能性，对知觉活动本身和其他高级认知活动都有重要意义"。[①]

不过，感觉性记忆如果没有得到及时的加工处理会很快消失。相反，在此短时间内信息得到整合，成为新的连续的印象，就可以从感觉性记忆转入第一级记忆。

二、短时记忆

第一级记忆称为短时记忆，是由感觉性的资料变成口头表达性的词语性符号来实现的。这些资料一般按时间顺序，即听觉编码性质储存（也有一部分按视觉编码储存，如汉字）。其容量小，一般为 7 ± 2 单位；停留时间短，大约只能维持 10 秒左右。在这个短暂的时间里，若不进行复述，信息就会从短时记忆中消失，或者被其他新信息干扰和替代，或者信息痕迹自然消退。

短时记忆的容量虽然通过实验定为 7 ± 2 单位，但如果将一些小单位联合成大单位，即组块，那么短时记忆的信息量可通过组块而得到扩充和提高[②]。这也就是知识经验丰富的学习者，其短时记忆容量比一般人大的原因。

[①] 杨治良、郭力平、王沛、陈宁编著 《记忆心理学》，华东师范大学出版社，1999 年，第 40 页。
[②] 同上书，第 44 页。

感觉性记忆和第一级记忆主要是神经元生理活动的功能表现。各神经元不是孤立地进行活动,它们之间互相交通,互相作用,形成许多环路,即:神经元 a 被激活,依次传递到 b, c, d……,最后又返回 a,这就是所谓的神经环路(或叫神经回路)。这样的神经环路密布于脑部,一个回路的神经突触与另一个神经突触勾连、交通,相互传递信息。因此,可以这么说,一种心理过程就是某特定的神经回路的活动。由感觉引起的回路活动,在刺激消除后会持续一短暂的时间。短时记忆就是这种神经回路的反响。它使神经活动在一段时间里自我循环和持续 20 至 30 秒,有短暂的时间进行信息的巩固活动[1]。

三、长时记忆

第一级记忆中的信息通过反复练习和多次循环,就能较容易地转变为较持久的第二级记忆,也就是信息已进入长时记忆。长时记忆指信息储存在一分钟以上,可以保持长久的记忆。在长时记忆中储存着的关于世界的知识和经验,是一切认知心理活动所必要的基础。

(一) 情节记忆和语义记忆

信息在长时记忆中的储存有两种形式:情节记忆和语义记忆。"情节记忆接收和储存的是关于个人的特定时间的情景或事件以及这些事件时空关系的信息;

语义记忆是运用语言时必须用到的,它接收和储存的是各种知识。[2]"认知心理学的双重编码理论,将长时记忆分为两个系统,即表象系统和言语系统。"表象系统以表象代码来储存关于具体的客体和事件的信息,它构成了非言语思维的表征方式;言语系统以言语代码来储存言语信息,具有听觉—运动性质。"[3]这两个系统彼此独立又可以互相联系在一起。

在长时记忆的编码储存中,语义代码占有特别重要的地位。认知心理学中,语义记忆最有代表性的是层次网络模型和激活扩散模型。层次网络模型的理论是,在长时记忆中概念被分层次地组织成有逻辑性的种属关系。如动

---

[1] 杨治良、郭力平、王沛、陈宁编著《记忆心理学》,第 27 页。
[2] 同上书,第 62 页。
[3] 同上书,第 64 页。

物—鸟—燕子,或动物—兽—虎,或动物—鱼—金鱼等等关系,某一概念的特征包含在上一级的概念特征之中。如鸟、兽、鱼各有自己的特征。但诸如"有皮肤、会运动、吃食、呼吸"等这些共同的特征都包含在上一级概念——动物的特征里。而"燕子"、"虎"、"金鱼",它们各具自己的概念特征,但有些特征却分别包含在各自的上一级概念"鸟"、"兽"、"鱼"之中,这就形成了层次网络模型。在这个模型之中,一个概念意义决定于与其他概念和特征的连线上。凭借这种连线,可在网络层次中进行搜索,以提取信息。激活扩散模型的理论是,以语义相似性将概念化为庞大的"结节"(或叫"结点")集,即为网络①。如"鸽子"这个结节,在"生物"这个层面上,可以与其他概念有着种种联系:或是种属关系(鸽子是鸟,是动物),或是特性关系("有"有关——鸽子有翅膀;"是"关系——鸽子是灰色的或白色的;"会"关系——鸽子会飞);或是否定关系(鸽子不会游泳);在"宠物"层面上,鸽子可以被豢养、放飞、观赏;在"功能"层面上,鸽子可以用来捎信,等等。概念之间的联系由连线表示。当外界刺激激活一个概念结点,就能沿着连线向四周的结点扩散,以期引起计算,作出评价②。

(二) 储存和遗忘

由于第二级记忆是一个大而持久的储存系统,所以储存的信息能在较长时间内被回忆利用。但因为储存器巨大,信息提取的速度较第一级记忆缓慢。第二级记忆属于长时记忆,其神经过程是神经突触与另一些神经突触由于经常交通和系连,产生了固定的联系,以致脑细胞发生生理变化,产生新的树突或轴突,于是在大脑皮质上留下了深深的记忆痕迹,信息得以长期储存。但第二级记忆仍会发生遗忘,除了生理上的代谢或衰退,使突触的联系松弛而引起记忆衰退外,主要来自于干扰,破坏长时记忆的建立③。这种干扰来自两个方面,即前活动性抑制(也叫前摄抑制)和后活动性抑制(也叫后摄抑制),也就是先前的或后来的信息干扰。而先前已获得的信息资料的干扰是大部分信息遗忘的主要原因。

第一级记忆痕迹,通过长期运用,一般不会被遗忘(如自己的名字等)。这

---

① 〔美〕R. L. 索尔索著 《认知心理学》,黄希庭等译,教育科学出版社,1990年,第106页。
② 杨治良、郭力平、王沛、陈宁编著 《记忆心理学》,第65—67页。
③ 同上书,第28页。

类记忆一般储存在第三级记忆中,且提取极快。这突出地表现在拥有大量领域知识的专家的记忆操作上,他们能够快速地、准确地提取储存的知识解决问题和完成任务[1]。第二级记忆和第三级记忆同属长时记忆。长时记忆的本质,一般推测与脑内某些永久性的功能和结构的变化有关。动物实验中观察到,持久性记忆可能与新的突触关系的建立有关[2]。

四、工作记忆

此外,认知心理学认为在短时记忆与长时记忆之间还有工作记忆,它"是认知加工过程中随信息的不断变化而形成的一种连续的工作状态"。有与短时记忆相联系的短时工作记忆;有与长时记忆相联系的长时工作记忆。"长时工作记忆中的信息可以稳定地、较长期地保留,同时又可以通过短时工作记忆中的提取线索,建立一个短暂的提取通路。"也就是说,外界的刺激信息为短时记忆所接收,由短时工作记忆将其分解为可以向长时记忆进行提取的各种线索;长时工作记忆凭借这些线索,在长时记忆库中匹配和提取,从而准确地做出反应。从这个意义上说,长时工作记忆必须得到短时工作记忆的支持才能有效地发挥作用。长时工作记忆和长时记忆两者既有联系又有区别:长时记忆是存储知识的库房,而长时工作记忆是对库房的运用,是对长时记忆提取和存储的能力。这种能力可以通过训练或长期实践而获得[3]。

工作记忆主要与大脑皮质的额叶关系密切。额叶皮质将信息输入工作记忆,激活工作记忆中已储存的信息,并利用它来选择一个个反应。工作记忆有语音环、视觉空间模板和中央执行系统三个部分。语音环负责对声音信息的储存与控制,它既负责语音储存,又负责发音控制加工,将书面语言转换为语音代码。视觉空间模板主要处理视觉空间信息。它包含两个元素,一个是视觉元素,处理的是颜色与形状;一个是空间元素,处理的是空间位置。中央执行系统是工作记忆模型的核心。"它是一个能量有限的系统,负责语音环和视觉空间

---

[1] Kurt Pawlik Mark R. Rosenzweig 著 《国际心理学手册》,张厚粲主译,华东师范大学出版社,2002年,第379页。
[2] 张长城、葛斌贵、周保和主编 《人体生理学》,第225—226页。
[3] 杨治良、郭力平、王沛、陈宁编著 《记忆心理学》,第100—101页。

模板子系统之间以及它们与长时记忆的联系,也负责注意资源的协调和策略的选择与计划。"①

第三节 语言认知的内部机制

语言学习是一种知识的获得和运用。认知心理学在吸取了生理学、一般心理学研究成果的基础上,对语言学习的过程作了深入的分析,进一步揭示了语言学习的原理。

一、信息的传递和加工

语言学习的内部机制主要表现为信息的传递和加工。语言学习中的客观刺激,如声音(语音)、词语(字形)作用于学习者机体的感觉器官(听觉、视觉),引起兴奋,转化为神经冲动传入大脑。这是一个非常短暂的直接感觉的过程,认知心理学称之为"短时感觉储存",即前文所述生理学上的"感觉性记忆阶段"。学习语言的过程中,客观外界每时每刻都有大量刺激作用于感官,例如翻书、书写的动作,书本词典被翻动、合上的声响,喝茶甚至咳嗽的声音,这一切人们不可能全部接收,而只能对范围很小的信息,即那些集中注意的信息,如需要识记的生词、必须加以理解的句式,作出选择性的反应。同时由于人的感官通道(如视觉通道、听觉通道等)容量也是有限度的,过多线索的摄入,会产生超载,从而影响注意的质量进而导致注意的失败。一般而言,人们在聚精会神的情况下能产生选择性知觉,把外界出现的干扰刺激排除在注意之外,而只有受到注意的信息才被传递下去进一步加工。

二、信息编码

被登记和注意到的语言信息,交付给短时记忆,必须进行编码才能进入下一级记忆。编码是把复合刺激物转化为标记或符号,提供给记忆。编码的方式

---

① 杨治良、郭力平、王沛、陈宁编著 《记忆心理学》,第 104—112 页。

可以从信息的形状、声音等方面进行分析综合,也可以从与它有各种关联的事物方面进行综合分析。短时记忆经过编码的刺激信息,在语言学习中是一定的语言信息,称为记忆模式。语言知识在记忆中的储存方式即语言知识的表征。以知觉为基础的信息表征是比较多地保存了知识经验原来的形式和结构,例如空间表象和线性排列;以意义为基础的信息表征则保存知识经验的抽象意义。在以知觉为基础的知识表征中,空间表象和线性排列是记忆保存的主要知觉结构。前者保存的是关于物体的空间位置,后者保存的是关于事件的顺序。例如语言中词的字母排列次序和句子的词序就是线性排列。以意义为基础的信息表征是高度抽象化的知识表征。在一般情况下,视觉信息或者言语信息,保存在记忆中的都是意义。大多数心理学家认为,意义在记忆中是以命题的方式保存的。命题是能够单独进行判断的最小知识单位。命题与命题之间以网络形式组成。多个命题构成概念,形成有组织的信息集合,这种集合是以图式的方式加以表现的。图式在知识组织中起着中心作用,它是认知的建筑组块①。

语言信息在记忆里得以表征的编码方式可以概括为非言语的表象编码和言语编码(也称为语义编码)。一般来说,前者适合于具体信息而后者适合于抽象信息。这二者也可以结合起来同时进行表象和言语的双重编码。例如词语"天高云淡"可以用言语解释为"天空高而云少",也可以联想"秋日晴朗的天空"来体会。

三、信息的储存和提取

感觉记忆的材料受到注意,经过粗疏的编码会进入到短时记忆阶段。停留在短时记忆中的信息,储存容量有限,保持时间一般为 17 秒②。如不加以处理,很快就会遗忘。短时记忆中的信息能否进入长时记忆,取决于大脑对信息的处理程度。短时记忆中的信息经过精细的编码加工或语言复述,能转移至长时记忆。在长时记忆阶段,信息能够长期储存。在语言学习中,以词语记忆为例,许多先前学习的词语会因不使用而很快遗忘。只有反复运用的词语,例如通过搭

---

① 桂诗春编著 《实验心理语言学纲要》,湖南教育出版社,1991 年,第 157—158 页。
② 王初明编著 《应用心理语言学》,湖南教育出版社,1990 年,第 139 页。

配、组合、表达等不同形式的运用,多次重复,以多种方式的编码而存进长时记忆就不易遗忘。学习语言,获得了语言知识,将有关的语言信息储存于长时记忆,这还只是完成了语言学习的一半任务。语言是交际工具,必须能将所学的知识加以运用,才是真正掌握了一种语言。因而储存在长时记忆中的语言信息必须能提取出来加以运用。记忆中的信息提取要依靠记忆痕迹的恢复。记忆痕迹的恢复主要有两种形式,即再认和重现。再认是指原始刺激再度呈现时仍然认识的心理过程,而重现是过去经历过而当时并未呈现的刺激在头脑中重新呈现出来的记忆过程[①]。相应的情景和线索在通过再认和重现恢复记忆痕迹的过程中起着十分重要的作用。尤其是与信息编码储存方式有关的线索。语言信息的输出,根据外界刺激的需要,经过多条线索的检索,激活沉睡于长时记忆中的有关信息,恢复记忆痕迹,从而进行匹配、提取并应用。

四、语言学习的层次

语言学习是一个复杂的心理过程,在语言信息的传递和加工过程中,学习者的元认知机制及各种学习行为等等因素都会对这个过程产生影响,发生作用。比亚利斯托克(Bialystok,G.)研究外语学习心理,把语言学习分为输入、知识和输出三个层次[②]。

(一) 输入层次

输入层次即语言的接触,如前文所述,语言接触一般是通过听觉和视觉这两种感觉通道将语言信息输入大脑的。以虚词学习为例,虚词的输入方式通常是通过阅读或倾听,随同句子的实词一起进入大脑;或者以学习的方式,听课或者看语法书等等,单独输入。

(二) 知识层次

知识层次是学习者身上的"黑箱"[③],是隐性的。在知识层次中,蕴含着三类知识:①与外语相关的知识,如学习者的母语知识、语言常识等等;②意识到的语言形式知识,也称为"明示的语言知识",如明确知道的语法和词汇知识等等;

[①] 朱纯编著 《外语教学心理学》,上海外语教育出版社,1994年,第193页。
[②] 王初明编著 《应用心理语言学》,湖南教育出版社,1990年,第175页。
[③] 同上书,第177页。

③凭直感而达到自动化的语言知识,亦称为"隐含的语言知识"。以目的语的词语学习为例,存在于学习者头脑中的有以前接触过的已知(母语和其他语言的词语知识),有当前接触的新知(刚学习和接收的目的语词语知识)。而新知在头脑中又分为意识到的语言形式知识和隐含的,即凭直感而达到自动化的词语知识。这三类知识之间是相互渗透、相互为用的。当一个新的词语出现在语料中,为学习者所接触,在认识和体会这个词语特点的过程中,很自然地会与其母语或其他语言中相关的词语对照和比较,从已知推出新知,找出其相同点和相异点,从而初步掌握这个词语的特点和用法。进一步的语言实践和反复练习,则可以将所学的词语储存进长时记忆,成为隐含的、自动化了的语言知识,以供交际之用。

(三) 输出层次

输出层次即外在的反应,它是语言推理和使用的结果。外在的反应可以是直接的、快速的,如交际会话;也可以是思考和修正以后的反应,如书面的表达,这是可以重复和修改的。外在的反应与自动化的语言知识直接联系而发生作用。

五、元认知的作用

学习者的元认知因素、学习行为和学习策略,例如监察、推理、形式练习以及功能练习等则在语言学习的心理过程中贯穿始终,并与每个环节产生联系,发生作用。以监察为例,监察是学习者根据语言规则知识来审视和纠正言语行为。监察的实施一般需要花一定的时间,具体可表现为思考。对目的语的监察能力在学习初期一般比较薄弱,例如代词的运用,初级阶段常有指代不明的现象发生。但随学习的深入,监察能力会有所提高,偏误情况则会相对减少,到语言学习的中高级阶段,监察能力就会逐步增强。再如推理,这是学习者用来获得包括语言规则在内的一些语言形式知识。推理线索一般是从母语和其他语言知识推理而来,这主要反映在成年学习者身上。成年人思维相当成熟,他们学习目的语,往往是在同母语的对比中获得,通过对照和比较,掌握目的语词语及句式的用法。监察和推理可以将语言学习中的输入、知识和输出三个层次贯穿和联系起来。此外,语言学习中的语言规则的学习,如发音练习、语法练习等语言形式练习,以及增加语言接触的功能练习,可以加快语言的自动化。

不同的语言学习任务和学习行为、学习策略涉及不同的心理过程,在不同的心理过程阶段运用不同的学习策略可以帮助语言的学习。

第四节 认知心理模式

语言的认知,从信息的传递和加工,信息的编码和记忆,到信息的储存和提取,都是人脑一系列内部心理活动的反应和结果,其间有众多的认知心理模式在人脑内部相互协调和相互作用着。

一、语言教学模式

一般所说的语言教学模式,主要指教学的外部活动,也偶尔涉及认知的内部心理活动,因为两者是紧密结合和相连的。教学模式偏重于外部形式,心理模式偏重于内部过程。研究的出发点和侧重点虽然有所不同,但追求最佳的教学效果是一致的。

教学模式,"属于教学法的中观研究领域",即为具体教法上一位的概念。它是"具有典型意义的、标准化的教学或学习范式",是"在一定教学思想或教学理论指导下建立起来的、较为稳定的教学活动的框架和活动程序。"[①]它们可能由理论的演绎和具体化而来,也可能由教学实践的抽绎和概括而成。美国Bruce Joyce 等所著的《教学模式》认为,"教学过程的核心就是创设一种环境。在这个环境里,学生能够互相影响,学会如何学习。一种教学模式就是一种教学环境。"[②]更为明显地把教学模式视作一种外部形式。也有学者认为"模式是一种重要的科学操作与科学思维的方法",它们是客观实物的模拟(实物模式),是真实世界的抽象描写(数学模式),是思想观念的形象显示(图像模式和语义模式)。可以从实践出发,经概括、归纳、综合,提出各种模式;也可以从理论出发,经类比、演绎、分析,提出各种模式[③]。

---

① 马箭飞 《汉语教学的模式化研究初论》,《语言教学与研究》,2004 年第 1 期。
② 〔美〕Bruce Joyce 等著 《教学模式》,中国轻工业出版社,2002 年,第 15 页。
③ 查有梁编著 《课堂模式论》,广西师范大学出版社 2003 年版,第 3 页。

由于学者和教师对教学的指导思想不同，于是提出或形成了多种多样的模式。有的着眼于特定教学环境下的某些教法，如社团模式、群体教学模式等；有的从汉语独特的语言特点和语言运用特点出发，提出课堂教学的具体程式，如字本位教学模式、词本位教学模式、句本位教学模式等；也有按照多种标准来归纳模式，或从环境着眼，或从教法归并，或依据认知心理划分，或从思维角度界定，举凡教学阶段、教学任务、教学步骤、教学活动、教学环境、教学形式、教学举措和教学行为、思维方法、信息加工等等，都可形成一定的范式，皆可泛称："模式"。如阶段写作模式（由教学阶段形成的范式）、任务型口语教学模式（由教学任务形成的范式）、五步口语教学模式、四段法听力模式（由教学步骤形成的范式）、精听模式、泛听模式、选听模式（由教学活动形成的范式）、环境写作模式（由教学环境形成的范式）、群体教学模式、个体教学模式、远程教学模式（由教学形式形成的范式）、直观模式、辨析模式、解释模式、语境模式、联想模式（由教学行为和教学举措形成的范式）、归纳模式、演绎模式、综合模式（由思维方法形成的范式）、自下而上模式、自上而下模式和相互补偿模式（由信息加工形成的范式），等等，都是从各个角度与不同方面，经过教学实践加以提炼、概括、抽绎而建立起来的。它们所依据的标准不一，教学所获得的效果也各异，但都是一定理论的具体化，或一定实践和经验的抽象化。教学中实施这些范式，对语言学习会产生一定的影响，可在不同程度上收到一定的成效。

本书所指的模式，专指认知的心理模式，即在学习过程中有关信息接收、加工、储存、提取和应用的心理活动模式，着眼于信息加工和思维方式，如听觉感知模式、视觉感知模式、记忆模式、联想模式、演绎模式、归纳模式、整合模式、元认知模式等。因为教学的过程，无论采用这样的教学范式或那样的教学方式，归根结底来说，是众多认知心理模式共同合作、协调、联系的过程；教学的效果，实际上也是众多认知心理模式共同作用的结果。所以，从本质上来说，教学范式和学习方式是教学的外显行为，它必须通过认知心理模式的内隐活动而起作用。行为主义心理学所提出的 S—R 公式，把学习行为归结为刺激（S）和反应（R）的外部行为。后来的学者把公式改造成为 S—O—R，其中的 O，指的是从刺激到反应的中间必须经过的心理活动和心理过程。本书所提出的认知心理模式，就是这个 O 的具体反映。即将 O 中的心理活动和心理过程，通过综合和归纳，抽绎为一个个认知心理模式。教师掌握了认知心理模式，将这些模式协调、组合和应用起来,再加上自己的具体教学实践和经验,就能演绎出众多的课堂教学模式和语言学习模式,以及由此申发、派生、演化开来的许许多多小模式和子模式,以适应听说读写诸种课型与技能的学习需要。从这个意义上来说,认知心理模式是教学模式的核心、精髓和灵魂,它统率和支配着教学的模式和范式。

二、认知心理模式

认知心理模式是学习过程中的内部心理活动程序,可以说是各种教学范式的内部运作。一个教学范式,可能涉及几个认知心理模式,是几个认知心理模式共同作用的组合体;一个心理模式,可能反映在几个教学范式之中,是多个教学范式都具有的共核。因此,认知心理模式虽然有限,但能由此演化出众多的教学范式和学习方式。熟悉和掌握认知心理模式,对于建立和熟练运用教学范式与学习方式,有着重要的意义。

认知心理模式的组成,包含下列一些认知要素:

(一)认知的理论基础

认知心理模式的形成,有其一定的生理基础和心理的基本原理,涉及感觉的作用,神经元的传递,大脑的记忆功能和输出功能等等。

(二)认知的感知起点

认知心理模式必然有一个感知外界信息的起点,或者是视觉感知(如文字),或者是听觉感知(如语音),或者是触觉感知(如盲文),或者是几种感觉综合感知(如电视声像)等。

(三)认知目标

认知心理模式的运作,总会有一个目标,如理解语言,促进思维,充实和调整知识结构,输出话语等。这是实施某种认知心理模式所获得的结果。

(四)认知过程

认知心理模式的认知过程,就是认知的程序,也就是认知的感知起点和认知目标中间的环节或流程。它们或者是通过母语与目的语相对应的语义的中介,或者是建立知识的新旧联系,或者是通过编码得以储存,或者进行演绎或归纳推理,或者在大脑加工器内整合。没有认知的加工过程与程序,就达不到认知目标。

(五) 认知手段和策略

运用认知心理模式达到理想的目标,必须采取一些必要的手段和策略。比如提高再现与再认的频率,就能获取长时记忆;利用对知识的"知晓感",就能快速提取答案;驾驭产生式规则,就能有效地开展相互对答的口语会话活动,等等。

掌握认知心理模式,可以产生和形成各种教学范式和学习方法,但教学范式和教学方式的建立,必须考虑语言学习和汉语学习的特点,至少要考虑下列四个方面:

(1) 有利于外语知识的积累;

(2) 能有效地转化本族语为外族语,或转化外族语为本族语;

(3) 促进用外族语直接思维;

(4) 缩短中介语的使用过程。

本书之所以只阐述认知心理模式,而不详尽列举和介绍教学范式和学习方法,就因为虑及认知心理模式是教学范式和学习方法的根本,而教学范式和学习方法是认知心理模式的枝叶,抓住了根本,就能顺藤摸瓜地理清和把握其繁衍和伸展的枝叶。

第二章 听觉感知模式

语言学习,最重要的环节是语言输入。这种输入有两种渠道:一种是通过听觉而输入语音信息,一种是通过视觉而输入文字信息。人们从接收语音开始,终而得以理解一串语音的意义,主要依赖和发挥听觉感知模式的作用。

第一节 模式定义和认知过程

一、模式定义

通过听觉,接收和感知外界语音,经过头脑的信息加工,转换成语义,从而辨别和理解话语意义的一种认知模式。

二、认知过程

听觉感知模式首先要从外部世界的声音中分辨和接收属于某种语言的声音,(如英语的 morning,汉语的 zǎo)这种声音信息由神经系统传递给大脑有关皮层,在那里得到进一步的加工,即进行语音编码(如把 morning 编码为 m、o、r、n、i、n、g,把 zǎo 编码为 z、ɑ、o),并把这种语音代码跟有关的心理词语挂起钩来(如把 zǎo 跟汉语的"早"或英语的 morning 联系起来),进一步把语音串切分为有意义的单位(如把语音串 zǎoan 切分为 zǎo ɑn),通过大脑对此一系列的整合,人们就能理解所接收的语音串所包蕴的意义(如把汉语语音串 zǎo ɑn 理解为"早安"或 good morning)。其具体步骤为:

(一)感知语音

由外部世界传进耳朵的声音各种各样,耳朵不能兼收并蓄,只有那些为人们所需要和注意的声音才能被接收和感知。在交际场合或群体聚合的地方,语音是人们最为关注的声音。只有感知语音,才能进行交际和交流。当然不同的人群,不同的年龄,不同的文化背景,不同的语言系统,对感知语音的敏锐度会有所差异。而操本族语的人对本族语的语音和对目前正在进行学习的外族语的语音的感知则差异更大。中国人对汉语语音,英美人对英语语音,由于从小的训练,早已耳熟能详,接收和感知特别快捷;而中国人对英语语音,英美人对汉语语音,如果尚处在学习阶段,则接收和感知比较缓慢。特别是欧美人对汉语语音的感知则更会困难些,这是因为汉语语音系统中有着为他们所不熟悉的声调,它不同于英语中的重音,重音听错,尚无大碍;声调分辨不准,直接影响语音所包蕴的意义。例如,中国人听英语的语音 influence,不慎把重音节误听在后面而不是开头,还是能够理解此语音的意义;欧美人听汉语的语音 yǐngxiǎng,如果把两个三声并读的音,误听为两个四声,那可能把"影响"的意义,误解为"映像"。所以,学习外语,加强对单字音节的听辨和对语音串的听辨,这是共同的;而加强对声韵调的听辨,则是学习汉语的特殊要求。

(二) 语音转换成语义

机体所接收和感知的语音波,通过听觉神经的传递到达大脑皮层,在那里音波被编码为语音代码,并由这种代码激发留存在脑库中的心理词汇。心理词汇相当于储存在长时记忆中的一部词典。它的每个词也由形、音、义三要素组成。因此机体对心理词汇的检索,可以从音——义的顺序进行,也可从形——义的顺序进行。听觉感知模式,感知的是语音,自然是依照语音线索,在心理词汇中寻找与该语音相应相配的词义或语义。由于汉语单音节的同音字太多,例如 yang,就有样、养、羊、洋、仰、扬、秧、氧、痒……二十余个,检索和确定词义比较艰难。但接收和感知的语音的多寡跟在心理词汇中检索和确定意义的难易正好成反比:即感知的语音多,确定语义容易;感知的语音少,确定词义困难。因此,感知汉语语音,从而转换成言语,比较多的情况是:由多音节联系词语和意义;由语音串转换成有意义的词组、句子或语段。例如,由 gǎigé 这个语音信息直接联系到"改革"这个词义,比较困难些,而由 gǎigé kāifàng 多个语音信息联系到"改革开放"这个词组意义就较为容易,而假如在 gǎigé kāifàng dài lái jùdà biànhuà 这一语音串中,由于上下语境和意义比较确定,gaige 确定为"改革"就更为容易,而整个语音串转换成"改革开放带来巨大变化"这样的句子意义,也不是什么难事了。

(三) 理解意义

这一步骤(理解意义)与上一步骤(语音转换成语义)是密不可分的,往往是同时进行的。在日常生活中,人们通过听觉所感知的语音信息,常常是一长串的,叫做语音串。一个语音串传递到大脑皮层,要编码为语音代码,首要的任务是必须把语音串切分为一个个语音,然后由一个个语音代码激发和提取与之相匹配的心理词汇,最后再由大脑在工作记忆中把这些心理词汇整合为有意义的话语。至此,一个语音串所蕴涵的意义被正确地揭示出来,人们就能正确地理解所接收和感知的多个语音信息所蕴藏的真实含义了。可见,这里的语音切分至关重要,语音切分得正确与否,直接影响人们对这一语音串意义的正确理解。例如,dà jiā dōu xiàng nǐ zhè yàng, xiǎng qù nǎ er qù nǎ er, nà hái liǎo dé。(大家都像你这样,想去哪儿去哪儿,那还了得!)这一大串语音,已经切分为一个个语音,但还需要再次切分为词语音节:da jia/ dou/ xiang/ ni/ zhe yang// xiang/ qu/ na er/ qu/ na er// na/ hai/ liao de//。这样,才能从心理词汇中找到与之匹配的词语:大家 / 都 / 像 / 你 / 这样 // 想 / 去 / 哪儿 / 去 / 哪儿 // 那 / 还 / 了得 //,这些词语在头脑中经过加工和整合,其意义就显示出来了。如果切分不准,把"想去哪儿去哪儿",切为"想去 / 哪儿去 / 哪儿",就不知所云了。这些语音切分和词语匹配的步骤对于不太熟练的学习者,其间隔时间比较长而明显;而对于熟练者来说,从语音切分到词语匹配的间隔甚小,似乎一步就可到位。

第二节 听觉感知模式的认知原理

听觉感知模式的认知原理,涉及语音的感知、语音的加工和语音跟意义的联系等内部心理活动。

一、听觉感知与辨析

知觉过程是接纳感觉输入并将之转换为较抽象代码的过程。[①] 听觉感知也

[①] 〔美〕John B. Best 著 《认知心理学》,黄希庭主译,中国轻工业出版社,2000 年,第 33 页。

同样是这样的一种转换过程。我们知道,外部世界由于空气的压力产生诸种声音的物理刺激,"耳朵的功能是将空气中的压力变化转化为神经元的电活动"①。我们在第一章中已经介绍过神经元和神经系统。神经元是由一个长的轴突和一个细胞体构成。知觉接收的信息以电脉冲方式沿轴突传递给另一个相关的神经元。神经元之间的联系点和交换点称为突触,也就是说,在突触处,一个神经元末端的动作电位,会影响另一个神经元的电位变化,或者提高别的神经元的激活水平(兴奋),或者降低其激活水平(抑制)②。就这样,经过多个神经元的传递,直到大脑皮层。它们构成人类认知的基础。所谓的听觉感知,也就是机体把耳朵所接收的诸种声音,通过神经元的传递活动,送达听皮层的过程。听皮层是大脑皮层的一个区,听觉皮层区加工来自耳朵接收而由听神经传递的信息。

人的听觉系统能够识别无限的多种复杂的声波。因为"我们的耳朵能够根据声波的不同频率,把它分解成各个组成成分。"③听交响乐时,人们能分辨出主旋律、副旋律、和声,乃至各种器乐的吹奏;在大庭广众的嘈杂声中,人们能分辨出男声、女声、哭笑声、话语声等等,就是具备了这种将复杂声波分析成各个组成成分的能力。而机体分析语音,则更为复杂。语音的最小单位是音素。不同语言在音素的数量和性质上有所不同。比如,英语和汉语,它们不仅在辅音和元音的数量上有不同,在发音和拼合上也有很多差异。因而要能听准和分辨语音,必须经过训练,积累一定的语言经验,听皮层才能对之进行有效的加工。

二、语音的加工过程

语音知觉的过程是一个复杂的信息加工过程。"听者由感知系统接受语音刺激后,先要找出初步的分析,找出语音的音位学特性,进行编码。然后再依据记忆系统中有关语音的知识对信息进行整合",即"由内部的产生式系统进行综合性的分析,找到与要识别的语音刺激相适应的匹配"④,最终完成对语音的识

---

① M.艾森克主编 《心理学:一条整合的途径》,华东师范大学出版社,2001年,第155页。
② 桂诗春编著 《实验心理语言学纲要》,湖南教育出版社,1991年,第76页。
③ M.艾森克主编 《心理学:一条整合的途径》,第157页。
④ 彭聃龄 《语言心理学》,北京师范大学出版社,1991年,第88—89,92页。

别。例如外国学生听写汉语拼音,辨析和听准声母与韵母,就是对汉语语音的分析、综合和识别。

识别语音只是第一步的分析。言语由相对连续的声音气流构成,因此,人们必须把声音气流切分为若干音节,再由这些音节去刺激和提取与之相匹配的一系列单词。本族人听本族语,切分音节和提取单词都比较容易。如果听别人讲一种不太熟悉的外语,则可能发现不了气流中的间断,切不准音节,因而也无法有效提取有关词语。

切分音节,如果听者对某种语音比较熟悉,则从乍开始接收语音时就进行;如果对某种语音不太熟悉,则常常在听完一个语音流后,再来切分,听者可依赖语义及上下文来帮助分解音节。语音流经过加工,切分为若干个音节,就能从储存于长时记忆的心理词典中提取相关词语投放到工作记忆进行语义的加工。此时,听者所积累的语音、词汇、句法及语义知识,都会参与语音知觉的过程,从各个角度和不同方面去鉴别、比较、限制、补充、确定语音音节的实质,从而得以理解语音或语音流的意义。不仅仅是理解,有些新的语音信息经过强化,还能储存长时记忆,充实知识结构。

三、记忆型式与语感

语音和意义的结合和联系,其速度的快慢,取决于人们的语言经验和语感。所谓的语感,是一种语言经验的积累和语言实践的运作相互作用的结果。说到底,是神经元之间的突触联系的变化而储存起来的一种记忆。在成人中,一般不可能产生新的突触,但突触在对经验作出反应时可以改变其效能。① 这种效能,表现在一些神经元可以有效地使另一些神经元兴奋或抑制,于是形成了某些记忆型式。② 这样的记忆型式积累越多,语感也就越丰富,越敏感,越能正常地反应出语音刺激和意义之间的联系。另外,人们的生活经验对听觉感知也产生一定的影响。与熟悉的生活经验有关的话语,容易引起听者的注意,也容易听懂和理解;对那些没怎么接触的生活经验和生活领域的有关话语,感知和反

---

① 桂诗春编著《实验心理语言学纲要》,第 77 页。
② 记忆型式,记忆的固定联系,即某些线索可直接从长时记忆提取相应的词语或意义,用不着通过选择或排除的计算程序。

应就较为迟钝。这也就是外语学习者在与社会的接触和活动中能比较快速地提高听力理解的原因。

听觉感知能力的提高,其外显的表现有二:缩短凭借母语中介和转换的时间和过程;增强把汉语语音直接转化为意义的能力。

第三节 听觉感知模式在学习中的认知作用

听觉感知模式在汉语作为外语学习中的认知作用,我们通过课堂教学的分析、学生认知过程的考察,来加以多方位的展示。

教学实录 2-1*

课型:中级汉语听力课

教材:教师自选

教学对象:澳大利亚 La Trobe Univerity 亚洲语言系 二年级学生

教学过程:

师:今天的听力课请大家听一段录音,同学们尽可能把你听到的内容记下来。

(放第一遍录音。)

师:现在我请两位同学把你们听到的不管是词语还是句子,写在黑板上。不会写的汉字可用拼音代替,可以写拼音。

(两个学生分别站到黑板前,同时把自己听到的内容写在黑板上。)

师:大家看到,尽管听的是同一段话,但两个同学写在黑板上的内容是很不一样的。有些地方 A 同学写出了完整的句子,而 B 同学只写出了个别的词;相反,B 同学写出句子的地方,A 同学只写了不连贯的两个词语。

(学生们注视着黑板,比较两个同学写的内容,相互讨论。)

师:现在我们再听一遍录音,然后我们一起来补充和修改他们写的内容。

(放第二遍录音。)

师:好,现在谁愿意上来修改?

(先后有三个学生到黑板前来,修改和补充先前两个同学书写的语句。.

---

* 本书所展示的课堂教学,任课教师凡未注明姓名的,均为本书作者。

坐在座位上的学生一面看同学在黑板上写,一面向正在修改的同学提示。)

师:好,改得不错。还有谁愿意修改的?有补充更好。

生1:我们能不能再听一遍?

生2:我不懂的地方,老师能停吗?我再听一听。

师:好的,老师让大家再听一遍。这次听的时候,如果不清楚,请马上举手,我们可以重复听一下。

(教师让学生听第三遍录音。这次的听是在有疑问处停顿一下,并重新播放。

听完第三遍录音后,重复前面的活动,继续讨论,让学生修改和补充,——。)

师:好,刚才我们听了两遍有停顿的录音,现在老师要连起来再放一遍。

生1:好,再放一遍。

生2:连——,连起来,什么是"连起来"?

师:嗯,这个"连起来"的意思就是不停,一直放录音,中间不停下来,就像你们听第一遍的时候那样听。

(放第五遍录音,连续播放。)

师:这样,我们已经听了五遍了。现在把录音文本发给大家,你们可以一边听一边看。

(教师放第六遍录音,让学生看着录音文本再听一遍。)

师:怎么样?有问题吗?时间到了,我们下课。有问题的同学可以留一下,老师马上回答你。

(下课)

这是很典型的听写课,教师只作一些教学活动的指令,自己不讲文本的有关内容,完全让学生反复地听和写,在听写过程中通过修改、补充、讨论等互补活动,逐步地理解并最后完整地把握文本的内容。这种教学方法包含着一系列相应的认知特性。

1. 硬听

教师选择的听力材料,其中的生词和句式,大部分是已经学过的,新词和新句式只占全文的10%。而文本所讲述的内容却是以前没学过的。听力课要求学生凭借以前学过的词语和句式,听懂文本内容。学生过去学习的生词,不是在同一课文中出现的,而是一课一课的生词一个个识记和积累起来的;句式也是在不同课文中出现而学习和掌握的。这些生词组合在有关句式中,对学生来说,有的还是第一次接触到,而且这些组合表达了学生以前不一定接触过的意义,这已经有一定难度。何况学生对这些词语,有的熟悉,有的陌生,有的半生不熟,对学过的句式也未必都掌握得很好。现在骤然要求学生听懂一篇新的语料,又不给任何提示和启发,还要用书面文字写出,这又增加了一层难度。而教师采用的方法就是一遍一遍地硬听。这种硬听粗看很生硬,实际有它内含的道理。它充分利用听觉分辨语音的能力,由语音线索激活储存于长时记忆中的心理词汇。如果一遍不能匹配和提取跟所听语音相对应的词语,就二遍、三遍、四遍地反复听,直至最后正确地选取出来。通过这样的硬听,这些语音线索跟相应的词语中间建立了牢固的直接的联系,刺激和反应特别敏捷。久而久之,学生从听辨语音流转变为语句和意义的能力就大大增强。

2. 反复听

语音刺激通过听觉神经传递到短时记忆,由于语音刺激是瞬息即逝的,它们存留在短时记忆中的时间也极其短暂。加上短时记忆的容量比较有限,而每个学生的记忆能力又有所差异。有的学生记住了上一句,却来不及听清下一句,只听到片言只语。有的学生可能在哪个词语上卡了壳,影响到后面语句的接收。而反复地听,弥补了短时记忆容量小和遗忘快的缺点。而且学生的修改和补充都在黑板上进行,依靠视觉的帮助,学生不需要再重新回忆,空出了记忆容量,可把注意力集中在难词难句上。五六遍的复听,不仅强化了语音跟词语的联系,强化了词语与词语的搭配和组合,强化了句式的运用和句子的产生,同时也强化了汉字的形体和书写。这些强化措施,都促进了短时记忆中所储存的语言知识向着长时记忆转移。

3. 有停顿地听

教师在放录音过程中,凡是学生听不懂和书写不清的地方,都有意识地停顿一下,空出间歇让学生回味和思索。回味是重温上文、推敲本句或下文的意思;思索是设法解决句子中间的难点和障碍。由于学生听录音时,有了一定的空隙时间,后面的内容暂缓接收,不会冲走或挤掉前面的信息,头脑的加工器就可以从容地进行组装和整合,那些疑惑不解的地方就有可能豁然开朗。

4. 合作互动地听

学生在课堂上边听边写,个体的听写结合集体的修改和补充,通过合作互动,将个体的听力理解转化为群体的听力理解,扩展了短时记忆的容量。原来作为个体的学生只能写出几个词语的,通过补充,写出了完整的句子。学生相互之间可以充分利用或借助他人提供的信息线索来提取自己一时难以匹配、提取的词语或句子,实现了资源共享。而他人补充的内容,通过几次反复听,信息刺激的重复在他的头脑里强化了这些词语和句子,也有利于这些语言信息再次出现时的匹配和提取,此其一。

其二,通过语音线索而匹配和提取的词语,它们要在工作记忆中,按照句子的命题和句式的产生式,整合为具有一定意义的语句。有的语句学生已经听懂并写在黑板上,有的因半懂半不懂而出现错句,有的只有几个不连贯的词语。让学生互动合作,在黑板上一起修改、补充,这就像把每个学生头脑中内隐的起分析、综合、理解作用的工作记忆迁移到外显的黑板上,且用文字形式固定,听写互动,依靠视觉感知的帮助,来共同完成词语和句子的整合任务。

再者,听力课由于更需要注意的高度集中,往往容易引起学生的紧张和焦虑。而紧张和焦虑情绪易引起听觉神经的抑制,从而使语音信息不能顺畅地经由神经传导进入大脑。合作互动地听,在课堂上营造了一种轻松和谐的气氛,能减少或降低学生的听力紧张和焦虑情绪。

教学实录 2-2

课型: 初级汉语听力课

教材: 初级汉语听力(2)(李铭起主编　北京语言大学出版社　1999 年)第二十课《生日的礼物》

教学对象: 来华留学生(长期语言进修生),一年级日韩、法国、美国学生

教学过程:

师:每个人都有生日。你们在生日那天收到过生日礼物吗?收到什么生日礼物?

生:收到书。

　　收到巧克力 / 化妆品 / 鲜花 / ……

生1:(指着自己的耳环)这是我生日的时候,儿子送的。
生(众):你是很幸福的妈妈。
师:今天我们要听的录音就是关于"生日的礼物"。
　　(教师领读课文中列出的词语,并对学生提问的词语进行简单讲解。)
师:现在我们听一遍录音,请你们注意:这段录音中提到几个人?今天是谁的生日?他们在哪儿吃晚饭?
　　(听一遍录音。)
师:你们都听到些什么?
　　(学生自由回答。有的说录音中有两个人,有的说三个人,有的说是四个人。有的回答:今天是丈夫的生日;有的回答:今天是妻子的生日;有的说他们在家里吃晚饭;有的说听不清楚。)
师:好。我们现在再听一遍录音。听清楚录音中到底有几个人?是丈夫还是妻子的生日?他们是不是在家吃晚饭?
　　(再听录音一遍以后,学生基本听清楚了,通过相互补充,回答录音中一共说到四个人,今天是妻子的生日,他们在家吃晚饭。)
师:好。老师还有一个问题,他们为什么在家吃晚饭?这个问题等我们做完练习以后再来回答。现在我们一起做练习。练习1判断正误。我们先来读一读这几个句子。
　　(学生每人读一句,有发音问题,教师随时纠正。读完后,再听一遍录音。
　　教师用点名的方式请学生逐句回答,遇到有疑问之处再重复听录音。)
师:现在我们做练习2,填空。刚才的练习是让我们了解这段录音的内容,现在要求我们注意录音中细小的地方。我们先从头到尾听一遍,然后再分段听。大家一边听一边做填空。
　　(第一遍连贯地听。第二遍根据问题,句与句之间有停顿地听。听完后让学生到黑板上写出所填的词语。一共六个句子,请六个学生到黑板上来写。
　　学生写完后,对照填写的词语再听一遍录音,进行核对。有疑问处再复听。)
师:好,现在谁能回答老师刚才的问题,他们为什么在家吃晚饭?

生1：因为丈夫回家晚了。

生2：因为奶奶带孩子去肯德基了。

生3：如果他们去外面吃饭,孩子回家看不到妈妈要闹。

师：很好,你们都听懂了。你们觉得这个生日,他们过得快乐吗?

生4：快乐。

生1：不快乐。丈夫很晚回家。

生3：也没有在饭店吃饭。

生4：为什么要去饭店吃饭? 家里吃饭快乐。

师：好,你们是怎么过生日的? 哪位同学来给我们说一说? 或者,你理想中的生日是怎么过的?

(学生讨论。)

这是听力课最常用的教学方式。一般是先讲述有关的文化背景或生活常识,然后提出问题,让学生带着问题听。常常复听几遍,从粗疏地理解到全部听懂,中间插入一些练习。最后互相谈体会和感想。这样的听力教学符合学生基本的认知过程。

1. 听前启发

听一段话,事前对它的内容心理上有所准备,跟冒然地听,效果是不一样的。如果听一段话之前,对其中的主要话题,或者有关的文化及背景有所了解,那么由于听者的生活经验或生活图式已处在开放和激醒的状态,头脑里已经形成一种预期,对即将要听的内容,心理上已有准备。比如,将会交谈些什么样的话语,交流些什么样的体会,会出现哪些活动,会用到哪些词语,哪些句式,等等,长时记忆中的这些知识都处在待选的一级准备之中。美国心理学家索尔索说"每一感觉事件都在我们有关世界的知识背景中得到加工;我们的过去经验赋予它们的意义。"[①]出于这个认知原理,本课一开始教师用谈家常式的提问,引入过生日和生日礼物这个话题,让学生回忆和想象过生日的欢乐气氛,有的还沉浸在收到礼物时的快乐和激动的情景之中。这些都有利于激发和唤醒脑库中的有关词语、句式、话语,以及生日活动情景,为听懂文本语料创造了条件和奠定了基础。后面听力教学的活动之所以开展比较顺利,听力要求之所以能够

---

① 〔美〕R.L.索尔索著 《认知心理学》,黄希庭等译,第25页。

基本达到,跟这听前的启发有着密切的关系。

2. 跟读和朗读

教师领读课文中列出的词语,是用朗读方式让学生对将要听到的词语先行熟悉。语音是词语的物质外壳,也是词语听力的基础。学生通过跟读和朗读体会词语的声韵调,有利于提高文本的听懂度。而教师听前对词语的简要解释,不仅为扫除听的障碍创造条件,而且多少也给学生提示了即将要听的文本内容。

3. 带着问题听

听力理解的效果跟学生的注意力很有关系,因为学生的注意是学习与记忆产生的前提。而提问是引起学生注意的较好方式。听前的提问和听后的提问,其听的效果和听的重心也有差异。提问放在听之前,将影响学生选择性知觉,他的注意重心在于跟问题有关的内容上;提问放在听之后,将影响学生对注意资源的分配,他必须对文本的语句和内容平均使用注意力,头脑里只能留下个大概印象(或大概意思)。本课在听之前,教师提出了三个问题,这不仅向学生提出了具体要求,同时也提供了捕捉信息的听力线索,让学生在听的过程中注意这方面的内容,因为这几个问题正是文本中的主要人物和主要活动。听清了人物和活动,也就基本上搞清楚了文本中所描述的事件。而听过之后的回答,由于听者对语音和音节的切分和对词语的匹配、提取水平不一致,可能会有出入;有的切中要害和关键,回答正确;有的切错音节,提错词语,或者理解有误,回答就不正确;有的对有些语音把握不稳,印象模糊,就表现为听不清楚。

4. 边听边练习

听力理解的效果和成绩主要靠做练习题得以反馈。是非题能测定学生对文本内容的理解程度,选择题能测定学生对文本内容或文本语言的掌握程度,填空题能测定学生对文本细节或用词的把握程度。听者主要凭借语音、音节、词语、句子,在头脑中进行加工整合,在理解意义的基础上,完成练习。中间有障碍的话,可以重复而连贯地听,或者句与句之间有停顿地听,或者选择重点仔细地听,让学生充分利用上下文语境,以及语音流的再次或多次的切分,选准与语音相对应的词语,确定每个句子的意义以及句子与句子之间的关系,从而正确而无误地做对练习。通过反复的练习,学生对文本内容的理解当然比较深透,而更为主要的是那些表达文本内容所用的词语和句子已深深地印入长时记忆之中。

5. 听后讨论

听完之后的交流和谈话，首先是利用文本的话题，进行说话练习。因为听说是联系在一起的，听是输入，说是输出。将听文本过程中输入的词语和句子，转换成学生自己要说的话，这是一种很好的、甚为有效的口语训练法。在说话过程中，学生会有意识地选用学过的词语和句子，加以组织和整合，以表达自己的意思和情感。其次，通过交流和谈话可以进一步扩展有关的背景知识。"背景知识是指听话人在听力材料所涉及的任务场景、主题的文化、风俗习惯、生活方式、价值观念等方面的知识"。[①] 背景知识的扩展能使学生更全面地了解目的语文化，增加对中国社会各方面的感性认识和体会，从而使他们在与中国人交流时，能较快地接受说话者输出的语言信息，听懂和理解对方的话语。

教学实录 2-3

课型：初级汉语听力课

教材：初级汉语听力(2)（李铭起主编　北京语言大学出版社　1999 年）第十六课《买火车票》三、小姐姐怎么办呢

教学对象：来华留学生（长期语言进修生）一年级日韩、印尼、美国学生

教学过程：

师：我们已经听了课文第一部分的两个录音，谁能告诉我们这两个录音说的是什么事？

生 1：一个录音是买火车票。

师：对，这是第一个录音，第二个录音讲了什么？

生 2：第二个录音讲了买录音机的事。

师：好，接下来我们要听的录音是跟火车有关系的。现在我们一起来听。

（放第一遍录音。）

师：好，请你们说说，都听到了什么？

生 3：在火车上。

生 4：还有儿子。

生 5：还有一个儿子的姐姐。

[①]　黄文源　《英语新课程教学模式与教学策略》，上海教育出版社，2004 年，第 60 页。

生6：去厕所。

师：好，现在我们听第二遍。这第二遍由我来念。注意下面三个问题：哪几个人在火车上？谁去厕所？儿子担心什么？

（教师念，学生听。）

师：现在你们可以回答我的三个问题吗？

生1：三个人在火车上，我，儿子和小姐姐。

生2：小姐姐去厕所。

师：那儿子担心什么？

生（众）：——（脸上茫然）

师：好，现在我们听第三遍。第三遍请一个同学来念。大家仔细听一听，好好想一想：儿子担心什么？

（教师请班上发音最好的学生念文本。

学生念文本：上个星期，我带三岁的儿子去北京旅行，他是第一次坐火车，非常兴奋。上车后就不住地问这问那。跟他同行的小姐姐去厕所了，儿子着急地问我："妈妈，小姐姐怎么办呢？"我说："小姐姐不是去厕所了吗？她一会儿就回来。"儿子担心地说："可是，我们火车在走，那个厕所不走，她一定赶不上我们了。"）

师：好，现在谁来回答刚才的问题"儿子担心什么？"

生1：小姐姐赶不上。

师：对。儿子为什么担心赶不上？（对读文本的学生）你能回答吗？

（读文本的学生摇头，不知所措。）

生7：儿子想火车走，那个厕所不走。

生8：他可能不知道火车上有厕所。

生6：他不知道厕所在火车上，火车走，那个厕所也是会走的。所以儿子担心。

师：对，很好，你们都听懂了。火车走，厕所不走，小姐姐会赶不上——这是小孩子的想法，当然我们应该注意课文中提过，儿子是第一次坐火车。

（学生笑。）

师：大家还有问题吗？——没有？好，没有问题，我们下课。

这也是一般听力课的教学方式。教师先让学生完整地听一遍录音,说出大致的印象。然后再提出听文本的要求,听完录音后回答问题。对听不懂或听不清楚的地方,反复地或有重点地回听,到全部理解为止。这种教学在认知上有如下一些特点。

1. 新旧联系

听话语或听一段语料,事先知道大致的内容范围,思想上有个准备,就容易听懂和理解。本课开始让学生回忆前面两个录音的内容,就因为第一个录音的内容是买火车票,而本课的听力材料是跟火车有关系的。这样的回忆,可以获得新旧联系的效果。人们在听到或说到某个词语、某件事情时,头脑里会伴随着出现有关的形象、印象、情节、图式以及具体实物等等,如听(说)到"绿化",就会想到"树木和草地";听(说)到"锻炼",就会想到"操场、跑步、打太极拳";而听(说)到"火车",就会想到"火车头、车厢、座位和飞快的速度",等等。这些原来储存于记忆仓库里的语义和表象,此时被激活了,它们很快与新听到的信息结合起来。由于旧知对新知的同化和补充,新的听力材料就容易被理解和接收。

2. 纯听和视听结合

单纯收听录音,可以叫做纯听。纯听的要求高,难度大。因为它没有任何的凭借和资助,全靠双耳从众多嘈杂的声响中分辨出语音,并进而对语音一一切分,使之成为有意义的音节和语流,经过大脑分析器的加工和整合,从而理解语流所蕴涵的意思。这是听力课的最高目标,低年级的学生一般很难达到如此的要求。他们在学习的时候,常把汉语生词的意义和语音跟母语挂起钩来,利用母语来记住汉语生词,因而听录音时,也常常会把听到的语音和音节先跟母语词语联系,然后再转译成汉语词语。这样的转换过程需要一定的时间,而录音却在连贯地播放下去,且语音在短时记忆中的留存时间又十分地短暂,往往听前不顾后,听后前忘记,所以学生听第一遍录音时能抓住的信息也很有限。本课听第一遍录音时,教师只请学生回答听到些什么,没作更高的要求,就是顾及到纯听的难度。

视听是眼耳并用的听。它可以一边凭借图像和文字,一边收听话语或对话,学生从图文中得到启示并获得较多的信息,理解文本内容比起纯听来要容易一些。教师的朗读和学生的念读也属于视听范围。因为朗读和念读,学生都能看到他们的开合圆撮的口型,以及他们的语气、语调和表情的变化,可以借此听准语音,切分出音节,体会意思和感情,这些都有助于听力理解。本课中第二遍由教师来念读,就是要让学生通过观察口型以切准音节,体会朗读的情感以确定意义,从而进一步听懂文本内容。从学生听后能够回答出教师所提的三个问题中的两个问题来看,也足够说明视听的效果。第三遍,由一个学生念读,尽管他没有教师读得那么流畅和准确,有的地方甚至还有点儿疙疙瘩瘩,有时读完一个句子又反过来重读,但这些语句恰恰也正是有些学生不太清楚或不太理解的地方,经过这么反复地读,停停歇歇地读,听的学生倒反而把原先不清楚的地方听清楚了,原先不明白的地方听明白了。本课中的第三个问题就是在学生念读后才得以解决的。

3. 理解——朗读者不如视听者

本课教学中出现一个奇怪的现象,那个朗读的学生,虽然有书面的文本可看,但他按照文本念读后,还是不理解"儿子为什么担心"这个问题。相反,那些没看文本而只是听的学生却听清楚了,他们倒能回答"儿子为什么担心"这个问题。产生这一现象的原因在于,原来念文本的学生在朗读时,全部注意力集中在把汉字如何转换成拼音上,依据汉字的形体线索激发心理词汇中的语音代码,然后命令口腔肌肉发而为声。如果语音发错了,得重新依赖汉字的形体线索激发有关的语音代码,纠正发音,精神十分紧张,此其一。汉语中的字,有的本身是个词,有的要两个或三个字合起来才成为一个词。学生在念读时,需要考虑划分字词,划分不当,就会读破句,读了破句,就想改正而重读,因而读起来疙疙瘩瘩,停停歇歇。例如文本中的最后一句话"我们的火车在走,那个厕所不走,她一定赶不上我们了。"朗读者开始把它读成:"我们——火车在——走,那个——厕所——不——走,她一定赶——不上——我们了。"反复改读了几遍,才勉强结束,此其二。由于以上两个原因,朗读的学生注意资源不可能或很少可能分配到对文本内容的理解上,也就是说他只注意读准音和不读破句,他不管或者说没有精力去管读的内容如何,所以他反而不如听的学生对文本内容的清楚和理解。

4. 以小结加深理解

最后一个问题"儿子担心什么?"虽然听了三遍,听清楚了,但有的学生可能理解不深。经过学生互相补充,教师最后加以说明:这是小孩子的想法,并要求学生注意课文中的细节——儿子是第一次坐火车。这画龙点睛的话语,使学生最终弄懂了文本意思,于是发出了恍然大悟的笑声。

　　本节着重就听觉感知模式在学习中的认知作用进行了分析,但在课堂教学过程中,汉语作为外语的学习必定还运用了其他的认知心理模式,相关内容可参看本书其他认知心理模式的阐述。

第三章 视觉感知模式

人们输入语言信息,除了应用听觉感知模式以接收语音信息外,还有一个主渠道是应用视觉感知模式以接收文字信息。外界的图文刺激,在头脑中加工反应为一系列词义,从而得以理解,需要依赖和发挥视觉感知模式的作用。

第一节 模式定义和认知过程

一、模式定义

通过视觉,感知外界事物和图文,加工转换为一系列词义,从而接收知识信息,并得以理解语言材料的一种认知模式。

二、认知过程

视觉感知模式的认知过程是,外界的图文为机体视觉系统所感觉和接收,在短时记忆中得以储存和加工,即由字体的空间码(像英语字母的线性排列,如beautiful,或汉字的线条架构,如"美")刺激和唤醒长时记忆中的心理词典,并从中提取与空间码相匹配的词语及其词义进入工作记忆(短时记忆),众多被视觉所接收的空间码及其相应的词语与词义,在工作记忆中按照词汇知识、语法知识和语义知识进行整合,从而揭示和理解所感知的文字材料所包涵的意义。其具体步骤为:

(一) 感知文字

外界的文字为视觉所接收,传递给大脑皮层,皮层对之进行三条路径的加工:首先视觉分析析出文字的特征模式,经由视觉——字素转换路径建立字素码,如英语的 cat 被编码为 C+A+T,汉语的"猫"被编码为"犭"+"苗";其次,字素码经过字素—音位转换的语音路径给予字素以某种"读音",如 cat 读为[kæt],"猫"读若[mɑo];再次,字素码经过词汇—语义路径,产出词素码,并寻找出与词素码相应的意义(语义),至此,cat 或"猫"就具有了意义——a small animal which catches mice(一种会捉老鼠的小动物)。①

(二) 由形及义

人们要知觉言语,得解决对语音流或语音串的切分问题,而阅读一般来说不必处理这种麻烦,因为文本中的单词总是相互分开的。但学习汉语,由于汉字和汉语词汇在文本中的排列,其空间间隔是均衡的,是字还是词,是由两个字合成一个词还是由多个字合成一个词,还得进行一些切分,否则容易读破。常见的情况是把该属于下个词的,切到了上个词的末尾(如"歌唱家乡变化"被切成"/歌唱家/乡/变化");或者把该属于上个词的,切到了下个词的头上(如"叶红花更红"被切成"/叶/红花/更红")。上一章中说过,心理词典的检索或由音查义,或由形及义。视觉感知模式对词的感知主要从词形到词义,因而正确的词形是提取心理词典中的词和词义的基础。切分词形正确,长时记忆中心理词典的匹配和提取也就正确,人们所感知的词语及其词义也能比较清晰地在头脑里揭示出来。由于汉字是表意文字,字(词)形及其字义或词义在人们大脑中的排列和系联有其自身的特点,它们或者按同义排列和系联(如称赞、称颂、表扬、颂扬、歌颂、赞美、赞扬、赞许……),或者按类义排列和系联(如衣服、衬衫、背心、裤子、大衣、袖子、领口……),或者按形旁排列和系联(如提、打、扛、扑、扣、拍……)。从字形的表意部分,可以激发和推导出有关的词义。不仅象形字、会意字(如山、水、火;休、牧、炎……)可以从其形联想出它们的字(词)义,就是形声字,也可凭其形旁联想和勾连起它们的意义范围(如带"心"旁的字的意义大都与思想、情绪有关)。

(三) 词义整合

文本中的句子,按照词语的排列顺序,依次通过视觉通道进入视皮层,在那里除了对字词进行编码加工,达到对字(词)义的确切把握外,还须对之进行句法分析和语义分析,即透过句子的表层结构,切分为不同的成分,进而对句子成

---

① 〔美〕John B. Best 著 《认知心理学》,黄希庭主译,中国轻工业出版社,2000 年,第 260 页。

分进行层次分析,找出句子的深层表征,建造相应的命题——意义单位。例如:

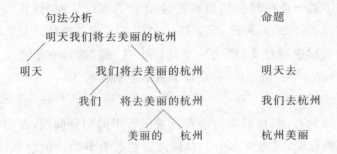

句法分析和语义分析是紧密联系和不可分割的两个子系统,它们的信息交换都是在工作记忆中进行的,为长时记忆的知识结构所支配。它们或者先进行句法分析,然后进行语义匹配,匹配不成,则重新再作结构分析;或者句法和语义同时进行分析,在句法分析的同时揭示语义,并用语义信息来限制、指导句法分析,从而得出正确的结构分析和正确的意义命题。其采用的策略是:"用实义词去构造有意义的命题并依此对句子进行切分。"[1]如凭借动词、形容词、副词、介词的词义特性来决定语义关系;利用语境和上下文找寻恰当的语义关系,对句子作出合理的解释。

文本一般由多个句子组成句群,几个句群组成段落,几个段落组成篇章。这里要完成许许多多个单词及其词义的识别,要进行许许多多次的句法分析和语义分析。为了能准确而快速地理解句意、段意和篇意,人们必须动用储存于长时记忆中的词典知识、百科知识和生活经验的图式,来预期、补充文句所要表达的意思。"只有当外部信息纳入到记忆的已有信息网络中,心理表征才得以建立,理解才得以完成。"所以"理解和记忆有着极密切的相互关系:理解是良好记忆的前提,记忆中已有的知识又是理解的基础。"[2]

---

[1] 彭聃龄《语言心理学》,北京师范大学出版社,1991年,第160页。
[2] 同上书,第179页。

第二节　视觉感知模式的认知原理

一、视觉系统

视觉感知,简而言之,是从眼睛到脑的过程。眼睛由角膜、晶状体和视网膜组成。外界物体发出的光或反射的光,通过角膜和晶状体,聚焦在视网膜上,形成外界物体的图像。视网膜内层有许多感光细胞,它们吸收光线之后,通过突触将信息一层层传递给神经节细胞,产生动作电位。这些动作电位沿神经节细胞的轴突向上传输,有的到达丘脑神经核,有的连接上丘脑。在那里作进一步的加工。

"视像信息并不是简单地、一对一地转变成完全相同的电信号。在信息传输过程中,有的信息会被舍弃,有的信息则被加强。大脑接收的是预先处理过的被认为是重要的信息。"[①]

视觉系统对外界发光体的感受有粗细之分,这种区分是根据机体对外界物体的观察需要而定。在视网膜中央(即中央窝区),信息从感受器细胞到神经节细胞的汇聚程度很小,因而分辨细节的能力高;而在视网膜的外围区域,信息到神经节细胞的汇合大,因而分辨细节的能力差,但对弱光的分辨相对较好。因此,在视觉感知过程中,眼睛总是不断地运动,或者将成像集中于视网膜的中央窝,以便进行细节区分;或者将成像移动到偏离中央窝的区域,以便进行粗略的浏览。

阅读时,读者的眼睛不是在文字上平滑移动,而是跳跃式移动。根据测定,"首先,眼睛以跳跃方式移动,大约持续 15 毫秒,随之是约 200 毫秒到 500 毫秒的注视。其次,约 10% 的跳跃是回跳,即眼睛向后看。"[②]眼睛的注视,一般集中在最能提供信息的地方,决不会在空白或破折号处停留。由于视网膜的中央凹很小,所以每次注视的课文量是有限的。"有关证据表明,知觉广度在整个视野中一般是从注视点往左扩延 3~4 个字母,往右扩延 15 个字母。"[③]注视汉字的

[①]　M.艾森克主编 《心理学:一条整合的途径》,华东师范大学出版社,2001 年,第 167 页。
[②③]　同上书,第 327 页。

量,尚未有精确的实验,一般来说,由于汉字不是由字母拼合,要靠整体的辨认,一眼看去,不会超过五、六个汉字,当然字的熟悉性可以改变和超出这个量。

二、文字的感知与辨析

视觉神经对单词的感知,理论上来说,是在该词的字母辨认之后实现的(即自下而上的加工),但由于词优效应,机体往往通过单词的信息(如拼写知识等),反过来激活该单词的字母(即自上而下的加工)。汉语的字词,是笔画和部件的组合,辨认单词,大多是整体的认识,较多地采用自上而下的加工,只有在辨认近形词(如已、己、田、由、甲等)时,才有"自下而上的加工"参与,但比较有效的方法是在双音词中(如"自己"和"已经","田地"、"由于"和"甲乙"等)去对照和辨识,归根结底,仍然是自上而下的加工。

三、词语的感知与词义选择

视觉感知的单词是词形,似乎并不牵涉词音,但实际上,机体储存的心理词典中的单词,都是形、音、义的结合体。在阅读过程中,由某个词形激活心理词典中的某个单词,必然会同时带出该单词的读音。人们在默读时,舌尖和喉部的蠕动,就是词语读音从中起了作用。词形和读音并行加工,更容易确认和提取词的意义。

大多数单词由一个核心意思延伸和扩展出多个义项。单词的多个义项各自同有关的语义联系在一起,例如"好"的核心意思是"优点多,令人满意",它跟"完美、优美、优秀、良好"等语义相勾连;其引申义有"健康、痊愈"(它跟"健朗、治愈、好转"等语义相连),"友爱"(它跟"亲爱、友好、相好"等语义相连),"完成"(它跟"完、结束"等语义相连),"很"(它跟"十分、相当"等语义相连)……因而认知心理学认为人的语义记忆是以语义网络方式表征的。当视觉系统感受一个单词,其词义会激活扩散到与之有关联的一大串语义。读者要把握一个单词的确切意义,必须依靠单词所在的句子所提供的语境信息,凭语境和上下文来选择和确定单词的意义。选中的语义信息得以强化和兴奋,落选的语义信息受到减弱和抑制。

四、句法分析与语义加工

句子的若干单词虽然被机体初步确认,但对句子所表述的意思的理解是否确切,必须作句法分析。即"运用词序或其他信息,分析每个句子的主语、宾语以及连接主宾语信息,也包括确定句子中每个单词属于哪个语法范畴(如名词、动词、形容词、副词)"。[①] 句法加工和语义加工的关系,心理学家们尚无一致的意见。有的认为,句法加工一般发生在语义加工之前;有的认为,语义加工发生在句法分析之间,前者会影响后者;有的认为,句法加工和语义加工是独立发生的。不过,倾向性的意见是"句子的意义有助于语法结构的形成,句子前面部分的意义会产生对后面部分的预期,这种预期影响语法结构的建构。"[②]

五、推断与理解

在语言理解中,相当重要的一环是作出推断,可以说它是理解语言的核心。推断有三种:逻辑推断,即只依赖于词义的推断,如根据句子"上课的老师穿花裙子",可以推断出这位老师是女性;连接推断,即把前面的信息和新信息联系起来,例如根据"儿子考上了大学","电脑是他最好的礼物",可以推断"电脑是一份升学礼物";精细推断,即把有关知识添加到文章去,例如,"超生游击队",可以根据积累的知识(包括词语知识和生活知识)推断出这是指"违反计划生育,流落到外面多生子女的一伙人"。

六、课文加工

课文加工是学习语言的一个重要方面。其加工途径是,课文中包含的信息与长时记忆中储存的信息(词典知识、百科知识和生活经验图式)结合在一起,通过预期和补充手段,产生一个个命题(意义的最小单位)。大量的课文命题组成了命题网络,经过工作记忆的整合:保留重要命题(如每个段落中的核心命题

---

① M.艾森克主编 《心理学:一条整合的途径》,第 347 页。
② 同上书,第 349 页。

和关键内容),激活与之相连的命题(如跟重要命题有关的生活经验和社会知识等,以此来丰富和充实课文的含义),舍弃无关的枝节命题(这样可使课文命题的脉络和线索更为显豁、清晰),从而形成课文意义的完整表征。

第三节 视觉感知模式在学习中的认知作用

视觉感知模式在汉语作为外语学习中的认知作用,我们通过课堂教学的分析、学生认知过程的考察,来加以多方面的展示。

教学实录 3-1

课型: 汉语阅读技能训练课

教材: 《汉语阅读技能训练教程》(吴晓露编著 北京语言学院出版社 1992年)第一单元《中国报纸上的广告》

教学对象: 来华留学生(汉语言本科)三年级日本、韩国学生

教学过程:

师:上节课我们讲了掌握文章的主要观点和主要内容的方法。现在我们回忆一下,有哪些方法可以帮助我们抓住文章的主要观点和内容,并能提高阅读速度的?

生:先快读一遍,了解文章内容,再仔细阅读,找出作者说明主要观点的句子。

师:很好。还有吗?

生:最好一边读一边思考。

师:对,怎样思考?

生:问自己,哪一句是文章的主要观点?大部分内容是什么意思?

师:好,如果文章中没有讲述主要观点的句子呢?

生:可以自己总结。

师:好,大家讲得都不错。现在我们来做一个练习。读一篇短文,然后用一个句子来概括文章的主要内容。

(学生读短文。文见本节末。)

(数分钟以后)

师:好,时间差不多了。大家看完了吧?谁能用一句话说一说这篇文章的

主要内容。

生1：报纸的各种各类。

师：报纸的各个种类，(教师把这句话写在黑板上)还有吗？

生2：中国报纸发行的地区。

生3：介绍中国报纸的特点。

生4：在什么情况下看什么报纸。

师：这个句子我们可以写成"怎么看报"。

生5：不同的广告登在不同的报纸上。

师：(教师分别把这几句话写在黑板上)好，现在我们有五个句子来归纳文章的主要内容。但是这五个句子说的都是不同的内容。大家看，(指黑板)

第一句是关于报纸的种类，以种类为主；

第二句是中国报纸发行的地区，介绍各个地区；

第三句是"特点"，关于报纸的特点；

第四句是讲怎么看报；

第五句是广告与报纸的分类；

好，我们现在再来看看文章，看这篇文章三个自然段各讲了什么，每一段的主要内容是什么？

(再次看文章)

生4：第一段里的"按"是"按照"的意思吧，它同"根据"的意思差不多吗？

师：对，"按照"这个介词，可以合起来用，也可以分开来用。如"按照新办法去做"，"按规则行事"，"照章办事"。

生5：什么叫单位团体？是单——位团体？单位团——体？还是单位——团体？

师：大家认为哪一种划分正确。

生6：应该是最后一种。我们学过"单位"这个词，可以代表很多，比如"重量单位"，"时、分、秒是计时单位"，等等。

师：说得很好。这里的单位具体指什么？

生6：我常听中国人说"到单位去上班"，那么他们上班的地方，像公司、商店、邮局、银行等等，应该都是"单位"吧？

师:很好,很正确。那么"团体"呢?

生7:体育运动就有啊,比赛有团体赛、团体冠军什么的,是说有很多人在一起。

生8:我们班级可以说是"团体"吗?

师:班级可以说"集体","团体"专门指有同一志趣、同一目标的集体。"团体"指的范围比"集体"小。比如中国妇女有妇联,华侨有侨联,青年有共青团,这些都属于团体。

生9:老师,"周报"大概是一星期出一次报,"月报"大概是一个月出一次报,那后面的什么"报"呢?这个字念什么?

师:这个字念"xún",看一下"旬"字的结构,谁知道"旬"是什么意思?

生7:"旬"字中间有个"日",一定也是指多少天吧?

师:对,联想得好。"旬"的字形是"勹日",即绕着"日"而转,一个月绕转三次,有上旬、中旬、下旬。你们看,"旬"该指多少天?

生9:明白了,"旬报"是十天出一次报。那"旬刊"就是十天出一次刊物。

师:对了。"旬"指十天。现在用星期,是七天休息一次;中国古代是十天休假一次,所以叫旬假。但是如果说:家有八旬老母,是不是说家里有八十天的老母亲。

生2:(笑)不对吧?,应该是指八十岁的老母亲是吗?

师:对,很好。所以"旬"是指"十",既指十天,如"旬报"、"旬刊";又指十年,如八旬、七旬、六旬。好,现在谁来说说,第一段的主要内容是什么?

生1:第一段讲了报纸的各种各类。

师:报纸的各个种类。(学生1重复:"各个种类")对,下面我们看第二段。

生10:这一段里的"找房或转,让出,卖个人物品",这里有几个词,意思不太明白。

师:你读的时候,词语的划分有问题。你再读读看,应该怎么读意思才明显。

生10:找房或转——让出,喔,应该是:找房或转让出……

生7:我觉得要读成:转让——出卖个人物品。

师:对,把"转让"划成一个词,"出卖"划成一个词,两个词语联合起来作谓语,共有一个宾语"个人物品",意思就明显了。当然在"我已经转让出一间房间"这个句子里,"转让出"可以划分为一个动补结构。所以划分词语要注意全句的结构。

生10:转让和出卖这两个词的意思有区别吗?

师:有一点点区别:转让多少带有赠送即半卖半送的意思;出卖则完全是出售的意思。

生10:那我希望人家多转让东西给我,不要出卖东西给我。

生:(笑)

师:现在大家看,第二段的主要内容是什么?

生2:第二段讲了报纸上的广告。

生7:第二段讲登广告应该找什么报纸。

师:"报纸上的广告"和"登广告应该找什么报纸"这两个句子的关键词是什么?

生10:关键词是"报纸"和"广告"。

师:对,大家想一下,我们怎样把这一段主要内容归纳得好一点。

生7:可不可以说"怎样登广告"。

生11:我想是"广告和报纸的关系"。

师:这样我们把他们两个的合起来"广告和报纸的关系——怎样登广告"。现在看第三段。

生9:第三段,我想主要内容就是第三段的第一句话"不同的广告登在不同的报纸上"。

师:现在我们已把三个自然段的主要内容概括出来了,那么,我们能不能用一个句子来概括文章的主要内容呢。

生2:上面(指黑板)写的几个句子,不是太大,就是只说了,只——只概括了某一个段落的意思。我想,应该是:怎么看中国报纸的广告。

师:对,概括得很好!我们了解了各类中国报纸登广告的不同情况,那么我们需要看某类广告的时候,就能根据中国报纸登广告的特点去有目的地翻阅和寻找。

下面我们讲一下作业(略)。

与听觉感知模式较多地运用于听力过程相对,视觉感知模式较多地运用于阅读过程。汉语阅读,首先映入眼帘和视觉的是一个个方块汉字。作者的思想和观点贯穿于由一个个方块汉字组成的文字串中,读者须凭储存于头脑中的语言知识、世界知识和生活经验将感知到的文字串切分出词语,判别出词义,揭示出句意,从而理解语篇的意义。对外汉语阅读课教学必须符合这个视觉感知和心理加工的过程,才能提高外国学生的阅读水平和阅读能力。这堂汉语阅读技能训练课较好地适应了学生阅读过程中的心理活动,因而取得了理想的教学效果。

一、视觉感知与文字接收

汉字是由横、竖、点、捺、折等笔画上下、左右叠加而成的方块形文字。外国学生(尤其是欧美学生)视觉感知汉字,必须一反由字母自左向右线性排列的感知习惯,因为前者给人的是线条信息,后者给人的是拼读信息。由拼音字母组成的词,本身既是视觉的形,又包含了听觉的音。阅读时尽管重在用眼看,其实词语的音也通过字母而反应在头脑之中,可以这么说,阅读拼音文字,形和音是同时到位的。而汉字则不然,它一般只能给人以视觉形象,很少包含听觉的发音(形声字的声旁本身的发音也是外加上去的)。汉字的形固然要用心强记,汉字的音则更要用头脑强记,要做到汉字的形、音同时到位,非有多年的训练不可。因此,外国学生(尤其是欧美学生)识记汉字必须是"整体的感知",即上下、左右全方位的辨识,然后再强加给方块汉字以某个读音。这堂课中的外国学生是汉语言专业本科三年级的学生,他们已积累近千个汉字,有较高的感知汉字的能力。尽管所阅读的文章《中国报纸上的广告》,文字不算艰深,但对外国学生(尤其欧美学生)来说,决不是一眼扫读就能全部感知的。有的汉字是经常出现的,例如"中、国、报、纸"、"全、国、地、方"等,感知速度较快;有的汉字出现的频率不太高,例如"单、位、团、体"、"转、让"、"征、婚"等,需要外国学生从储存的长时记忆中搜查与之相应或相近的汉字模块,经过匹配和提取,才能回忆或追认;有的汉字素未谋面,例如"旬",则需要请教教师或查阅工具书。更何况,每个学生感知汉字的熟练情况也不一样,一定程度上影响到阅读的速度。教师顾及到这一层,因此给学生布置读第一遍的要求,就只要说出全篇大意,给学生阅读的时间也比较充分。

阅读有粗读和细读两种不同的要求。粗读则要求学生通过对大部分汉字的感知,允许跳跃和猜测,从而理解文章的主要内容;细读则要求学生逐字逐词地审视和感知,通过对成串汉字的认读,理解和把握每一句和每一段的意思。例如"旬报"的"旬",大多学生是第一次见到,教师则花些时间让学生认读和识记。教师采用的是启发式,引导学生运用已经具有的汉字结构知识,去推断和猜测字义:从字形中有"日",推想一定表示多少天。然后补充由该字组成的词语:上旬、中旬、下旬;旬报、旬刊;七旬、八旬。这样,在学生的认知结构中,增添了这个汉字模块,为日后感知和辨认创造了条件。

二、视觉感知与语义切分

用拼音文字写的语料,词与词之间有空隙(如 You must clear up this mess in the room before you go home),阅读时一目了然,词语不用再进行切分,只要考虑句法分析与语义分析就行了。而用汉字书写的语料,字与字的间隔是等距离的(如你必须在回家以前,把房间里这堆杂乱的东西收拾干净)。由于汉字并不完全等同于词语,可能一个字就是一个词,也可能两三个字合成一个词,阅读时就有切分问题。切分不正确,就会影响到句法分析和语义分析,进而影响对整个语句意义的理解。

汉语字词的特点,决定了视觉感知必须以切分为基础。它跟听觉感知有所不同。听觉所感知的词语与词语之间,有细微的停顿以资区别,相对来说,凭着语感就能正确切分,即使是陌生词语,也无非是不明其词义而已,在切分上不成问题(除非没听清停顿)。而视觉所感知的字与字之间的等距离,模糊了字与词的界线与区别,很可能产生切分错误,即把应该属于前面一个词语的词素(字)切到了后面(如把"转让出卖"错切成"转 / 让出 / 卖"),或把属于后面一个词语的词素(字)切到了前面(如把"转让出卖"错切成"转让出 / 卖")。这样错切的结果,轻则影响局部词义的理解,重则整个句子乱了套。而错切的发生,一般来说,总是在陌生的或半生半熟的字词中,因为它们难以断定与判别。比较熟悉的词语,由于视觉感知的快速传递,马上得到长时记忆心理词典中相应词语的回应,一般即刻就能断定和判别。这堂阅读课中的学生能够顺利地独立阅读,且能基本上掌握段落和全篇的大意,就因为大部分的字词比较熟悉,仅凭视觉感知就可正确将它们切分为一个个词语,并在此基础上继续进行语法与语义的分析,从而得以理解全篇的大部分语句的意思。只有在少数几个地方,视觉感知有点障碍,需要教师加以指导和纠正。例如,有的学生对"单位团体"是切成"单/位团体"、"单位团/体"还是"单位/团体",把握不准,其原因就在于对"单位""团体"的概念不熟悉、不理解。一旦这两个词语的概念搞清楚,切分也就不成问题了。执教教师明白这个道理,因而对何谓"单位",何谓"团体",进行了辨析和解释,在学生的词义网络中增添了这两个结节,以后就不会在这两个词语上"搁浅"。同理,当学生在"转让出卖个人物品"的划分上有误时,教师采取两个措施:一个是让学生再次念读这个句子,用听觉感知的语感来帮助判别和切分,弥补视觉感知的不足;一个是进行语法分析,指出"转让"和"出卖"两个动词联合做谓语,共有一个宾语"个人物品",这跟"转让出一间房间"的语法结构有所区别。通过语法分析,词语的切分和句子的语义也因此而明晰了。这也是教师在有意识地培养学生的阅读能力和阅读技巧:当视觉感知切分词语过程中遇到问题时,或作语义分析来确定句子的句法结构,或作句法分析来切分词语,进而揭示句子的语义。

三、视觉感知与阅读加工

阅读一篇语料,从视觉感知到全文理解,要经过几个层次的加工,即词语切分,句法分析,语义分析,知识与经验的预期、联想与补充等。视觉所感知的文字是阅读加工的基础,词语切分、句子分析、语义分析、知识与经验的预期和补充等等是阅读加工的思维活动。一篇文章由许多个命题构成,命题又由语句组成。一篇文章既然含有许多个命题,当然相应也有许多语句,而每个语句是由若干个词语按照语法规则排列组合起来的,因而阅读加工,自然要从视觉感知字词起始,经过词语切分、句法分析而析出句子所包含的命题(即意义)。简单句子可能只有一个命题,复杂句子可能包含好几个命题,而命题与命题之间又有种种的联系与关系,是否能确定这些命题之间的关系,得依靠学生的阅读能力与阅读技巧。再者,作者写一篇文章,常常把丰富的生活和深邃的思想浓缩于有限的句子中间,当读者的视觉感知这些简练的句子时,起初的直觉理解往往是肤浅的,仅仅停留在语句的表层,必须凭头脑中的语言知识、世界知识和生活经验去预期和联想,充实语句的含义,才能还原作者的原意,甚至超过作者的本意。例如读者对于诗歌的理解,即使是同一首诗,不同生活经历的人会有不同的理解和体会,就是因为读者在阅读过程中,根据自己的知识和经验赋予了诗歌以新的感情和新的意义的缘故。本课的执教教师正是按照阅读的心理加工过程来安排和组织教学活动的。教师首先布置学生粗读一遍课文,然后说出课文的主要内容。学生基本上是用视觉来感知语料上的文字,对熟悉的汉字和词语头脑里也闪现出它们的读音,只是因为要求的阅读速度较快,没有十分留意自己头脑中的音准。当然也有跳跃含糊过去的地方。这些被感知的文字,很快在头脑中形成词语(其中包含着切分)和句子(其中包含着句法分析),这些句子又很快地被解析出一个个命题(其中包含着语义分析),而这些命题迅速地在头脑中联系在一起,凝聚成思想和观点(其中包含着知识和经验的预期、联想与补充)。于是在学生头脑中概括出了文章的主要内容。由于学生的阅读水平和知识及经验的不同,所概括出的内容也会有些差异。这就是课堂中罗列的分别由学生概括出来的那五句话语(文章主要内容)的由来。

粗读过程中的概括,不一定很精确。于是教师进一步引导学生去细读和思考每一段的主要内容。对粗读中遇到的汉字、词语切分、句法分析和语义分析等问题进行讨论和修正,使阅读理解深入了一步:舍弃了无关紧要的命题,保留了重要的命题,从而概括出了每一段的主要内容。在三个自然段的主要内容被正确地揭示出来以后,学生很自然地把这三个自然段的主要命题联系和综合起来,进行推断(包括逻辑推断、连接推断和精细推断),得出全文的主要内容是:怎么看中国报纸上的广告。

视觉感知是语言信息接收、输入的主要渠道之一。视觉感知模式较多地运用于文字信息的阅读。因而,阅读课的课堂教学,视觉感知模式就必定是语言学习所运用的主要心理模式。但是在学习过程中,其他认知心理模式,比如联想模式、记忆模式、整合模式等等也在发挥着相应的作用。我们在相关章节,分别进行有针对性的阐述。

附：
中国报纸上的广告

  中国的报纸按发行的地区分，可以分为全国性的和地方性的两种。全国性的报纸如《人民日报》、《光明日报》、《中国青年报》等；地方性的报纸又分省级、市级、县级的和单位团体的，如江苏省有《新华日报》、《扬子晚报》，南京市有《南京日报》等。中国的报纸按发行时间分，可以分为日报、晚报、周报、旬报和月报。

  绝大多数广告都登在全国、省级和市级的报纸上，一般登在报纸最末两版的下方和中缝。偶然也有刊登在头版右上角的。如果想让自己的广告给全国的人看见，就必须登在全国性的报纸上。如果没有急事而又想使自己的广告让本地更多的人看见，就应该登在本地发行量大的周报上，如在南京征婚、找房或转让出卖个人物品的人就常在《南京广播电视报》上登广告。有急事的人就应把广告登在每日发行的晚报或日报上，如在南京寻人、遗失物品的人就往往把广告登在《扬子晚报》或《南京日报》上；此外当天的电影、电视节目也常常登在这两种报纸上。

  不同的广告登在不同的报纸上。如《光明日报》的读者主要是全国文化教育界人士，所以大学招生、学术杂志目录、学术新书、教学仪器新产品等方面的广告就登在这张报纸上；《解放军报》的读者主要是军人，广告也主要是有关军人、军队的；《中国青年报》的读者主要是青年人，广告也往往与青年人有关。我们查阅广告的时候要注意这个特点。

第四章　联想模式

人们记住和识别外界的新信息,或者由意念出发从记忆中提取已有的知识,重要的环节就是运用近似律、类同律、对比律、因果律等联想手段来联系、同化和吸收新的知识信息,或者唤醒、激发和提取已有的知识信息。这都必须依赖和发挥联想模式的作用。

第一节　模式定义和认知过程

一、模式定义

由外界新信息的外因刺激或大脑某个意念的内因刺激,引起大脑对新旧事物之间的联想,从而记住和识别新材料和新信息,或者能快速提取有关的知识信息的一种认知模式。

二、认知过程

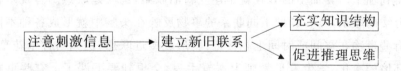

联想是由一事物想起另一事物的过程。这种心理过程或者是外部引起的,由当前的事物回忆起有关的另一事物(如看到天空中的圆月或文字形式的"圆月",引起对以往中秋节的回忆);或者是在内部发生的,由想起的一件事又想到另一件事物(如想起中秋节而联想到嫦娥奔月的神话故事)。无论是由外部引起还是在内部发生,都表现为新的刺激信息激发起大脑记忆中与新刺激信息有关的表象(如中秋节的情景)或知识(如神话故事),它们相互之间建立着旧知与新知的联系和联想。这种联系和联想,或者化为知识,充实着人脑中的知识结构;或者促进人们去进行推理,达到举一反三的效果。其具体步骤如下:

（一）注意刺激信息

外界的事物只有被机体注意了的才能进入感觉登记。所谓机体注意,包括视觉、听觉、味觉、嗅觉、触觉所感受到的信息。有的事物由多种感觉通道的神经元传递给脑皮层的,是几个脑皮层共同加工的结果;有的事物单由一个通道（如视觉的或听觉的）的神经元传递给有关的脑皮层（视皮层或听皮层）,也能在那里编码加工。凡是过去曾经验过的事物,机体易于接受,一般容易引起注意,因为它能唤起联想;凡是过去未经验过的事物,机体不易接受,较难引起注意,因为它不能唤起联想,机体必须花更多的注意力才能感受它。例如人吃过苹果,那么外部刺激无论是手触到实物,是眼睛看到实物、图画或文字,还是耳朵听到该事物的词语,都能联想起以往的感知经验:凉凉的、酸甜的、香香的、圆圆的、黄中带红的。现在假如换之以梨子,那么在观赏、辨味、手摸、认读之后,大脑加工时会跟苹果的感觉经验作一对照:甜甜的、脆脆的、水分多多的、长圆的、凉凉的、黄色的等等,于是丰富了机体的感觉经验,以后看到梨子的实物、图画、文字,听到梨子的读音,这些与苹果不同的感觉经验会一齐激发和调动起来。因而,可以说,注意刺激信息是以联想作为其前提的。

（二）建立新旧联系

机体注意到的刺激信息,为感觉通道所接收,由神经元传递到大脑皮层,在那里得到加工。其加工的方式就是建立新旧联系,也就是联想。客观事物总有千丝万缕的联系,具有各种不同联系的事物反映在头脑中就形成各种不同的联想。有些事物在空间或时间上相接近,就形成接近联想,例如由种植花草树木,想起环境的净化;学生看见教师上课看手表,会想到要下课了。有些事物有相似的特点,就形成类似联想,例如由鲁迅想起高尔基,由鞭炮想到焰火。有些事物有对立的关系,就形成对比联想,例如由光明想起黑暗,由甜蜜想起苦楚。有些事物有因果关系,就形成因果联想,例如由冰想起冷,由火想起热。美国认知心理学家罗伯特·L.索尔索说:"当探测刺激和储存在长时记忆中的信息之间有接触时,长时记忆中信息的回收才得以实现。"[①]这就是说,外界刺激信息必须在

---

① 〔美〕R.L.索尔索著 《认知心理学》,黄希庭等译,教育科学出版社,1990年,第246页。

大脑中引出联想,才能被机体从不同角度加以同化。

（三）充实结构和促进思维

新的刺激信息,得到大脑皮层的加工,建立起新旧联系,该新信息就可能被同化而储存进长时记忆,成为长时记忆知识网络结构中的一个结节。这种心理活动过程,会对长时记忆的知识结构产生影响,它不时地充实着和调整着已有的知识结构。例如,动物——鸟——黄莺的网络结构中,加进了似鸟非鸟的"鸡",原来的这个结构层次就需要调整。其网络结构就可能改变为:

可见,心理活动过程与结构之间的关系是:"在信息加工中,结构和过程是一起工作并部分地互为因果的。有些结构在信息加工时形成,而过程又有点受结构的制约。"[①]人们的联想这一心理活动,使大脑长时记忆的知识结构不断得到扩充和发展,因而它是人类认知客观世界的重要手段。

由于联想有接近联想、类似联想、对比联想、因果联想等多种不同方式,因而所联想的新旧事物之间就有着种种不同的关系,根据这些关系可以从旧知推理和测定新知的特点并进而包容新知。例如,有一种微电脑,英语叫 Palm,中文翻译为"手掌机"。起名本身就包含了好多联想。英语的 Palm,有两个意义,一个是棕榈,一个是手掌,而棕榈叶的形状犹如伸开的手掌,英语国家的人通过联想引申出了"手掌"的意义。中文翻译为"手掌机",而不叫它"棕榈机",也是想到了英语国家的人一定因为它的形状小巧,可以放在手掌之中操作而命名的。这里的许多联想,都带有推理成分。可见,联想认知模式有利于促进人们的思维。

---

① 〔美〕R. L. 索尔索著 《认知心理学》,黄希庭等译,第 10 页。

第二节 联想模式的认知原理

一、联想理论与条件反射理论

远在 18 和 19 世纪,联想曾被认为是"一切心理过程的基本机制","是概念间相互牵连、相互激发这样一种现象"。① 这种联想理论是由于概念在时空中的接近而形成的,巴甫洛夫的条件反射学说支持了这一理论。根据常理,人们只有把食物放进口中,才会引起唾液分泌,但由于看到食物和品尝食物在时空中同时发生,久而久之,只要看到食物也很快会分泌唾液。这样,看到和吃到食物的同时发生,就引起两者间产生一种联想,使看到食物也能引起唾液反应。巴甫洛夫的学说"证明了原来是中性的、对某种反应是无关的刺激物也能引起反射,只要它经常与能引起反射的特有的、自然的刺激物联系在一起。"② 这里,我们可以体会到,联想理论与条件反射理论的密切关系基于这样一点:事件的时空同时发生作用。正由于心理学家注意到了两个在时间上或空间上一起发生的观念常常被联想或连接,所以一度把联想解释为空间—时间接近的关系,例如,圆月和月饼都能联想起中秋节。以后又发展为观念之间的相似性(如绿灯与绿色食物)和对比性(如富与穷)。

这里所说的观念,"是人类思维的最小表征单位,它代表意义、知识和抽象"。联想理论认为"心灵用观念通过经验互相联结构成网络来表征世界","观念不是自生的,而是通过经验得来的"。③ 这正是现代意义上的记忆结构层次概念的核心,它建立在联想的基础之上。

二、网络的知识联结

联想这一心理活动是在长时记忆的知识网络结构的基础上进行的。层次语义网络结构是知识在大脑中的心理表征,网络的结节代表概念和事件,连线

---

① 〔德〕约翰内斯-恩格尔坎普 《心理语言学》,上海译文出版社,1997 年,第 3 页。
② 同上书,第 4 页。
③ 刘爱伦主编 《思维心理学》,上海教育出版社,2002 年,第 2 页。

表示有意义的联系。网络中事例A这个结节,可以通过连线同B、C、D、E等结节有关系,而B、C、D、E……结节又同其他结节相连,以此类推,一大批结节由连线伸展到另外许许多多结节,形成了一张硕大无朋的网络。当刺激信息传递到大脑皮层,机体就会对之进行加工,将与刺激信息相匹配(相近或相似或相对)的知识结节联结到一块,这就产生了联想。而刺激信息(实物、概念或事件)的特征也就通过联想这一心理活动得以在头脑中表征(以"地铁"为例):或者形成概念(如"地铁是在隧道中或地面上运行的轨道交通"),或者形成命题(如"地铁是一种交通工具"),或者形成图式(如地铁的运作是由"进站——自动开门——上下客——自动闭门——行驶"等环节形成),或者形成表象(视觉表象:像小型的列车,车厢内设有座位和扶手杆等),或者形成心理模式(即一个场面或一个故事:如从某起始地到某目的地,中间换乘哪条地铁线路等)。

三、联想的记忆作用

联想这一心理活动,可加强机体的记忆性能。艾宾浩斯(Hermann Ebbinghaus)通过实验发现,"项目重复或频度效应是联想强度和联系保持的决定性因素"[①]。他认为,学习词表中相邻项目间存在明显的直接联想(如词表中"圆月、皎洁、嫦娥"等相邻词语,因中秋节的内容而存在直接联想),在不邻近的项目间也存在间接联想(如"围坐、观赏、聊天"虽与前面的词语并不邻近,但也因中秋节的内容而存在间接联想),还与先前学过的词表中的项目存在倒向联想(如由上述词表反过来联想到以前学习过的"幸福、欢乐、高兴"等词语)。这些联想都在一定程度上加深了机体对项目的记忆。而联想强度的削弱,会加速机体对项目的遗忘。他的著名的"遗忘曲线"就显示了联想强度随时间下降而形成的先快后慢的遗忘规律。

四、联想与发散思维

联想这一心理活动有益于机体发散思维。发散思维是利用比喻,把已有知

---
① 刘爱伦主编 《思维心理学》,第7页。

识中的观念和新知识中的观念联系起来;或者把熟悉的事物看得陌生,换一种新的、更富有创造性的眼光看待已有的问题、观念和产品。例如把人的身体比作"运输系统"或"山河地貌",如把四通八达的公路想象为纵横的骨骼,把四向交错的江河想象为大小血管……这样可用全新的眼光重新审视人体。或者把陌生的事物变得熟悉,使新的、不熟悉的观念变得有意义。例如把市场经济比作潮汐,依照月亮对地面的引力规律,时而高涨,时而下落,这样可生动地揭示出陌生概念的含义。发散思维这种利用比喻而发挥创造力的特性,与联想心理活动的接近、类似、对比等联想方式是基本一致的。可以说,发散思维是建筑在联想心理活动的基础之上的。

第三节　联想模式在学习中的认知作用

联想模式在汉语作为外语学习中的认知作用,我们通过课堂教学的分析和学生认知过程的考察来加以充分的展示。

教学实录 4-1

课型:中级汉语写作课

教材:教师自选

教学对象:来华留学生(汉语言本科)二年级日本、韩国学生

教学过程:

师:大家好,我们开始上课。上次课给大家讲了《忙,不亦乐乎》这篇作文题目的含义。大家记不记得我们讲过这是什么样的文章?

生 1:是议论文。

师:对,很好,这是一篇议论文。那么大家知道议论文要怎么写呢?议论文有哪几个必需因素?

生 2:三个。

师:哪三个?

生 2:论点、论证和论据。

师:对,说得很对。那么论点是什么?

生 3:作者的想法和看法。

师:作者的想法和看法,对,我们学过的这是作者的什么?

生 3：(翻书看)作者的观点。

师：对，是作者的观点，那么论据是？

生 3：证明观点的材料。

师：对了，证明观点的材料。那么论证是？

生 4：用材料说明自己的观点。

师：用材料说明自己的观点的方法。一篇议论文必须有上面我们说过的三个方面。上次我们还讲了第一段中的一些内容，老师现在把第一段读一下。

（读第一段）"要忙就忙得不亦乐乎"是什么意思？

生 1："要忙就忙得不亦乐乎"是说忙得高兴。

师："要忙就忙得不亦乐乎"是说忙得高兴？第一段只有一个句子，这一段在这篇文章中起着什么样的作用？这一段最短，后面的段落都比较长，第一段的作用是什么？

生 2：作者的观点。

师：作者的观点。好的，别的同学还有什么看法吗？

生 2：引起读者的好奇心。

师：引起读者的好奇心？后面的同学你们觉得怎么样？你们同意吗？

（问生 3）第一段是什么作用？

生 3：……

师：(问生 4)你看呢？我们现在有两个观点，一个是第一段是作者的观点，第二个是吸引读者的好奇心。你觉得呢？

生 4：作者的观点。

师：作者的观点，好的，老师觉得这篇文章现在已经把主要的观点提出来了，那么第一段的写法是……第一段就把自己的观点亮出来了，我们也可以这样写的。这种方法是什么？你们学过的都忘记了吧！

生 6：(翻书)老师等一下，是不是一开头就提出观点。

师：对，这叫开门见山的方法，一下子就说出自己的主要观点。上次我给大家留的问题不知道大家思考了没有。两个问题：①"忙是问号"(板书)，为什么说忙是问号？②第二段的"写作手法"(板书)是什么？

我现在想问大家，"忙是问号"是什么意思？

生2:我觉得"忙是问号",这就是一种好奇心,要学要问,忙是一种学问,学问应该是不停地问问题的。

师:他说是好奇心,学问——

生2:(补充)忙就是学问,要保持好奇心,缺乏忙,就不能保持学问的梦想。

师:好的,他说要保持好奇心,要不断地忙,不断地有问题,不断地学东西。

生2:继续问,继续学,才能有学问。

师:要继续问继续学,才能有学问,是吗?

生2:没有好奇心就不能有学问。

师:没有好奇心就不能获得学问,这是一种理解。我觉得这个同学很认真地思考了我的问题,他觉得就是有好奇心才会有问题,正因为有问题,才要不断学习,才会不断有学问。

(问生7)你怎么样看?你觉得忙是什么意思?

生7:我上次没有来。

师:(问生5)你觉得呢?

生5:"忙是问号"我不清楚,我觉得忙就是要忙得有意义,有选择。

师:忙得有选择,有选择才有意义,因为有选择,所以是个问号。(问生7)你的看法呢?

生7:我和生5是一样的。

师:(问生3)你觉得什么忙才是问号?

生3:就是不知道忙到底是什么意思,所以是问号,我们在一个十字路口,该向哪……

师:"忙是问号,忙是看似简单,但其中大有学问"这句话什么作用?是对前一句话的什么?

生3:观点。

师:对,是观点。第一句,"忙是问号,忙是看似简单,但其中大有学问",第二句"忙是人生中不可缺少的一部分,但是这样忙出精彩,忙得不亦乐乎,却并非简单。"是进一步说明。老师要我们写作文的时候大家总是觉得没有什么好说,其实一句话是可以把它扩展开来的。中国的书法大家应该知道的,用墨,墨是很黑很浓的。有一种中国画就是"水墨画"(板书),常常用来画山水画,一滴墨汁,放了水,颜色浅了,但是量多了。

"忙是问号",就是一滴墨汁,后面的说明就好像是在墨汁里面加一点水,文章太浓了,还可以化化开,所以第二句是对第一句的说明。大家想想,一句话可以用别的话对它进行进一步的说明,看的人也会越来越明白。"忙是人生中不可缺少的一部分,但是这样忙出精彩,忙得不亦乐乎,却并非简单"这句话是什么意思?大家用自己的话来说一下它的意思。

生3:生活中忙是各种各样的,怎么样忙并非简单。

师:一、二、三句话越来越长,大家看了,觉得作者的观点怎么样了?

生2:作者的观点越来越明确了。

师:对,句子越来越长,大家看句子的意思有转变了吗?

生4:意思差不多。

师:对,一样的意思,但写的句子越来越长,都说明"忙不简单",说得越来越清楚了。

　　(读"人生如同一张地图,我们一直在自己的地图上行走,时不时我们眼前就出现一个十字路口,我们该向哪儿,面对那纵轴横轴相交的十字路口,我们该这样选择?")这个句子是什么意思?

生4:具体举个例子。

师:具体举个例子,对,从写作方法上看作者用了什么方法?

生4:比喻。

师:对,是"比喻,层层说明"(板书),现在用比喻手法,"人生如同一张地图,我们一直在自己的地图上行走,时不时我们眼前就出现一个十字路口,我们该向哪儿,面对那纵轴横轴相交的十字路口,我们该这样选择?"文中说怎么样选择?

　　"比喻提出问题"(板书),然后呢?

生6:自问自答。

师:对,(板书"自问自答"),(读"不急,静下来分析一下,选择适合自己的坐标轴才是最重要的。忙就是如此,选择自己该忙的才能忙得有意义,忙得不亦乐乎。")这句话有什么作用?前面有说明,比喻,自问自答,那么最后一句说明了什么?

生6:结论。

师：对，结论。这一段从内容上来说，它提出"忙是一个问号"，现在有两种看法：
① 忙是学问——不断地忙——不断提问——不断提高。
② 忙本身就是学问，要选择什么该忙什么不该忙？现在我们来看"忙是问号"是什么意思？是学问还是选择？

生6：选择。

师：对，忙是个问题，让我们作出选择。这段完了，请大家想一想，用自己的话把这段大意总结一下，给大家5分钟。

（5分钟后）

好，大家用自己的话来说一下。

生3：人生中有各种问题，碰到各种问题，仔仔细细分析，选择最合适的方法来对待。

师：是的，我们应该仔细分析，选择最合适的方法来对待。

（问生5）你觉得呢？

生5：我的和他的差不多，人生中碰到的问题就像选择题一样的支路，选择适合自己的一条路。（老师板书学生5的观点）

师：应该说象选择题一样多或者复杂，不能说像选择题一样的支路，这是第一段的意思吗？（问生7）

生7：有很多忙，忙是有选择的，选择有意义的忙。

师：（板书"忙是有选择的，有的有意义，有的没有意义，应该选择有意义的忙"）对的，这段就是这个意思，这个比喻指有的忙有意义，有的忙没有意义，没有意义的忙就是瞎忙，白忙。忙是问号，忙是选择，看来大家联想的还是很多的。刚才的同学说得很好。前面自问自答，最后面是结论"选择自己该忙的才有意义"，有的人成天忙得不得了，都是瞎忙，一点意思也没有，下面一段，请生6读一下好吗？

（生6读下一段，老师适当纠正发音，目标—目标，毫不休息——毫不休止，"爱迪生"和"徐霞客"的发音）

师：很好，很流畅，大家看，现在忙成了省略号了，这一段中的关键句子是什么？是哪一句？

生3：（读）"忙是省略号，确定了一个目标就一直忙下去吧！这样的忙一定会忙出生命灵动的色彩。"

生4:(读)"为自己找一个目标,为目标不停地忙,让这种忙一直进行下去。当目标已达到,那么再找一个目标,继续这种忙,就像省略号一样,毫无休止地忙下去"。

师:好,我们先来看,这一段最大的特点是什么?

生4:举例。

师:对,是举例,这就是议论文中的论据,这些论据都是把古今中外的人和事作为一种具体的论据,这是什么论据?大家翻开课本看看。

生3:引证。

师:???什么???

生8:事实论据。

师:对,古今中外的真人真事,是什么方法呢?

生8:例证法,举例子。

师:好的,下面我们看第四段,生5读一下。

　　(生5读第四段,老师纠正发音;领读如下词语:蜂蜜 放射性 休止符 问题 地动仪 碌碌无为 短暂 精彩篇章)

师:忙是惊叹号,这段里有词语的问题吗?"自然亦如此"什么意思?

生9:大自然也是这样。

师:回报?

生3:收获。

师:对,收获,比如说蜜蜂采蜜很辛勤,但是可以得到蜂蜜作为回报。这里休止符是音乐中暂停的符号。下面是爱因斯坦的忙,李白的忙等等,这么多的例子起什么作用?或者说主要观点是什么呢?为什么说忙是惊叹号?大家想一想。

生4:作者的观点是要有效率地忙,而不是碌碌无为地白忙。

师:那么为什么说忙是惊叹号呢?

生4:让人吃惊。

师:为什么让人吃惊呢?

生8:有名的人贡献大,受到赞扬。

师:有名的人贡献大,让人感到吃惊吗?

生4：他们的人生为我们做了很多事情，他们的人生也是非常精彩的。
师：因为他们的一生为我们做了很多事情，所以才会精彩对吗？那么为什么说是惊叹号？
生4：人生有限，短时间内忙出他人生的精彩篇章。
师：忙出他的精彩，还是这个问题，为什么要说惊叹号？
生4：精彩就是人生的惊叹号。
师：他说惊叹号就是人生的精彩，大家同意吗？（问生5）你觉得呢？
生5：我说不太清楚，惊叹号到底是什么？
师：（问生6）你呢？
生6：我也不大了解惊叹号在文中是什么意思。
生4：我认为惊叹号就是有名的人忙的结果，对吗？
生7：惊叹号就是精彩。
师：好，大家说说有名的人在这里起什么作用？
生8：说服力很强。
师：对，有很强的说服力，说服大家，但是要说服大家什么呢？
生8：忙产生人生的精彩，但不是白忙。
生5：为了一个目的，忙就是一个收获。
师：什么样的收获？
生5：让人吃惊的收获。
师：什么样的收获能让人吃惊？
生7：伟大的人。
师：对，伟大的人伟大的收获，才是真正精彩的。惊叹号就说明忙的结果是要忙出人生的精彩。居里夫人的忙，张衡的忙，李白的忙，这些句子采用的是什么手法？
生2：例证。
师：是例证吗？是什么句子？
生3：例证法。
师：不对，是另一种修辞手法，句子结构有相同之处，是排比句，我们学过的吧！
（读最后一段）老师读的这一段在文章中起什么作用啊？

生4：总结。

师：对的，忙不能永远是个问号，而是要不停地树立目标，忙出精彩，这才是忙的结果。最后"忙就要忙得精彩，忙得不亦乐乎。"开头也有这样一句，这是首尾呼应的方法，是一种结尾的方式。与开头对应，照应了忙，对应了题目。

好，我们今天学了两个写作方法，开门见山和首尾呼应，你们作文中都可以用的。文章开始可以写成虎头，但结尾也要写好，不要写成了蛇尾。我们还分析了如何阐述自己的观点，可以用比喻的方法，设问的方法，用排比句来加以强调等等。

文章分析完了。你们也写一篇"忙"，读后感也可以，或者你认为"忙"是什么，你对忙的认识。

（板书：1、读后感 2、个人对忙的看法）

好，下课了！再见！

这是习作之前的范文阅读教学。阅读和习作有着密切的关系，前者是知识的输入，后者是知识的输出。阅读的范文所提供的内容（世界知识）和形式（语言知识和写作知识）正好作为习作的借鉴，藉此打开学生的思路，扩大他们的视野，为顺利地写作铺垫道路。本课的任课教师基于这样的目的，在教学中开展了一系列教学活动：篇章梳理、写法借鉴、思维扩散。

一、篇章梳理——新旧知识的联结

阅读的形式较多，视阅读目的而定。出于翻检资料的需要，如查阅工具书和搜集材料等，可以进行扫读，即一眼扫过，不留记忆痕迹，只在重要地方留意一下；出于了解信息的需要，如读报刊杂志等，可以进行浏览，即翻翻标题，了解大意，不追求记忆；出于寻找和参考有关材料的需要，如阅读论著和论文等，可以进行速读，即快速阅读，撷取观点，充实自己的知识结构；出于学习词语和句子的需要，如一般的阅读课程，则要进行精读，即逐词逐句地理解和掌握，成为语言知识而储存长时记忆。而习作课上的阅读，则是出于借鉴（即模仿或参照）的需要，如借鉴内容，借鉴行文，必须进行篇章的梳理，及时理解和吸收，及时仿造和应用。

梳理要在两个方面下工夫：一是疏通语句；一是理清层次。所谓疏通语句，是教师帮助学生接收范文的书面文字信息，使之跟头脑中已有的知识、旧存的知识建立联系，进行同化（旧知涵盖新知而接纳）或顺应（旧知无法涵盖新知而做结构上的调整从而接纳）的加工，从而得以理解文字和语句的意义的心理过程。教师根据学生的原有水平，针对他们在阅读中可能产生的问题，有重点地把有关语句提出来开展讨论和分析，唤醒学生头脑中的旧有知识，用互相启示、随时点拨的方法，让学生理解关键语句的意思。例如"要忙，就忙得不亦乐乎"，这是个文章的总纲，学生一开始只从"乐"字联想到"高兴"，通过对后文的疏通和揭示，学生从"高兴"深入到了"意义、价值和精彩"这一系列相互关联的词语，于是体会和领悟到了这句话的精髓。

如果说疏通语句只是从内容着眼的话，那么理清层次，则是从文章作法的角度进行分析。俗话说积词成句，积句成篇。成句，则要求词语按一定规则有序地作线性的排列；成篇，也要求句子有层次地、连贯地缀连起来。教学能抓住句子之间、句群之间、段落之间的起承转合，进行梳理和剖析，则对充实学生的写作知识、提高文章的鉴赏能力、训练写作的基本功，大有裨益。例如，教师组织学生讨论分析"忙是问号"这一段，引导学生注意这三句话所代表的三个层次之间的关系。第一句"忙是问号，忙是看似简单，但其中大有学问。"通过讨论，学生明白这句话是提出观点。第二句"忙是人生中不可缺少的一部分，但是这样忙出精彩，忙得不亦乐乎，却并非简单。"通过讨论，学生体会到这是对第一句话的具体说明，其作用是使观点更加鲜明。第三句"人生如同一张地图，我们一直在自己的地图上行走，时不时我们眼前就出现一个十字路口，我们该向哪儿，面对那纵轴横轴相交的十字路口，我们该这样选择？不急，静下来分析一下，选择适合自己的坐标轴才是最重要的。"通过讨论，学生领会到这则比喻生动地说明"人生该怎样去忙"，坐实了第一句"忙是问号，忙不简单"这个观点。明确了前三句的层次关系，学生就很自然地知道最后一句"忙就是如此，选择自己该忙的才能忙得有意义，忙得不亦乐乎"是结论。这样，不仅疏通了文章的内容，而且也显示出了作者的匠心。特别有意思的是教师在理清层次的过程中，还形象地把写作比拟为水墨画，把"忙是问号"比为一滴墨汁，后面的句子说明好像是在墨汁里加一点水，将其化开。以此来开导学生要尽力将所写的比较浓缩的话语发展开来，这样，不仅有话可说，而且愈说愈明。总之，在篇章的梳理中有意识地把分析作者的文章同写作方法联系起来,运用各种不同的联想方式有意识地指点写作,让学生从中获得写作的灵感。

二、写法借鉴——以联想为心理基础

借鉴是进行习作的关键。习作是一种综合性的书面表达,属于话语输出。而输出的前提不仅要有一定语言知识的输入,同时还要有一定文体知识的输入;不仅要有写作方法和写作技巧的输入,还要有足以引发思维和联想的世界知识的输入。头脑中的语言知识、文体知识和写作知识,受意念、联想和内容的驱动,才能调动起来参与谋篇布局、组词成句、组句成段、组段成篇的心理活动,最后流之于笔端,成为一篇较好的习作。借鉴的心理基础是联想。外国学生学习汉语掌握了一定数量的词语和句式,就有了一定的写作能力,原因是他们借鉴和联想到母语的写作知识和写作方法,将它们运用到汉语的写作中去。如果在课堂上布置学生作文时,有意识地让学生阅读一篇跟该次作文题目和作文内容密切相关的语料,那么可以让学生更为直接地从中借鉴一些写作方法,并把母语的写作知识与阅读中吸收的写作知识进行接近的、类似的或对比的联想,双管齐下,作用于这次习作,通过酝酿和构思,就能写出比较好的作文来。基于这样的想法,本堂课的任课教师在组织学生阅读时,紧紧抓住阅读材料的写作思路和写作方法,让学生直接借鉴和把握写作议论文的要素与要领。例如,教师通过提问唤醒学生头脑中有关议论文的文体特点的记忆,提取议论文的三个要素:论点、论据和论证。然后结合具体范文开展分析和讨论,让学生体会该文提出论点的方法——开门见山;体会该文摆出的论据——古今中外的例子;体会该文的论证方法——例证法;体会该文所用的修辞方法——比喻和排比;体会该文的总结——首尾呼应。这样,在学生头脑中已具有的母语写作知识基础上,通过联想模式,增加和充实了汉语的新的写作知识,这两者经过同化和融合,作用于习作,就能运用联想方式,构思和创新作文的路子。

三、发散思维——源于联想

作文有没有话可说,说什么,怎么说,这都是外国学生学习汉语习作过程中存在的普遍性问题。有经验的教师,能充分运用联想这种模式,发散学生的思维,让学生有话可说,有理可论,有情可抒。所谓发散思维,就是利用比喻,把已有知识中的观念和新知识中的观念联系起来,用一种全新的眼光来审视和看待比较熟悉的事物,从而发挥创造力。本课的任课教师深知命题作文"忙",会给学生带来一定的难度,即无人不觉、无处不在的"忙",太平常了,学生一般可能会就事论事地罗列一通,诸如学习的忙、工作的忙、生活的忙、城市的忙、交通的忙等等情况和现象;写得深入一些的,可能还会写出几点"忙"的原因,如节奏快、工作多、功课重、时间紧……这样写出的习作,不生动,不形象,平铺直叙,没有深度。要写出一篇好的作文,必须引导学生伸展联想和想象的翅膀,从某一个新的角度去思考、去开掘、去罗织。这就要发散学生的思维。发散的关键和要领就是充分运用比喻、拟人或拟物手段,把熟悉的事物看得陌生,把陌生的事物变得熟悉,从而使作文脱离一般的俗套,焕发出新的思想光芒。教师正是出于这方面的考虑,特意寻找了这篇范文《忙,不亦乐乎》给学生阅读。这一篇范文把大家司空见惯的"忙",别出心裁地比喻为问号、省略号、惊叹号。就因为作者紧紧抓住"忙"的特点和深层含义,跟问号、省略号、惊叹号所标志的和表示的含意有些接近和类似的地方,把它们相互联系起来,运用联想的杠杆,去深挖和开掘其中所蕴涵的新鲜观念和深邃思想。教师也通过提问和讨论,揭示为什么可以说"忙是问号"、"忙是省略号"、"忙是惊叹号"的原因,把学生的思维带到一个新的境界。为了说清和证实"忙"跟这些标点符号的关系,文章列举了一系列有关自然界的和中外古今的人和事作为例证。这又打开了学生的思路,拓展了他们的视野,启示学生习作不一定写周围的和新近发生的事,时间方面可以想得久远些,范围方面可以想得辽阔些,只要时空上可以联想和连接在一起的事物,都可以采纳和列举。教师也紧紧扣住范文这种发散思维的特点,不断地点明:作者在论证"忙"和标点符号的关系时,展开想象的翅膀,运用了"坐标轴"的比喻手法和列举事物的排比手法,将许多有联系的人、事、物都串联在一起,不仅文字形象生动,而且包蕴的内容也因此而丰富多彩。范文的示例和教师的引导,能够激发和扩散学生的思维,在他们写"忙"这篇命题作文时,可能会从"忙"和颜色,"忙"和时钟,"忙"和流水,"忙"和温度计、晴雨表,"忙"和……发散开去,酝酿新的思想和观念,写出精彩的习作。

联想模式在语言知识的学习和能力培养中被经常运用着,本节以一堂课为例集中分析了联想模式的作用。但这并不意味着这堂课仅有这一心理模式在发挥着作用。语言的学习,是各种心理模式的相互作用与整合。我们在本书的有关章节介绍其他相应的认知心理模式。

附:

忙,不亦乐乎[*]

忙,是人生中的一个步骤,每个人所忙的事务不同,但是不能是碌碌无为的白忙,要忙就忙得不亦乐乎。

忙是问号,忙是看似简单,但其中大有学问。忙是人生中不可缺少的一部分,但是这样忙出精彩,忙得不亦乐乎,却并非简单。人生如同一张地图,我们一直在自己的地图上行走,时不时我们眼前就出现一个十字路口,我们该向哪儿,面对那纵轴横轴相交的十字路口,我们该这样选择?不急,静下来分析一下,选择适合自己的坐标轴才是最重要的。忙就是如此,选择自己该忙的才能忙得有意义,忙得不亦乐乎。

忙是省略号。四季在有规律的进行着冷暖交替,大自然就一直按照这样的规律不停的忙,人们亦如此。为自己找一个目标,为目标不停地忙,让这种忙一直进行下去。当目标已达到,那么再找一个目标,继续这种忙,就像省略号一样,毫无休止地忙下去。翻开历史的长卷,我们看见牛顿在忙着他的实验;爱迪生在忙着思考;徐霞客在忙着写游记;李时珍在忙着编写《本草纲目》。在看那位以笔为刀枪的充满着朝气与力量的文学泰斗鲁迅,在他忙着用他独有的刀和枪在不停地奋斗。忙是省略号,确定了一个目标就一直忙下去吧!这样的忙一定会忙出生命灵动的色彩。

忙是惊叹号。世界上的人都在忙着自己的事,大自然亦如此。小蜜蜂的忙,以蜂蜜的为回报,那么人呢?居里夫人的忙,以放射性元素的发现而得到了圆满的休止符;爱因斯坦的忙,以相对论的问题而画上惊叹号;李白的忙,以那豪放的诗歌而有了很大的成功;张衡的忙,因为那地动仪的问世而让世人得以仰慕。每个人都应该有效率地忙,而不是整天碌碌无为地白忙。人生是有限的、短暂的,因此,每个人都应该在有限的生命里忙出属于他的惊叹号,都应在有限的生命里忙出他人生的精彩篇章。

---

[*] 本文选自 2004 年上海高考满分作文,参见 www.ywtd.com.cn。

忙是万物、世界、人生中都不可缺少的一部分。地球在日夜忙着转动,时间在日夜忙着流逝,而我们呢？作为这世上最高级的动物的我们,我们在忙什么呢？我们要忙得有意义、有价值,我们要忙出属于我们的精彩。我们的忙不能永远是问号,而应是省略号和感叹号。忙就要忙得精彩,忙得不亦乐乎。

第五章　记忆模式

学习语言的目的,是为了应用它们,而能够应用语言的先决条件是在学习的基础上记住所学的诸如语音、文字、词汇、句子和语法规则等等语言要素,当需要应用时能够匹配和提取有关的语言知识。这就要依赖和发挥记忆心理模式的作用。

第一节　模式定义和认知过程

一、模式定义

对输入信息编码、储存和提取,从而达到对经验和知识的识记、保持以及再认或回忆的一种认知模式。

二、认知过程

编码 ⟶ 储存 ⟶ 匹配提取

人的生活离不开记忆,从简单的行为、感知到复杂的思维、学习,都必须有记忆系统的协调,在记忆的基础上进行。人能够累积知识和经验,并由此形成概念,进行判断和推理,依靠的全是记忆。

记忆加工分为三个阶段:信息的获得(即编码)、信息的保持(即储存)、信息的提取(即再认回忆)。

对事物的记忆,首先要注意它。客观世界的各种事物和诸多刺激信息,人们不一定也不可能完全接收,只有被注意到了的对象才能进入感觉通道而输送到大脑皮层,在那里得到记忆加工。这种加工主要对事物或刺激信息进行编码(语义码或表象码),其加工的深浅直接影响到储存的质量。为了避免遗忘,机体要采取许多相应的措施诸如再现、再认、多次反复等来强化记忆,使记忆对象从极易遗忘的短时记忆转移到可持久保持的长时记忆,成为长时记忆网络结构中的组成成分,而原先的编码就成为寻检的线索(如文字的形、音、义等),只要再次出现相同的编码,机体就可从长时记忆中匹配和提取先前存进的知识和经验,进行辨认和应用。具体步骤如下:

(一) 编码

编码阶段主要是以各种方式加工要学习的信息。首先是感觉登记,通过感觉通道,储存视觉刺激(图像)、听觉刺激(音响)和其他各类刺激(如嗅觉、味觉、触觉等刺激)。这种感觉记忆是原始的感觉形式,还没有对事物进行识别和分类的加工,因此,极易遗忘和消失。只有那些被机体注意了的对象和项目,才会进一步送入短时记忆编码和加工。

感觉记忆也有一些编码的功能,但主要的编码是在短时记忆中完成的。"知觉过程是接纳感觉输入并将之转换为较抽象代码的过程"[1]。比如,物体在视网膜中的成像,其光、颜色及其空间位置等编成可以由神经细胞传递的代码(如夜空的北斗星,其亮度、方位、七星的构图形状,都可成为编码的线索),输入大脑皮层。而语言的输入,在短时记忆中的编码,主要是语音代码,即使是视觉所感知的文字也常常由图像代码转化为语音代码(如个体感知熟悉的汉字"尖"时,头脑中不仅呈现上"小"下"大"的字体成像,还伴随着出现 jiān 的读音),尤其是欧美国家的拼音文字,字母组成的形和拼合的音往往是同时呈现的(如 point),语音总是伴随着词形一起在头脑中出现。汉字因其有表意和象形的特殊性,读音是外加上去的,因而短时记忆对汉字的加工,常以形象编码为主。除了听觉编码和视觉编码外,短时记忆还有语义编码。"语义编码是一种与意义有关的抽象编码,不带有任何一个感觉通道的特性。"[2]不过,这种语义编码,可能是受长时记忆的信息储存和提取策略的影响和支配所致(如"尖"的语义编码有定义性的:末端细小的形状;有组词性的:尖锐、尖利、尖顶、笔尖、针尖等;有形容词性的:眼尖、耳朵尖;有动词性的:尖着嗓子喊;有引申性的:由尖锐引申为灵敏、嗓音高而细等,有了这些语义编码,就方便储存和提取)。短时记忆对

---

[1] 〔美〕John B. Best 著 《认知心理学》,黄希庭主译,中国轻工业出版社,2000 年,第 33 页。
[2] 杨治良、郭力平、王沛、陈宁编著 《记忆心理学》,华东师范大学出版社,1999 年,第 49 页。

知识和对象的编码越充分,其进入长时记忆的几率就越大,记忆效果也越佳。

(二) 储存

人们认知外界事物的目的,是要把它们作为知识和经验长远地储存于大脑,以便日后应用。而短时记忆储存的时间只有几秒钟,来不及使用却已经遗忘。为此,人们必须在短时记忆中的信息遗忘之前,采取多次的复述和一些记忆术再次地或反复地进行编码强化,使新的知识信息和经验进入长时记忆。复述有机械性复述(如反复拼读一个个生词)和意义性复述(如把几个生词组成有意义的句子)。记忆术有:(1) 联词法,即读音联系。将外语单词的读音与母语单词的发音建立联系,并联想其意义。如汉字"心"的读音"xin"与英语的 sin(罪恶)发音相近,可联系为 sin heart(罪恶的心)。以后碰到汉字"心",就能马上想起 sin(读音)和 heart(意义)。(2) 想象法,即单词视觉化。将两种观点联系起来,再用第二种观点联系下一个,如此类推。如"手套"、"椅子"、"门"、"太阳"……可以想象"一只戴着手套的手,在搬动椅子,椅子放在门旁边,门开着看得到太阳……"这样,可以把无关的单词串联成一幅幅图画,化机械性复述为意义性复述。(3) 词语替代法,即找联系物。寻找读音相似的词语或能唤醒记忆的图像。如,用 I'll ask her 来记住 Alask(阿拉斯加),用 dark wind(黑风图像)来记住 Darwin(达尔文),等等。短时记忆中的信息经过这样的处理和强化,就能长久地保持和储存在长时记忆中。

(三) 匹配提取

长时记忆中储存着关于世界的知识,为人们的一切活动提供必要的知识基础。信息在长时记忆中有两种储存形式:情节记忆和语义记忆。情节记忆"接收和储存关于个人的特定时间的情景或事件以及这些时空关系的信息"(例如学习"听筒"词语,利用儿童医院医生用听筒检查孩子心、肺的情景来记忆);语义记忆"接收和储存的是各种知识"[①](如把"听筒"描写为"医生用来听病人心肺等器官以诊断病情的器械"来记忆)。有时,这两种记忆常常结合在一起(双重编码)而得以储存。"记忆并不是以纯正、孤立、静态的形式储存的,它不可避免地要与一些已有知识相混合,由此形成一种将多个经验片段联系在一起的

---

① 杨治良、郭力平、王沛、陈宁编著 《记忆心理学》,第62页。

表象。"①

有两种方式用于应用长时记忆的知识和经验。一种是再认,即外界刺激信息(包括情景信息)作为线索,与记忆痕迹中的信息有相当重叠或重合时,该项目就被匹配和提取。例如,"拥挤"这个词语是在描述交通高峰的上下文中记住的,那么当堵车时出现"拥挤"这个词语(多个线索),就比单独出现"拥挤"这个词语(单个线索)容易匹配和辨认。另一种是自由回忆,即外界没提供任何刺激信息,完全由个体根据需要自己回忆和决定。例如,要表达"上班迟到的原因是交通堵塞",个体必须自己通过情景联想,把"拥挤"这个词语提取出来,并再认和决定在这样的场合中应用这个词语是否适当。

第二节 记忆模式的认知原理

一、记忆的类别

人们在认识客观事物而形成世界知识和经验的过程中,都会发现这样的差异:有些记忆瞬时即忘;有些记忆不太牢固,容易消失;有些记忆则能长久保持。这些不同的记忆似乎储存于不同的位置,反言之,不同的储存位置会有不同的记忆。根据信息加工的记忆理论,认为"记忆或者说由若干称之为储存的关联成分所构成的系统,具有加工各种称为认知代码表象的能力。"而且"认知代码可以通过控制过程从一个储存器转移到另一储存器。"②这种理论,把记忆系统划分为互相关联的感觉登记、短时记忆和长时记忆,以对应于记忆中发生的诸种差异和其间的转移。

二、不同类记忆的特性

记忆系统可划分为感觉记忆、短时记忆和长时记忆,他们具有各自的特点。

(一) 感觉记忆的特点

所谓感觉登记(或感觉记忆),指外部刺激直接作用于感觉器官而产生的感

---

① 〔美〕John B. Best 著 《认知心理学》,第74页。
② 同上书,第77页。

觉象。主要表现为图像记忆和声像记忆。它们有两个特性,一个是不受人控制,即不需要分配注意资源,就能在感觉储存中对刺激产生一个认知码,虽然其感觉形式比较原始,还没归进适宜的类别;一个是感觉登记器的容量很大,几乎所有的新刺激都储存于此。感觉象在感觉记忆中保持的时间十分短暂,因而称为瞬时记忆。即使这种记忆是那么短暂,但它的瞬时滞留为进一步的加工提供了条件。"为了从感觉记忆中转移认知代码,个体必须在它消退之前分配一些资源来提取信息。"[1]也就是说,那些有用的、有价值的信息经过注意和编码将转移到短时记忆。

(二) 短时记忆的特点

所谓短时记忆,是信息从感觉记忆通往长时记忆的一个中间环节或过渡阶段。短时记忆的容量极为有限,一般认为是 7 ± 2 个单位。如果将若干小单位联合成大单位,即组块,那么单位数量虽然不变,而短时记忆的信息量将大大扩充。短时储存中的信息以听觉编码为主,有时也呈现视觉编码和语义编码。莫雷(1986)认为,"短时记忆编码可能是随情境而不断改变的一种策略"[2]。例如在汉字情境中采用的是视觉编码,在英文字母情境中采用的是听觉编码。短时记忆储存信息的时间比感觉储存长,但信息如果不进行精制化(即添加一些利于记忆的线索,如谐音法、组词成句法等)和转移(即输进长时记忆)操作,那么随着新信息的进入,原有的信息很快会衰退或被挤走。而有效的保持信息的方法,就是进行复述。在短时记忆中的信息尚未被遗忘之前,运用机械性复述(强调信息刺激的语音成分,如念诵课文或拼读生词)或精制性复述(强调信息刺激的语义成分,如联系词组或句子意义来进行复述)加以强化和意义化,使信息及时转入长时记忆。

(三) 长时记忆的特点

所谓长时记忆,一般指信息保持在一分钟以上、乃至终生保持的储存器。其容量与感觉储存一样都非常大。短时记忆的信息代码(声音代码或言语代码)通过复述控制就能转移到长时记忆,在那里形成一个表象。这些表象一经到达长时记忆,就会以情节形式或语义形式进行组织,形成情节记忆和语义记

---

[1] 〔美〕John B. Best 著 《认知心理学》,第 78 页。
[2] 杨治良、郭力平、王沛、陈宁编著 《记忆心理学》,第 50 页。

忆。情节记忆是自传式的、个人性质的事件,按照事件发生的时间和地点进行组织,可根据知觉特征进行描述(如一次旅游的过程);语义记忆是关于世界和语言的一般性的、百科全书式的知识,按照类别或抽象规则进行组织,并排列成等级层次①。语义记忆被组织成一个巨大的层次网络,一些事物的主要概念及其属性和特征都是网络中的节点(或叫结节),节点之间的连线表示其中的关系。例见下图。

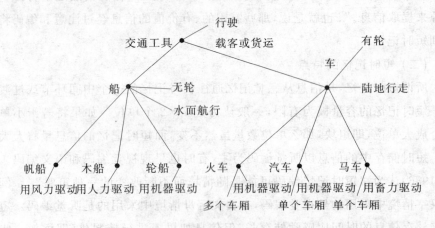

图 5-1 语义层次网络示意图②

以后又发展成为激活扩散理论,认为"语义记忆由语义相关性组织起来"③。该理论假设,语义记忆中一个概念或者一个节点的激活,可以导致语义上相关概念的激活(如心理词典中的"隔阂"一词被唤醒,可以扩散到"隔膜、生疏、隔断、阻隔、间隔、隔离"等一系列意义相关的词语)。这就能加速认知过程。

三、匹配和提取

长时记忆储存知识和经验是为了应用。应用的前提是进行有效的匹配和提取。"最初学习或编码材料时所用的认知过程与提取时的认知过程存在着交互作用,因此最好的编码方式建立在与提取时所使用的认知加工类型最匹配的

---

① 〔美〕John B. Best 著 《认知心理学》,第 98 页。
② 徐子亮著 《汉语作为外语教学的认知理论研究》,华语教学出版社,2000 年,第 9 页。
③ M. 艾森克主编 《心理学:一条整合的途径》,华东师范大学出版社,2001 年,第 289 页。

认知过程之上。"①也就是说,提取的信息编码与记忆加工时的编码方式一致或重叠,这样就容易根据编码线索从长时记忆中查检有关知识(即匹配),并提取到工作记忆中,与其他所提取的信息进行整合,搞懂语言信息的意义(即听读理解),或者把意念建构成语句(即话语表述)。

第三节 记忆模式在学习中的认知作用

记忆模式在汉语作为外语学习中的认知作用,我们通过分析课堂教学,考察学生的认知过程来进行剖析、归纳和阐述。

教学实录 5-1

课型:(中级汉语阅读)练习课

教材:《标准汉语教程》中级第一册(王国安主编 上海教育出版社 1998 年版)

教学对象:来华留学生(长期语言进修生)二年级日本、韩国、印尼、法国学生

教学过程:

师:同学们,我们已经把中级课本的第一册学完了。今天我们来做一些综合练习,复习一下学过的内容。现在请大家看黑板。黑板上有两段短文,请你们看完以后,选择适当的词,给短文填空。

短文(一)

过桥米线一般都是现做了吃的。吃的时候,有的人喜欢用筷子把米线____1____短了____2____入口中,有的人则喜欢把整根米线____3____起来吃。如果吃米线的人不会____4____筷子,该怎么办呢?他大概得用叉子____5____起来吃,或用叉子把米线____6____到碗边,然后低下头去吃。

(学生看短文并思考。几分钟以后)

师:怎么样? 都做好了吗?

生1:老师,请再等一分钟。

(过了一会儿)

---

① 〔美〕John B. Best 著《认知心理学》,第118页。

师:好,现在我们一起来做这个练习,生1,请你读第一句。

生1:过桥米线一般都是现做了吃的。老师,这里怎么有一个"现",是什么意思?

师:好,这个问题提得很好,这里为什么有个"现"字,"现"是什么意思?谁能来告诉大家?

生2:这个"现"是不是"现在"的意思?就是现在做的。

师:嗯,意思差不多。"现"在这儿的意思是客人要吃米线的时候,店里的人马上就做,当时做。而不是先把过桥米线做好了,等客人来吃。"现"有"当时"的意思。"当时"懂吗?我们学过的。

生1:懂了。

师:好。第二句第1和第2个空,生2请你来做,请把句子读一遍。

生2:"吃的时候,有的人喜欢用筷子把米线拉短了进入口中。"

师:"用筷子把米线拉短了进入口中",怎么样?有没有同学填了别的词?生3,你怎么填的?

生3:吃的时候,有的人喜欢用筷子把米线切短了放入口中。

师:好,我们看,生2和生3在空格1和2中都填了不同的词。第1个空,他们填了"拉"和"切"。我们看看,"拉"和"切"这两个词合适吗?"拉"是什么样的动作啊?

生4:手的动作,"拉门"、"拉桌子"(一边说,一边做动作)。

师:对,是这样的动作。"用筷子拉"可以吗?

生4:(摇头)不可以。而且"用筷子切"也不可以。

师:对,我们说"切"的时候,常常用什么?

生4:刀。

师:很好。我们一般用刀来"切"。所以"拉"和"切"都不行。大家再想想。应该填什么?

生5:老师,第1个空格我填的是"叉",对不对?

师:"叉"是什么动作?(做手势)用叉子我们可以说"叉",但是现在是用筷子,所以我们应该填"截"(板书),用筷子截短了,送入口中。(作"截"的动作)第2个空,他们填了"进"和"放","进入口中","放入口中"。这两个词,后一个"放入口中"正确。

生2:"进入"为什么不可以呢?我们不是常常用"进入"这个词吗?"米线进入口里"不对吗?

师:"进入"一般指动作者主动的动作,"放入"的动作对象一般是被动的。或者我们说米线自己是不会进到人的嘴里的,它是被人用筷子放到嘴里去的,所以说,"放入口中"是对的。

生5:老师,填"送入口中"可以吗?看到过吃药的说明,"用温水送服"。

师:可以。如果填"送入口中"更好,更合适。当然"放入"也对。好,接下来我们看"3",怎么填? 生6,请你来说。

生6:"有的人则喜欢把整根米线拿起来吃"。填"拿"。

师:"拿"好不好?

生1:可能不好。

师:到底好不好?把米线拿起来吃(做动作)?

生1:不好。

师:对,吃米线的时候用筷子。用筷子怎么样?

生3:"夹"是不是?

师:对,很好。我们说"用筷子夹起来吃",注意"用筷子夹"(做动作)。好,下面第4个空。

生4:"如果吃米线的人不会用筷子。该怎么办?"填"用","用筷子"。

师:很好。(重复)"不会用筷子,该怎么办呢?""他大概得用叉子"怎么起来吃呢?

生5:"叉起来"。

师:对,"叉起来"吃,好。最后一个空填什么? 生6,请你。

生6:"或用叉子把米线拉到碗边"。

生7:不是"拉",是"或用叉子把米线叉到碗边",用"叉"。

师:我们可以说用"叉子""叉",但是这里是"用叉子把米线……到碗边"。怎么到碗边呢?

生6:"用叉子把米线……"、"用叉子把米线……","弄","弄到碗边"。

师:"弄",对,"弄"可以。"用叉子把米线弄到碗边"。还可以怎么说(做动作)? 这个动作怎么说?

生8:是不是"拨?""拨……"?

师:很好,"用叉子把米线拨到碗边"。"拨",填得很好。大家看这样的动作(做动作),就是"拨"。在这个句子里填"拨"非常合适。好,现在还有问题吗?没有问题,我们把这个填空练习完整地读一遍。请大家跟我读。
(教师领读,学生跟读)
好,现在我们看下一个练习。

这是一堂练习课,首先做的是填空练习。填空练习是学习者根据练习题字面所提供的情景信息,揣摩上下文意,从记忆中提取相关词语,从中选择和确定合适的词语填入空格,从而使文义贯通的心理活动。这其中,记忆心理活动起着主要的作用。

一、心理词典的运用

填空练习,实际上是词汇练习。词汇教学和词汇练习的目的,是让学习者在头脑中建立和积累心理词典。具体而言,是把课本语料中的词汇,通过教学,输入学习者的头脑,丰富和充实他们的心理词典。每个人的头脑里都有他自己的心理词汇,这是学习个体从小学会说话、接受语言教育逐步积累的结果。由于每个人学话和受教育的情况不同,所以各人头脑里所存的心理词典,其数量和深广度也不太一样。对文盲来说,他的心理词典跟受过教育的人就更有差异。文盲的心理词典中的词汇,是语音和词义的结合,词形被排除在外;而受过教育的人,他们心理词典中的词汇是语音、词形和词义三者的结合。心理词典中的词语既是整合的,由音、形和义三要素组合而为词语;同时又是离散的,语音被排列在音序系统中;词形被排列在音序和音节相结合的线性序列中,如果是汉字,则按起笔的笔形或笔画的多寡而被排列在偏旁部首中;词义则组合在语义网络之中,每一个语义可视作一个结节,由结节放射出许多连线,连接着与该语义有关的同义词、反义词、类义词、联想引申义、比喻引申义等,语义与语义之间又通过连线相互交错沟通,构成一张硕大无朋的网络。

心理词典的运用,可由外部信息激发有关的词语,也可由内部意念或概念激发有关的词语。练习题的字面是外部刺激信息,如"过桥米线都是现做了吃的"等等,它们刺激着学习者的视觉神经,学习者将这一长串文字经过切分(划分为一个个词语)和编码(编辑成可由神经元递送的电码式的符号)传递给大脑短时记忆,并从长时记忆激活、匹配、提取与这系列编码相应的一串词语到工作记忆,在那里将词语整合为句子,从而得以理解。练习题的空格,即需要填入的词语,是内部刺激信息,如"把米线___1___短了___2___入口中",学习者只能从练习的题面上获得一些间接的信息,从而在大脑中形成跟字面相关的某个意念或概念,再从语义网络中寻找能表述该意念或概念的多个词语,如"能拿住"这个意念或概念的词语有"夹、叉、捉、擒、抓、捧、举、提"等等,从中选择符合题意的合适的词语,并从心理词典中检索和确定该词语的"形"(可填入)和"音"(可读出)。本课所进行的练习,基本上是在外部和内部刺激信息交互作用下,充分利用人们的心理词典,进行着编码、解码、搜寻、检索、匹配、提取,以及回忆出词语的"形"、"音"、"义"的心理活动过程。

二、词语形音义的综合记忆

学习外语(包括汉语作为外语的学习),积累和建立目的语心理词典,其方式和程序同建立母语心理词典基本一样,只是在初学阶段,目的语词语的词义还没有形成语义网络,只能暂时附着在母语的相应的词义或概念之上。因此,学习汉语的外国学习者,接触到已经学过的汉语的语音或词形,调动与提取与之匹配的词义,其间必须有一个母语翻译成汉语的过程。学习到一定阶段,汉语的语义网络形成,这种翻译过程的时间就渐渐缩短,翻译的作用也渐渐减小,可以直接通过汉语词汇的音或形,提取出该词语的词义。因而,课文的生词表上的词语,除了书写的汉字、念读的拼音外,绝大部分还有英语或日语等相应的解释。在教学过程中,一个词语的音、形、义都要重视和强调,力求让学习者听到音或看到形,就能联想到它的义。本课教师组织学生进行填空练习,不是检查学生填对了词语就算完成了教学任务,而是反复比较,说清用某个词语的道理。如教师通过师生互动说明为什么使用筷子的动作不能用"拉"、"切"或"叉",而要用"截"的缘由,甚至用手势和体态,如演示"拿"和"夹"这两个动作的区别,让学生体会和领悟。这些举措都是为了强调词语的形、音、义这三个要素,以巩固这些词语在学习者心理词典中的地位和记忆,方便以后应用过程中的匹配和提取。

三、激活相关概念,加速和巩固记忆

词义的引申、扩大和深化,也是词语教学需要刻意讲究的。一个词语只有单个义项的并不很多。随着千百年来的使用和变迁,词语的义项常常不只一个,而有多个。而一个词语的多个义项间,有着种种联系。它们可能是接近引申(如"口"由"嘴巴"义引申为"门口"、"窗口"的"洞口"义),可能是比喻引申(如"网"由"渔网"比喻引申为抽象的"法网"),也可能是由词性转化而生义(如名词"叉"转化为动词"叉",由实物引申出相关的动作)。从这个意义上来说,人们头脑中的词义网络,不仅仅有一个词语与其他词语的外部之间的联系(如拿、拉、弄、拨都因手的动作而联系在一起),而且也有一个词语本身内部之间多个义项间的联系(如本义和引申义、比喻义之间的联系)。但由于词语教学不可能也不必要把新出现的的某个生词的诸多义项一股脑儿全搬出来,一般只拣常用的义项和该词在语料中所呈现的词义拿来讲解。因此,学习者在阅读或做练习时,往往会碰到老词新用或旧词新义的现象。如本课中学习者碰到"过桥米线一般都是现做了吃的"这个句子,对"现"的含义是不是"现在"的意思,把握不准,于是提出了疑问。教师既肯定了学习者把"现"解释为"现在做"的回答,同时进一步指出"现"由"现在(做)"引申为"马上(做)"或"当时(做)",带有"当时、临时"的意思。这样,学习者的心理词典中有关"现"的词义,就从"现在"扩展为"当时"。日后,在阅读或练习时,再补充"现"的"当前、目前、显示、表露"等义项,就能丰富和充实学习者的词义网络,巩固和加强记忆。

四、匹配与提取的基本条件

学习汉语的外国人,造句练习造对一个句子,填空练习填对一个词语,不仅要有汉语语法规则的指导,而且还得有生活经验和世界知识的辅助。只凭语法规则,而不用生活经验和世界知识来检验,造句和填空可能就会产生合法不合理的现象(如"他饮冰淇淋");只凭生活经验和世界知识,而不用语法规则来规范,造句和填空可能就会产生合情而不合法的情况(如"他谈话她")。只有用语法规则来指导和监控,用生活经验和世界知识来辅助和判断,才能填出恰当而准确的词语,造出合乎情理合乎语法的句子。本课填空练习中的第一个空格"有的人喜欢用筷子把米线__1__短了……",虽然只要简单地填上一个词,但在学习者的头脑里却经历了相当复杂的思索过程。他们首先要在长时记忆中想象、回忆和检索使用筷子的动作:拉、切、叉……,其次要监控和判断这些动作能否把米线搞短,这就用得着生活经验和世界知识去加以检验。由于每位学习者的生活经验和理解水平不同,他们填入的词语也会有所不同。教师针对这个情况组织大家讨论,逐一排除了"用筷子拉短米线"、"切短米线"、"叉短米线"的说法,提出正确的答案:"截",并用手势形象地作"截"的动作样式。这样,就给学习者的头脑里增添了可以"用筷子截"、不可以"用筷子拉(切或叉)"的生活知识。同理,第三个空格"有的人则喜欢把整根米线__3__起来吃",有的学生把"手"的最普通的动作"拿"填了进去,忽略了动作的前提是"用筷子"。经过教师的提示,有的学生从生活经验中联想到这个动作应该是"夹"。第六个空格的填写也是如此,"或用叉子把米线__6__到碗边,然后低下头去吃",有的学生根据使用叉子的情景,从心理词典中寻觅到跟叉子可能有关的动作:"叉"和"拉",但填进这两个词语,都存在合法而不合理的问题。在教师的再次启发下,学生们一次又一次地在自己的心理词典中搜查、匹配和提取,直到找到填写进去既合理又合法的词语:"弄"、"拨"以后才停止搜索。可见,这样的填空练习,学习者的反馈是语法规则跟生活经验的结合是否密切和得当;而教师的指导和启发,也是把生活经验结合进语法规则,给网络中的词语配上一定的情景,便于日后准确提取和应用。

　　心理词典中的同义词往往群集和联系在一起,因而,学习者为题面文字所激发,激活的不只一个词,很可能是几个,甚至一串。如第二个空格"……短了__2__入口中",学习者受下文"入口中"的启示,很可能从心理词典中搜检出"放入、进入、塞入、倒入、注入、纳入……"等一系列相关词语,然后从中选择一个确切的词填入空格。这一选择过程,有的涉及语义,有的涉及生活经验和生活常识,学习者之所以不选"塞入、倒入、注入"等词,因为生活知识告诉他们,这些词跟用筷子的动作不相吻合,于是选择了"放入"和"进入"。但为什么填"放"对,而填"进"欠妥呢?这是个语义问题,也正是学生困惑不解的地方。教师针对学生的疑惑,及时进行点拨,先从语义来分析:"进入"一般指主动者主动的动作,"放入"的动作对象一般是被动的;再从生活实际经验让学生体会:米线自己是不会进到人的嘴里的,它是被人用筷子放到嘴里去的。经过教师的分析和指点,领悟快的学生马上联想起"用温水送服"的吃药说明,从而比拟和反应出"送入口中"。这正好说明学习者是凭借语义和生活经验从心理词典中提取和选择填空所需要的词语。

记忆模式是外语学习中不可或缺并且频繁运用的心理模式,汉语作为外语的学习也是如此。记忆模式与其他外语学习的心理模式共同作用,使语言学习得以顺利展开并收到良好的效果。

第六章 演绎模式

人们获得新的知识,解决某个问题,或者理解某个事件,不一定都要亲身去尝试和体验,也并非都要亲临现场不可,常常是凭借已有的知识和经验,运用一些规则和心理逻辑去思索和推导,从而达到积累新知、解决问题和理解事物的目的。这就需要依赖和发挥演绎模式的作用。

第一节 模式定义和认知过程

一、模式定义

运用有关的原理和规则,或者心理模型和图式,对已知的命题进行演绎推理来解决问题或理解的一种认知模式。

二、认知过程

已知条件命题 ⟶ 推 理 ⟶ 目标命题

人们认识客观世界,获得新的知识,并非也不可能都亲身去一一体验,许多新的知识是从已知或旧知中推导出来的。为了理解我们所读的或听到的东西,常要联系已有的知识和前面的信息,在此基础上作些逻辑的、连接的、精细的推断,以达到目标命题——解决问题或理解。其中演绎推理更是人们从所给的前提推断出必然结论的重要认知方式。具体步骤如下:

(一)已知条件命题

在经典式的三段论推理中,已知条件命题常常是以"如果 P,那么 Q"的形式出现。这里的"如果 P"是某种类型的前提条件,"那么 Q"是某种类型的结果条件。另外有一个其他的语句用来确定 P 或 Q 为真或为假。"如果 P,那么 Q",

一般称之为大前提(比如"如果每天坚持锻炼,那么就能增强体质");另一个句子"P 真/假"或"Q 真/假",称之为小前提(比如"每天坚持/不坚持锻炼"或"增强了/没增强体质")。要求读者或听者据此作出推理,得出一个结论,并检验结论的有效性和可靠性。因为推理所得出的结论,不一定正确和有效,这与大前提和小前提所蕴涵的知识以及与现实情况是否真实有关。因此,演绎认知模式首要的任务是决定和判别已知条件命题的真实性和正确性。

已知命题中的条件大前提,是进行演绎推论的重要依据。它有三种情况:一种是不成为条件,即这个句子的内涵不能成立,例如"如果天气下雨,那么吃早点。""吃早点"跟"下不下雨"没什么关系。一种是单个条件,即假设在某种条件下会有某种结果,例如"如果天气下雨,那么鱼会浮上来"。一种是双重条件,即句子假设的条件是必要条件,例如"如果且只有气压低的时候,鱼才浮上水面"。不同的情况,影响着人们的推导,所以进行演绎推理首先要审视大前提的真伪和条件的必要。

已知命题中的因果大前提,也是进行因果演绎推论的重要依据。在单一原因的范围内,任何结果都是由一个原因引起的,人们能够辨别出它。例如"连日的暴雨造成河水泛滥"。而在多种原因的范围内,结果由多个原因引起,人们不易辨别,常常找出最重要的原因而忽视或丢弃次要的但仍能起作用的原因。例如,人们早上行驶在马路上,发现车辆行驶得很慢,于是寻找原因:"如果是雾天,那么车辆就会行驶得很慢";但也可能是别的原因或几个原因并存:"如果交通拥挤"、"如果前面修路"、"如果前方发生交通事故"等,都会导致"车辆行驶得很慢"。这里需要人们凭借平日积累的世界知识和生活经验去辨别和判断。

(二) 推理

根据已知条件命题,即大前提和小前提,就能进行推导而得出结论。这个过程就是所谓的推理过程。推理要遵循一定的规则去推导,人们可以根据逻辑规则或公式去解决形式问题,也可以凭自己对社会的观察而积累起来的生活经验和生活准则去回答问题。

受过逻辑训练的人,他们常使用言语推理,"就像做代数题似的加工三段论的言语结构"[①]他们根据逻辑规则或公式,很容易推断三段论中的肯定式(例如,

---

① M.艾森克主编 《心理学:一条整合的途径》,华东师范大学出版社,2001 年,第 395 页。

如果是鸟,那么就具有动物的特点;黄莺是鸟;所以黄莺具有动物的特点)和否定式(例如,如果是鸟,那么就具有动物的特点;某种东西不具有动物的特点;所以某种东西不是鸟。)是有效推论。同时也能确定否定前件式(例如,如果是鸟,那么就具有动物的特点;这类东西不是鸟;所以这类东西不具有动物的特点。)和肯定后件式(例如,如果是鸟,那么就具有动物的特点;这类东西具有动物的特点;所以他们是鸟。)是无效推论。

没受过逻辑训练的人,他们照样也能进行推理,所依据的是心理逻辑。心理逻辑包括心理图式和心理模型等。心理图式是"有关特定物体和现象是什么的描述中的一套经验性规则"①。所以像上述的三段论推理结论"黄莺是动物",很多人并不用公式去推导,而是根据头脑里的知识和"用不同空间关系的形状表征不同类别及其关系"②的图式(例如,有关鸟的知识和图式,有关动物的知识和图式)从知觉和经验方面来确定这个判断。心理模型是一种信息表征,"与所描述的事件的结构有直接对应的结构"。③ 人们在理解推理任务的基本信息过程中形成心理模型。它们是动态的和具体的,经常是某个特定对象或情景的临时表征,但能在记忆中存储下来,以便今后在类似的推理中运用。例如"黄莺是动物"作为一个心理模型,就可以跳过"鸟是动物"和"＊＊是鸟"这样的推理过程而直接在"麻雀是动物"、"孔雀是动物"这样的判断中运用并证实其正确性。

(三)目标命题

目标命题是演绎认知模式所要解决的问题或者需要理解的问题,是人们进行推理的结果。推理是"一个心理表征或知识在目标定向和限定下逐步的变换过程"(例如三段论推理:如果是 A,那么等于 B——C 是 A——所以 C 等于 B,这中间就有 C 变换为 A,又变换为 B 的逐步变化过程),"它必须在特定领域的知识和推理者的推理规则的控制之下"④。即在一系列外加限定条件下把初始状态变成目标状态。因为知识本身很少能用于新情境,知识只有通过推理适当地扩展时才有用。例如"大米煮成饭"是人(除了婴孩)所皆知的知识,它一般只

---

① Kurt Pawlik Mark R. Rosenzweing 《国际心理学手册》,张厚粲主译,华东师范大学出版社,2002 年,第 232 页。
② M.艾森克主编 《心理学:一条整合的途径》,第 395 页。
③ 同上书,第 393 页。
④ Kurt Pawlik Mark R. Rosenzweing 《国际心理学手册》,第 233—234 页。

用于烧饭的情境,但如果用于推理,就可形成许多新的知识:"大米加多量的水可以熬成粥"、"大米加枣、豆之类的东西可以制成八宝饭或八宝粥"等。

理解是个求同过程,用旧知、已知去同化新知、未知,人们通过这个过程将"从外部(通过知觉)和内部(通过记忆)收集的关于目标对象或现象的信息提供一个易懂可行的解释"①,从而认识世界。例如,听力理解和阅读理解要凭借已有的语音、文字、词汇、语法等知识对新的语料进行可懂的整合,从而推测和理解其中的意思或情节。

问题解决是在一个问题空间中的搜索过程。也就是在开始的起始状态和达到的目标状态之间寻找一套能改变当前状态的方法和途径,使人们可以按自己的意愿改变世界。演绎推理是问题解决的一个有效而常用的方法。经常的运用,不仅解决许多难题,而且通过这个过程加深了同一领域的知识,还能获得不同领域的许多知识。例如,口语会话中双方怎样互相应答这个问题,就可运用产生式规则(若出现 X,则做 Y)来解决。例如,"如果对方说你好,你也可回应你好","如果对方说谢谢,你可说不谢","如果对方说抱歉,你可说没关系"等等。而同一个词语"哪里,哪里。"在回应对方的称赞,对方的道谢,对方的道歉时都可使用。随着这些目标问题的解决,人们扩展了口语的知识,积累了应对的经验。

第二节 演绎模式的认知原理

一、知识在人脑中的作用

知识是以抽象的形式储存在人脑中的。"人们的认知系统通过查看像心理百科全书似的东西(它已经收集和组织了相关的信息)来查询和提取信息。"②从而对外部事件进行匹配和加工。这种心理活动导致产生新颖的、有效的主意或结论。

(一) 陈述性知识

储存于人脑中有两类知识。一类是陈述性知识,它是关于事实的知识,即

---

① Kurt Pawlik Mark R. Rosenzweing 《国际心理学手册》,第 248 页。
② 刘爱伦主编 《思维心理学》,第 68 页。

客体、事件及其背景和关系的知识,可以用某种词语来表达或以视觉化的方式来描述,常以概念(它是人脑反映客观事物的本质特征的思维形式,如茶叶的概念"是经过加工的茶树嫩叶,可以做成饮料")、命题(它是能够单独判断事物真假的最小的知识单位,如"茶叶有提神作用")、图式(它是包含有关客体和事件的一般信息的知识结构,如制茶的一道道工艺,或者沏茶的过程)、表象(它是头脑中曾经感受过的事物的形象,如红茶、绿茶、花茶等等的式样)等方式记载在人的头脑之中。

(二) 程序性知识

另一类是程序性知识,是指导行动的知识,即关于技能、认知操作和如何做事情的知识。在长时记忆中按产生式规则(如果 P……那么 Q)来表征。凡是产生式条件获得满足,规则就被激活而付之行动(如"如果看到红灯,车子就应停住";"如果看到绿灯,车子就可启动")。通过大量的练习,陈述性知识就可转换成程序性知识。

人类是信息加工和行为的积极主体。"人与环境互动,发现规则,并构建条件——行为以及更多的精细形式的知识。"[①]即人类在问题解决和理解活动过程中,获得更多的知识,甚至创造出新的知识。

二、再生性思维和生产性思维

问题解决和理解,"就是人们在自己头脑中所构成的关于外在世界的心理模型中,进行一系列的操作活动。"[②]或者进行再生性思维,再次运用过去解决问题的老方式来解决新问题(例如常运用机械重复的老方式来记住新的电话号码);或者进行生产性思维,运用新的方式对问题重新加以组织,以产生崭新的解决方法(例如运用谐音意义来记住新的电话号码:67521779,上海方言谐音为:老吃五粮液吃吃酒)。

---

① Kurt Pawlik Mark R. Rosenzweing 《国际心理学手册》,第 236 页。
② 刘爱伦主编 《思维心理学》,第 181 页。

三、问题解决和理解的策略

具体来说,问题解决和理解,可运用以下一些策略:

(一) 启发式

启发式是依赖平时积累的知识经验,从问题中得到某种启示,找出相应的策略,较快地解决问题,方便而省时。例如,"簟(dian)"字由竹、西、早合成,该查什么部?如果学习者有形声字的知识,估计这个字是"竹形覃(tan)声",d t 是一声之转,就能很快断定这个字属于"竹"部,是一种竹制品。

(二) 算法式

算法式是把解决问题的各种方法(即算子)都引列出来,逐个尝试,最后解决问题。虽然费时费力,但一定能得出正确答案,成功率较高。例如,"翕(xi)"字该查什么部?解决该问题时,把可以作为部首的"人、一、口、合、羽"都列出来,然后在字典中一一尝试查找,最后得出该字属于"羽"部的结论。

(三) 手段——目的分析法

把一个问题分解为一系列的子目标,随着子目标的逐个实现(即消除或缩小差距)而达到目标。例如,辨别"我希望他回国"和"我要他回国"是不是兼语句。学习者根据兼语句的特点,分解为三个子目标来思索和考察:(1) 动词含不含"使令"意义(希望没有使令义,而"要求"有使令义);(2) 兼语陈述部分是不是动作要达到的目的或产生的结果("希望"不是"回国"的原因,而"要求"是"回国"的原因);(3) 语音停顿是不是在动词后的名词上(只能说"我希望——他回国",而可以说"我要求他——回国"。)三个子目标得到了解决,总的问题也迎刃而解:前一句不是兼语句,而是主谓结构做谓语;后一句是兼语句。

(四) 倒向解题

从目标状态出发,向后逆推,寻找与初始状态的差距,逐步缩小差距,最后导致问题的解决。例如,"日薄西山"中的"薄"是什么意思?学习者翻阅词典,知道这个成语的意思是"太阳临近落山",比喻事物接近衰亡或人近年老。那么为什么"薄"有"近"的意思呢?他们从"厚薄"的"薄",联想到空间的"薄"和时间的"薄",悟出"薄"可引申为"没有时空距离",于是"薄"就有了"迫近"的意思。通过逆向思维,终于找到了答案。

（五）类比解题

利用某个问题的解题经验，去解另一个具有类比关系的问题。即把先前的问题（基础相似物）的信息抽取出来并运用到新问题（目标相似物）上。例如，学习者常用汉字形声字读音的偏旁类推法，因为有"住"读 zhu 的经验，于是遇到声旁为"主"的"拄、柱、蛀、注、驻"等字，也一概类推而读若 zhu；因为有"粉"读 fen 的经验，于是遇到声旁为"分"的"份、芬、纷、忿、吩、氛、汾"等字，也一概类推读为 fen。这在一定程度上帮助了学习者解决读汉字的难题。

四、推理的成分加工

问题解决和理解有上述一些策略和方法，其中涉及演绎推理。推理的心理过程与问题解决或理解的心理过程有相似之处，都是从已知的知识去推论和解决某个目标，因而，推理"可以定义为一个心理表征或知识在目标定向和限定下逐步的变换过程"[1]。斯腾伯格（1986）认为，推理涉及的成分加工有三种服务功能。一是选择性编码加工，"主要是区别刺激中的有关信息与无关信息，并将所选信息存入工作记忆中（如在"黄莺、麻雀、孔雀、鸟、家禽"等刺激信息中，选定"黄莺"和"鸟"）。"二是选择性比较加工，"主要是决定长时记忆中哪些信息与问题解决有关并被提取和存储到工作记忆中（如在"动物形状"、"动物特点"、"植物形状"、"植物特点"中选择"动物特点"）。"三是选择性组合加工，"主要是对工作记忆中被选择编码和比较加工过的信息进行分析、操作和整合。"[2]（例如将上述选择的信息整合、排列为三段论：凡是鸟，就有动物特点。黄莺是鸟。所以黄莺具有动物特点。）演绎推理重在根据规则的限定对所选择的编码和比较加工的信息进行组合加工，以得出正确的结论，理解或解决问题。

五、图式和心理模型的推导

人们在做演绎推理时并不是纯粹遵循正规的演绎推理规则，常常是大量地依赖其推理经验——即心理逻辑，包括图式和心理模型来进行推导。图式是

---

[1] Kurt Pawlik Mark R. Rosenzweing 《国际心理学手册》，第 233 页。
[2] 刘爱伦主编 《思维心理学》，第 165 页。

"有关特定物体和现象是什么的描述中的一套经验性规则"①。它们恰当地建构了有关实体及其转化的一般的稳定的知识。因而图式的推理规则有着具体性和概括性。例如,动物的表象和鸟的表象都是具体动物或具体的鸟这种类别的概括,要证实"黄莺是动物"这个结论是否属实,必须运用动物和鸟这样的表象或图式规则来进行推导,以解决具体问题。心理模型是一种信息表征。是"人们对推理问题建立一个或更多个心理模型或表征,并用这些心理模型判断结论的真假。"②具体地说,"推理'只是'提取出先前经历的情境并与当前情境进行比较"。③ 例如,"紫丁香在春天开花"这一共生(紫丁香开花与春天来到共生)共变(紫丁香随春天逝去而凋谢)的现象,是人们观察和经历而储存于头脑的心理模型。现在看到"紫丁香开花了",根据储存的心理模型很自然地联想并判定"春天来了"。当第一个心理模型(如"紫丁香夏天开花")得出了不可信的结论(如"夏天来了")时,人们更可能建构更多的模型(如"紫丁香秋天开花"、"紫丁香冬天开花"、"紫丁香春天开花")。如果最初就得了可信的结论,人就只建构一个心理模型。

"心理学的演绎规则不同于逻辑规则。通常逻辑规则可以从一个固定的假设前提推出无数新句子,而不管是否与任务有关。一个心理系统规则不产生无关句子。"④例如一般的逻辑规则,根据三段论式从"鸟是动物"这个大前提出发,可以产生"黄莺是动物"、"麻雀是动物"、"孔雀是动物"等无数新句子,而心理系统演绎规则,根据任务,只产生有关的"黄莺是动物"一个句子,排除其他无关的句子。

第三节 演绎模式在学习中的认知作用

演绎模式在汉语作为外语学习中的认知作用,我们通过展示课堂教学,考察学生的认知过程来加以分析论证。同时我们通过教学实录6-2来展示教师在教学中培养学生的逻辑思维能力、提高演绎模式在汉语学习中的认知作用的方法。

---

① Kurt Pawlik Mark R. Rosenzweig 《国际心理学手册》,第232页。
② M.艾森克主编 《心理学:一条整合的途径》,第393页。
③ 〔美〕John B. Best 著 《认知心理学》,第319页。
④ 刘爱伦主编 《思维心理学》,第133页。

教学实录 6-1

课型:高级汉语视听说课
教材:《看电影,说汉语》(史世庆编著,暨南大学出版社 2004年)
　　　　第四课　救女(电影《舞台姐妹》)
教学对象:来华留学生(长期语言进修生)三年级日本、韩国、西班牙学生
教师:史世庆老师(华东师范大学对外汉语学院)
辅助教具:VCD、显示屏等
教学过程:

师:现在上课。上次课我们看到这个姑娘跑进戏院,躲起来了,她躲在哪儿?

生1:她躲在……箱里。

师:她躲在盔头箱里,是吧!所以她的公公婆婆没有找到她,但是被谁发现了?

生2:月红。

师:是的,被月红发现了,月红怎么发现的。

生2:她去放帽子。

师:盔头箱是放衣帽的地方,是个总称。月红为了放帽子,打开盔头箱,发现了躲在里面的姑娘,这时候谁来了?

生1:阿鑫。

师:对,阿鑫来了,这时候月红做了什么事情?

生2:盖盖子。

师:月红为什么要盖盖子?

生2:装作没有什么事情的样子?

师:月红为什么要这样?

生2:她想帮助那位姑娘。

师:对,她想帮助那位姑娘,最后帮助成功没有?

生2:没有。

师:没成功,为什么?

生1:她装得不好。

师:什么地方不好?

生 2:不自然。

师:为什么不自然。

生 2:她的表情不自然。

师:为什么她的表情不自然?

生 2:她的表情是笑。

师:看到月红的表情,阿鑫猜到了什么?做了什么?他想到了什么?
   (板书:猜到)

生 3:箱子里有什么。

师:有什么?阿鑫知道是童养媳吗?

生 3:有什么,不知道。

师:对,有什么?不知道是童养媳,但知道肯定有问题,阿鑫的动作是什么?

生 4:一步一步走过来。

师:然后呢?

生 4:推开月红,打开箱子,发现姑娘。

师:这是我们上次上课所看的内容。什么时间?是阿鑫发现了姑娘之后;地点是哪儿?后台。现在继续。发现姑娘后有什么事情发生?这时候演出怎么样了?

生(众):结束了。

师:对,演出结束了,阳春舞台的人都怎么样?

生 1:都在后台。

师:对,都在后台或都到后台来了。姑娘说了什么?做了什么?后面阿鑫说我这不是衙门,断不了这桩公案,他为什么要这样说?姑娘说了什么?想想!

生 5:请你把我留在这里。

师:为什么要留在这里?阿鑫说:"我这不是衙门,断不了这桩公案。"公案,是谁和谁打官司?

生 2:姑娘和公婆。

师:姑娘和公婆打官司干什么,姑娘告诉大家什么事情?

生 2:告诉大家她的艰苦生活。

师:对,她告诉大家她在婆家有多么艰苦,吃的什么,穿的是什么,她的生活好不好?

生:不好。

师:对,有好多工作要做,吃不好,穿不好。阿鑫回答我这不是衙门,断不了这桩公案。是什么意思?

生3:不能帮。

师:对,不能帮。阿鑫说断不了这桩公案是什么意思?(板书:断不了这桩公案)"桩"是个量词,公案,断案是谁的事情?谁断案?

生3:警察。

师:比警察高一点,是衙门,是政府,是法院,法院里有什么人?(板书:"法院")。

生4:法官和律师。

师:应该是法官断案,我这不是衙门,断不了这桩公案,我不能判决,也就是说,你和你的公婆谁对谁错谁好谁不好,我怎么样,"断不了"是什么意思?

生5:我不能判断谁对谁错。

师:谁对谁错,阿鑫是什么意思?

生3:回婆家。

师:我看你还是回婆家,这句话可以看出什么?

生3:姑娘是童养媳。

师:对,童养媳,阿鑫不留姑娘,我看你还是回婆家。我们再看一遍,大家再连起来说。

(放录像,放映该片段)

师:大家看完了,对话也听懂了,生词也认识了,我们连起来说说。时间是阿鑫发现姑娘后,演出结束了,大家都来到了后台。姑娘对大家诉说自己生活的艰难,公婆不好,生活多么艰苦等等,后面怎么样,考虑一下,好吗?

生2:我们说童养媳说姑娘好吗?姑娘求他们把她留下,她又说明自己的艰苦,看起来除阿鑫以外的人都被感动了,他们的表情愿意留下姑娘,但这时阿鑫坚固……

生3:坚定。

师：坚决。

生2：对，坚决。"去去去……"阿鑫想把她送到婆家，邢师傅阻拦，开始说话，阿鑫打断了他并解释自己的道理，他的道理是救了姑娘后，以后再也不能来这个地盘演出、唱戏。然后，师傅又插了一句，让阿鑫听他的道理，他说姑娘长得漂亮，又有天分，身段又好，连眼睛都会说话，可能是块好材料，留下将来会有好处。阿鑫喜欢听师傅说的话。

师：是喜欢师傅说的话吗？

生2：同意。

师：对，同意，说得很好。这个时候他有什么动作？

生2：摸着头袋。

师：是头袋吗？

生2：不，是脑袋。

师：对，是脑袋，要么说头，要么说脑袋，他为什么要摸脑袋。

生2：他考虑要不要把姑娘留下来。考虑到留下来会有好处，他说：好吧！同意，可是他不想承担他姑娘留下来的责任，把童养媳留下来的责任。

师：他不想承担什么责任？

生2：他不想承担把姑娘留下来的责任，他不想承担这个责任，他说得清楚，是你把她留下来，不是我。

师："说得清楚"中得可省略，只对邢师傅说吗？只两个人清楚吗？为什么说三头六面说清楚。

生2：当着大家。

师：对，当着大家。不是一个人，为什么要当着大家？是为了让大家都知道，只是我知道只是邢师傅知道也没有用，真出麻烦了，不关我的事。所以要大家都知道，出了事邢师傅负责。邢师傅的表情是什么？

生4：他的表情是……他要考虑。

师：表情是什么？

生4：变硬。

师：变硬，有变化，严肃，可以说变得严肃。

生4：过了一段时间，邢师傅决定下来我承担……

师：我承担什么？后面没有说。

生4：把姑娘留下来的责任。
师：对，承担责任，把姑娘留下来的责任。
生4：听到这句话，姑娘感动得跪下来。
师：感动得怎么样？
生4：感动得——对，热泪盈眶。
师：太好了，这个词刚学的，为什么不用呢？
生4：跪在邢师傅前面对他表示感谢。
师：后面是什么？姑娘激动得热泪盈眶或感动得热泪盈眶，然后她跪在邢师傅面前或她在邢师傅面前跪下了。后面怎么样？
生4：邢师傅介绍自己的女儿月红。
生4：同时问她叫什么名字，姑娘回答，我叫竺春花。
师：好的，故事有了，就是开始部分有点简单，能不能更具体一点，姑娘描述自己的遭遇和艰苦生活后，阿鑫怎么说？就是开始这一部分，谁再说一下。
生5：阿鑫听完姑娘的遭遇说：我这儿不是衙门，断不了这桩公案，让她回婆家，但姑娘要求留下来。
师：等等，姑娘要留下来，有个动作，有句话。
生5：不，我偏不。
师：有什么动作？后退，同时的动作，应该怎么说？
生5：姑娘，也说："不，我偏不。"一边往后退。
师：（重复上句）倒过来说：姑娘一边往后退，一边说："不，我偏不。"可以吗？
生5：还可以说姑娘往后退着说："不，我偏不。"
师：也可以的，都可以，只是从语法上来说："姑娘往后退着说：不，我偏不，"是单句，而"一边……一边……"是复句，是什么关系？平行还是对立？
生4：是并列平行。
师：对，虽然语法不一样，但都可以，然后姑娘苦苦哀求，其他人怎么样了？月红怎么样了？
生3：月红希望师傅把她留在这里。
师：阿鑫说完理由就要送姑娘回家，这时候姑娘怎么办？还有个演员小香做了什么事情？

生1:小香拉月红,帮忙说话。

师:月红拉谁?

生2:父亲。

师:然后邢师傅说明自己的道理,阿鑫说什么?阿鑫说你真不通气,真不懂道理,邢师傅讲过道理,阿鑫同意了,阿鑫为什么要拍脑袋?是在想我要同意吗?还在考虑吗?

生4:无可奈何。

师:为什么?

生4:假装无可奈何的样子。

师:对,不是假装同意,假装同意就是不同意,同意了假装无可奈何的样子,"三头六面说清楚"为什么要当着大家的面。

生:不想承担责任。

师:他不想承担责任,为什么要让童养媳留下?

生3:摇钱树。

师:摇钱树,对,可以挣钱,也就是钱要,责任不承担,阿鑫这个人怎么样?

生3:狡猾。

师:师傅这个人怎么样?

生2:仔细。

师:? 嗯?

生1:慈祥。

生2:好人。

师:对,是一个好人,有风险也要帮,承担责任也要帮,童养媳是不是就可以留下来了?这就是我们今天要上的一课。

视听说课是信息输入和输出的结合体,视听的画面和音响规定了说话的主题和内容;课堂中师生的说话和讨论,反过来深化了对视听内容的理解和消化。视听的情节是由几个场面串联组织起来的。本例中的情节就是由:月红开箱子、阿鑫发现姑娘、姑娘诉说身世、阿鑫不想断公案、邢师傅插话、阿鑫同意留下、要邢师傅承担责任、姑娘感动跪拜等场面组合而成。学习者弄清楚了每个场面中人物的行动和话语,就能体会、领悟情节的进展和矛盾的展开。学生们正是在这理解的过程中,逐步把场面和情节文字化(即尽可能用自己的口头语叙述或复述故事情节和人物的活动与语言),并在教师的指引下(教师紧紧抓住矛盾的焦点和问题的症结来引导),解开这故事中间所存在的一个个矛盾的扣结,深入理解人物之间的关系和情节的曲折和波澜,并领悟其中心意思。

一、以演绎推理为基础的理解

本堂视听说课的核心是理解人物的思想和活动,也就是挖掘和揭示人物的生活逻辑和事理的发展逻辑。这种逻辑是以演绎推理为基础的。教师要循着人物本身的生活逻辑和学生的思维逻辑来进行提问和引导;学生要循着情节的开展和教师的导引来进行思维和推理。这里,教师运用得比较多的推理是"手段—目的分析法",即把一个问题分解为一系列的子目标,随着子目标的逐个实现而达到目标。为了让学生能够顺着这种推理方式思索和解决问题,教师围绕着一个大的问题设计了一系列的小问题在班级里进行讨论,这些小问题的一一解决,就能水到渠成地得出结论。比如,本课中为了探究藏在衣箱里的姑娘究竟是什么人?教师进行连锁式的提问:(1)月红是怎么发现姑娘的?——打开盔头箱放帽子,发现了躲在里面的姑娘;(2)阿鑫为什么要推开月红?——看看盔头箱里究竟有什么;(3)姑娘被发现后说了什么?——生活艰苦,逃离公婆;(4)阿鑫怎样回答?——断不了这桩公案,我看你还是回婆家;(5)从阿鑫的回答中,可以看出姑娘是什么人?学生从这一系列的提问和讨论中,获得诸多信息:她是个年轻的小姑娘;她生活艰苦,吃不好,穿不好,还要做很多工作;她没办法,只得逃离公婆。根据这些信息,学生经过思索可以推论出:她是个"童养媳"。虽然在整个教学中,学生似乎围绕着教师的问题在转,但学生不完全是被动的,他们一直处在积极的思维和推理之中,即思索着人物的命运,在教师的一系列提问和提供的线索中推导出人物所表现出来的思想、行动和语言的含义。

二、演绎推理方式的结合

演绎推理的方式有多种,一堂课的教学也不一定完全用同一种方式,有时可能是几种方式的结合。比如,教师在剖析阿鑫说的"我这里不是衙门,断不了这桩公案"这句话时,提出了"断案是谁的事情"这样的问题,有的学生不假思索地回答"是警察"。对此教师进而引导学生考虑:"比警察高一点,是衙门,是政府,是法院。"让学生得出:断案是法官和律师的事情。这是一个类比推理,教师运用这样的类比推理,目的是要说明"衙门"和"公案"的内涵,衬托出阿鑫不是"法官或律师",他不能判断或判决谁对谁错。但这里,教师强调的是,在场的事情并不是真的在打官司,需要法官和律师出面判决,而是民间的私事,并不需要断案,让学生从中体会:阿鑫说这不是衙门,只是借口推脱,不想帮助这个姑娘而已。类比推理运用得当,有助于学生理解课文内容和人物的品行。

三、因果推理在演绎中的作用

演绎推理中因果推理是比较常用的一种方式。课文内容的揭示,情节矛盾的发展,问题焦点的解决,人物性格的显现,都需要在推溯原因中明朗化。学习者找到了原因,也就找到了问题的症结,思维就有了结果。比如,教师提出:阿鑫开始坚决不愿收留姑娘,什么原因呢?学生经过一番思索,找到了答案:阿鑫认为救了姑娘后,以后再也不能来这个地盘演出、唱戏了,所以不愿惹这个麻烦。那么为什么以后又同意留下姑娘呢?学生从电影片中抓住了邢师傅的插话:姑娘长得漂亮,又有天分,身段又好,连眼睛都会说话,可能是块好材料,留下将来会有好处。正是这段话,成为阿鑫最后留下姑娘的原因。但是阿鑫开始不想留,到最后同意留,这中间是否有矛盾?学生经过思索,联系阿鑫的行动和言语:(1)摸着脑袋(权衡得失);(2)推卸责任(要邢师傅负责);(3)三头六臂说清楚(出了麻烦,不关我事)。由此推断而得出结论:阿鑫不愿留是出于私心;而最后同意留,仍然是出于私心——可把姑娘当作摇钱树,但又不承担责任。所以有学生推导出阿鑫很"狡猾",一语道出他的本性。这就是逻辑推理的力量。

四、启发式演绎推理的作用

学习者从课文人物的语言所提供的信息,固然可据此判断、推理,得出结论;同时,从人物的行为和表情中,也可以判断、推理和得出结论。这是因为学习者在生活中(包括自己亲身实践的、经历的、听到的、看到的、从影视中领略的等等)经过观察、体验而积累起来的经验式的心理模式从中起着作用。在演绎推理的方式中,有一种启发式,就是依赖平时积累的知识经验和生活经验,找出相应的策略,从而对所面临的问题作出较快的判断、推理和结论。比如在本课中,有许多场面和情节完全是用人物的行为和表情来表现和暗示的,学习者就是凭着过去积累的经验来判断、推理,进行理解的。如月红揭开盔头箱发现那位姑娘而当阿鑫走过来时,立即盖上衣箱盖子,这个动作意味着什么呢?学习者凭着过去从电影和小说中积累起来的情节经验和生活知识,就能判断和推理出:月红是想帮助那位姑娘。又如阿鑫从月红的动作和不自然的笑容中猜到了什么?学习者凭着生活经验,从导演的戏剧逻辑考虑,从演员的表演逻辑设想,以及从阿鑫这个阅历丰富、老于世故的人物角度出发,判断和推理出:箱子里肯定有问题。再如姑娘诉说自己的痛苦身世,在场的人们都被她感动,从他们脸上的表情中说明了什么?学习者从大家的表情和眼神中,可以体会到他们对姑娘的同情和怜悯,以及对阿鑫的期待和恳求。虽然这里没有话语,但气氛和情感让学习者感受到并推理出大家的心情:留下姑娘。有时候,人物说的只有半句话,但学习者根据上下文,也能判断和推理出人物所说的全部意义。比如,邢师傅在阿鑫的苛求下,终于下定决心,说出:"我承担……"这样半句话,学习者联系前面的场面和情景,斟酌着前后的上下文,能够推理和意会出邢师傅的意思是:承担把姑娘留下来的全部责任。可见,运用启发式演绎推理,能够比较迅速而有效地解决课文中的许多问题。

教学实录 6 - 2[*]

课型:中级汉语阅读课

教材:《标准汉语教程》中级第一册(王国安主编　上海教育出版社　1998年)

　　第五课　动物的远游

教学对象:来华留学生(语言进修生)二年级日本公司职员班学生

---

　　[*]　课文有关段落后附。

教学过程:

......

师:课文学习完了。现在我们来做一些练习。请大家翻到72页,我们看练习八,根据课文内容,选择正确答案。

(学生做练习)

师:大家都做好了吗?现在我们来对一下答案。学生1,请你说一下,第一题,这篇课文主要说明了哪种情况?你选的是什么?

生1:(3)许多动物到了很远的地方以后还能回到原来的地方。

师:有没有别的选择。

(学生们摇头)

师:对,第一题选3。第二题,这篇课文没有提到哪种动物的远行?请你(指学生2)来回答。

生2:(3)虫类。

师:对,课文中没有提到虫类的远行。

生3:第三题应该选(3)鸽子和燕子。

师:好,我们看看题目:根据介绍,哪两类动物的远游可能有季节性?怎么样,大家同意同学3的答案吗?他选了(3)。

生4:(4)也应该是可以的吧?

师:大家看(4)对不对?好了,现在我们有两个选择:(3)鸽子和燕子,(4)燕子和鱼。

生1:我也选(4)。

师:好,那么请你们各人说说自己的理由,为什么选(3)?为什么选(4)?

生1:课文里说的"有许多鱼能够远游,距离比蜜蜂远得多,远游还有一定的季节性"。

师:对,根据这句话,我们可以说鱼的远游有季节性。

生4:还有第61页,最后一行,"燕子是根据气候定期南飞北往的",这也说明有季节性。

师:很好,你们课文看得都很认真仔细,答案应该是(4)燕子和鱼,它们的远游有季节性。鸽子怎么样,课文怎样介绍鸽子的?

生5:课文只是讲了鸽子能飞得很远,而且能送信,主要说……强调,强调它能送信。

师：对，课文介绍鸽子的时候没有写季节和它的关系，所以我们的答案是"燕子和鱼"。好，现在我们看第五题，"在下列哪种情况下，蜜蜂不能回到自己的窝"？

生5：(3)"把老蜜蜂的触须切去，然后把它们放出去，并移动蜂窝的位置。"

生1：不对吧，课本第60页有一个句子说老蜜蜂"能够飞回移动过的窝里"。

生2：那么这个题没有答案。

师：没有答案吗？再看看。

生3：对，没有答案。

师：(1)是什么意思啊？(1)"坐船带蜜蜂离开自己的窝，然后把它们放出去。"这种情况下蜜蜂能不能回到自己的窝呢？

生1：能回到自己的窝呀。可是这是在哪里"放出去"呢？

师：再看看课文，能回去还是不能回去？

生1：我想这个"放出去"有可能是坐船到了……到了目的地放出去，不是在湖上放出去。如果到了目的地放出去，蜜蜂是可以回到自己的窝的。

师：大家把选择项(1)再好好看一遍，"(1)坐船带蜜蜂离开自己的窝，然后把它们放出去。"这个句子中的后一个分句"然后把它们放出去"是承上句的"坐船"，那么我们应该理解为：是在湖上把蜜蜂放出去。

生1：我觉得这里说得不清楚，我不是这样想的。

师：这就是阅读思维问题，像这样的句子，中国人一般会承接上句的意思来思考。

好，我们继续做下一个练习。

这是一堂阅读课，通过练习巩固对课文的理解，教师主持、组织和指导学生进行复习和练习。这里涉及对学习者概括、判断、推理能力的培养和训练。由于调动了学生学习的主动性，发挥了他们头脑中逻辑思维的作用，因而能较好地完成教学任务。

五、逻辑思维的培养

概括和排除，是培养逻辑思维最基本的练习方式和途径。习题一，这篇课文主要说明了哪种情况？这样的练习题目比复述课文内容更为高级。复述要求有叙述和描述，越详细越好，越贴近课文原貌越佳。这样可以加深学习者对课文情节和知识内容以及语句运用的印象，便于长久在头脑中保存。而概括课文内容的练习，正好相反，它要求舍弃所有的细节、描述和铺叙，抽取课文的骨架和精华，从而概括出课文的中心意思。尽管课文练习并没有要求学生用自己的话语去概述，而是从几个现存的选项中选择一个更为贴近课文主旨的句子，看起来很简单，实际上在学生的头脑里也经历了一个概括和凝聚课文内容的过程，锤炼和思考课文的中心所在，只有把握好课文的实质，才能回答正确。第二题，这篇课文没有提到哪种动物的远行？这是一种运用排除法的逻辑思维训练方式。它要求学习者利用世界知识（具体到课文题目，就是对动物分类的知识）和生活经验（日常观察到的现象），以及对课文内容的回忆，来加以判断。虽然，学生能迅速作出抉择：虫类，似乎不费什么思索的工夫，但实际上上述的几个因素都从中起着作用。对动物的分类：兽、禽、鱼、虫，是学生中学阶段业已积储的世界知识；根据日常观察，虫子爬行和蠕动者居多，远行的情况极为罕见；学习课文时文章对鸽子、燕子、鱼类的远行的描述记忆犹新。这些因素的综合作用，使学生很快认定兽、禽、鱼能远行的情况，而把虫类排除在动物远行的行列之外。概念的确立，离不开概括；判断的建立也需有排除法的基本功。教学中能重视概括和排除的训练，对培养和发展学生的逻辑思维大有裨益。

六、逻辑判断和推理的运用

选择题在很多情况下要学生运用逻辑判断和逻辑推理。其中三段论式的逻辑推理使用得较为普遍。有时候三段论式的大前提与小前提都出现在课文语料之中，学生可以直接据此推理；有时候大前提是隐含的，学生必须凭借头脑中的世界知识自行补足，才能正确地解答题目。第三题：哪两类动物的远游可能有季节性？学生有的选"（3）鸽子和燕子"，有的选"（4）燕子和鱼"。选（3）的学生主要被"鸽子"和"燕子"都是鸟类所迷惑。他们在中学阶段接受过关于"候鸟"的知识，很容易在头脑中形成"鸟类的远游都有季节性"这么个命题作为推理的大前提，把"某些鸟类远游有季节性"扩大为"所有鸟类远游都有季节性"，犯了"以全代偏"的过失，而"鸽子是鸟类"和"燕子是鸟类"这两个小前提却都是真实的,于是在错误的前提下,推导出"鸽子的远游有季节性"和"燕子的远游有季节性"这两个结论。正由于他们头脑中补出的大前提是虚假的、扩大化了的,因而把非候鸟的"鸽子"混淆进来,让它与"燕子"共具"远游有季节性"的特点。经过教师的指导,他们从课文中发现:鸽子能飞能送信,唯独与季节无关。由此明白了把鸽子与燕子并列为"远游有季节性"的鸟类是错误和武断的。选(4)的学生,他们没有犯扩大化的错误,在他们的头脑中树立的大前提是"有些动物(有些鸟或有些鱼)的远游有季节性",小前提"燕子属于'有些动物'的范围"、"鱼也属于'有些动物'的范围",所以他们确定:燕子和鱼的远游有季节性。但这样的推理说服力不强,怎么能确定它们都在"有些动物"之列,而不在"有些动物"之外呢?他们必须在课文中找到佐证。在教师的指引下,他们找到了可以作为证据的有关语句:"有许多鱼能够远游,距离比蜜蜂远得多,远游还有一定的季节性"、"燕子是根据气候定期南飞北往的"。这就坐实了选(4)的正确理由。这里,教师的引导、指点和及时小结,起着画龙点睛的作用。

七、不同思维方式的转换

因果推理也是演绎推理中比较常用的一种逻辑思维。有什么样的"因",就会有什么样的"果"。"因"所依据的条件不一样,推导出来的"果"也会有所不同。第五题"在下列哪种情况下,蜜蜂不能回到自己的窝?"对这个问题,答案有了分歧。有几位学生不认为"坐船带蜜蜂离开自己的窝,然后把它们放出去"是正确的答案,而是认为"蜜蜂是可以飞回去的",或者至少,这个题目没有答案。之所以会产生这样的分歧,就因为学生们所凭借的"因"的条件不一致。这几位学生的想法是:有可能坐船到了目的地放出去,而不是在湖上放出去。如果到了目的地放出去,蜜蜂可以凭靠陆地上的记号飞回自己的窝。有的学生根据课文中的叙述和行文,觉得显然是在湖上放出去的,因为湖面上没有记号可供蜜蜂识记,所以只能在湖上乱飞。这里涉及阅读思维问题,教师抓住这个问题,及时指出:中国人有自己的说话习惯和理解方式。根据"坐船带蜜蜂离开自己的窝,然后把它们放出去"的行文,后一分句"然后把它们放出去"是承上句"坐船"而言,应该理解为是在湖上把蜜蜂放出去。外国学生可能不习惯中国人这样的省略和跳跃:把"然后在船上把它们放出去"简单地说成"然后把它们放出去",因而会有分歧。通过讨论,分歧趋于一致。阅读教学必须抓住诸如此类的分歧,培养、训练外国学生理解和掌握中国人的说话习惯以及思维方式。这也是对外汉语教学的一大任务。

演绎模式是积累知识、理解或解决问题经常运用的认知心理模式,语言学习亦如此。演绎模式与其他认知心理模式的综合运用,是语言学习的客观事实,也是我们在语言学习研究中需要深入分析的部分。

附:课文有关段落

许多种动物能到很远的地方去,还能认路回家。

蜜蜂采蜜,能飞出几公里。有人作过测试,取出一些蜜蜂,做上记号装在盒子里,带到较远的地方再把它们放出去。有些蜜蜂在空中转了一两圈,就一直飞回去了。另一个实验表明,蜜蜂大致是靠眼睛认识路上的记号的。从某个湖边的一窝蜜蜂里取出20只,从陆地带着它们走了几公里以后放出去,结果有17只回了窝;又一天,再带着这17只蜜蜂坐船在湖上走了几公里以后再放出去,使人惊奇的是它们只在湖上乱飞,没有一只能飞回窝里。因为湖面不像陆地,没有什么分明的记号。

第七章　归纳模式

人们的逻辑思维是比较复杂的高级心理活动,可以从一般的知识,经过演绎,推导出新的知识;也可以从众多的个别现象中,经过归纳,总结出它们所隐含的普遍性结论,从而获得新的知识。这后一种心理活动,就是本章所要阐述的归纳认知模式。

第一节　模式定义和认知过程

一、模式定义

从若干个特例中,通过类比、系列完成或分类等信息识别加工方式,得出一般结论的推论(或从部分到整体的推理),从而增长知识的一种认知模式。

二、认知过程

$$\boxed{\text{特例呈现}} \longrightarrow \boxed{\text{归纳推理}} \longrightarrow \boxed{\text{结论}}$$

归纳法,又叫例规法。先呈现若干事例,然后考察这些事例中带有共同性的现象,并探究其所隐含的普遍性质,经过归纳和推导,得出一个结论,成为学习者的新的知识而存入长时记忆。具体步骤如下:

(一) 特例呈现

特例有集中呈现的,有分散出现的。一般来说,教学时特例集中出现的机会较多,而在生活和工作中,特例常常是分散出现的。

教学过程中,教师往往有意提供和呈现好多有关的事例,指导学生从中归纳出规律或规则。例如,教学形声字,教师出示:"牲念 shēng"、"笙念 shēng"、"甥念 shēng"、"胜念 shèng"、"性念 xìng"、"姓念 xìng"等,让学生分析、比较,从中找出规律性的东西。学生最后得出声旁是"生"的形声字,其韵母是后鼻音。再如,教学语法,有的语法点不是集中在一篇课文中出现的,而是分散在前后几篇课文中陆续出现的,例如,"把"字句,在前面的课文中出现一般的"把"字句,在后面的课文中出现带有保留宾语的"把"字句,教师到一定时候可把它们集中起来,让学生找出他们的异同和规律。

生活中和工作中,天天会碰到许许多多特例,它们之间不一定有什么关系或关联。缺少有机联系的事例,没有归纳和推导的条件。但它们很可能以表象、图式或情节的形式编码而存储于大脑之中。一旦外界有相类似的事例出现,唤醒先前储存于大脑的旧事例,人们就会有意识地把它们放在一起进行分析、比较,从而推导出新的规律或新的知识。例如,销售商看到在寒冬气温极低时,空调甚为畅销,在酷暑气温极高时,空调销售一空;而平时空调生意比较清淡。把这些情况集中在一起进行分析,就得出:季节和气温的变化影响着空调的销售。这个结论使销售商意识到必须把握好跟季节有关的商机。

(二) 归纳推论

归纳推理一般分为假设检验和假设产生两类任务。"假设检验要求人们以一些具体观察为根据决定某个概括是否为真。"[①]例如,"仓、沧、舱、苍、伧"等字都念 cāng,根据形声字声旁类推的规则,可得出结论:含有声旁"仓"的字都念 cāng。但具体观察带"仓"的字,像"创、疮、怆"等汉字却念 chuàng。因而得知原来的概括还有不真实的地方。

"假设产生指人们在对客体观察的基础上形成合理的概括。"[②]例如,对于木质物体(如木塞、方木块、树枝等)在水中漂浮的观察,可以概括出:"木质的东西在水中会漂浮起来"这样的结论。人们在归纳过程中进行着精确的假设,观察多种物体的实际情况,使归纳推理带有科学调查的特征。为了验证所概括的结论的真实性,人们常常用演绎法来检验,即通过寻找另一个木质东西并判断它是否在水中会上浮以断定假设的真假。具体的思维为:"木质的东西在水中会漂浮起来,木偶是木质的,木偶在水中(应该)会漂浮起来。"这里,原来概括的结论成了演绎推论的前提。归纳和演绎相结合(常称之为假设——演绎推理),使结论更具有真实性和可靠性。

[①][②] 刘爱伦主编 《思维心理学》,上海教育出版社,2002年,第154页。

(三) 结论

归纳推理的结果,假设并概括出一个结论,它具有三个方面的特征。

第一,归纳过程产生了一个增加知识的网。归纳过程可以定义为"任何产生的结论能使最初的观察或前提增加语义信息的思维过程"①。由于归纳过程增加了语义信息,例如"木质的东西在水中会漂浮起来"这个语义信息,涵盖了"木塞是木质并会在水中漂浮起来"、"树枝是木质并会在水中漂浮起来"、"积木是木质并会在水中漂浮起来"、"木偶是木质并会在水中漂浮起来"等一系列假设,自身就形成了一张知识网。而有了正确的语义信息,就排除了其他选择的可能性,人们就不再会得出木质的东西在水中不会漂浮起来或者木塞能漂浮起来而其他木质东西不会漂浮起来等不恰当的结论。

第二,归纳在某种意义上是冒险。虽然归纳能够产生新的知识,但增加语义信息的代价冒了出错的险。例如,在归纳过程中产生了这样一个新知:"带'叟'旁的汉字都是平舌音 s",但"瘦"字偏偏念翘舌音 sh。因而,这个结论不正确。但这并不意味着前提都是可疑的,"艘、搜、嗖、馊、溲、飕、瞍"等汉字确实都念平舌音,只有"瘦"字是例外,可见"归纳过程产生的新知识不可避免地是不确定的知识"②。但这种不确定性有时也可加以利用,像上述的例子,只要记住"瘦"字念翘舌音,那么所产生的新知识(即"带'叟'旁的汉字念平舌音")仍然是有效和有用的。

第三,严格限制归纳过程,就能产生合理的结论。归纳不是独立的,它在很大程度上依赖于人对世界知识的掌握。这些知识限制着归纳过程不去产生不恰当的结论,而尽可能去产生合理的结论。例如,动词和宾语的搭配是否正确,常常受到学习者对世界知识的掌握和限定。例如"打扫"的宾语一般是处所(打扫房间、打扫庭院),人们不会说出"打扫家具,打扫行李"之类的话;"穿"的宾语一定是衣服鞋袜(穿裙子、穿鞋)或孔、隙、地方(穿针、穿马路)等,人们绝不会说出"穿表、穿文章"之类的话。这就是人们的世界知识从中起着限定作用。

---

① 刘爱伦主编 《思维心理学》,第156页。
② 同上书,第157页。

第二节 归纳模式的认知原理

一、归纳思维形式的普遍性

归纳是一种极其普遍而重要的思维形式。无论是大人还是儿童,面对着生活和学习,都在不同程度上运用着归纳推理。归纳推理能力的高低,可以用来衡量一个人的认知发展和智力个别差异的程度。"归纳过程在产生概念、建立概念与行为之间的联结以及将感觉和记忆信息结合到知觉中去起重要作用。"[①]因而,归纳推理可以说是人们发展智力、发现和接收新知的重要思维形式。

二、归纳与概念、知觉的关系

概念是指对事物本质特征的抽象概括的表征。这里的抽象概括实际上就是归纳的过程,即把两个或两个以上的不同物体或事件归类在一起,并根据其特征和属性同其他事物相区别和分开,就产生了概念。例如茶叶可以归纳为"由茶树嫩叶经过加工而成的可以冲泡为饮料的成品"这样的概念,同由咖啡种子炒熟而制成粉末的咖啡区别开来。

概念是人们头脑中关于世界知识中的类别知识,当人们运用这些经过归纳的知识时,就获得了对客体行为范围的某些认识,并可预期它的行为。因而归纳过程实际上建立起了概念与行为之间的联结。例如"茶叶"的概念知识,就会跟"用开水冲泡在壶或杯中"的行为连接起来;"篮球"的概念知识,会跟"抛递和投篮"的行为连接在一起;"足球"的概念知识会跟"传递和射门"的行为连接起来,等等。

知觉是感觉和思维之间的一个重要环节。它是不同类感觉相互联系和综合的结果,要认识事物的整体或联系,必须依据已有的记忆信息(对世界的知识),把感觉到的事物归纳、抽象为知觉。也就是说,知觉是两个方面综合的结果:一个是感官的特殊察觉(具体的),一个是已具有的知识和经验的补充(抽象

---

① 刘爱伦主编 《思维心理学》,第 154 页。

的）。例如驾车者看到马路上的标志牌（具体感觉），就会知道它们所表示的有关交通的意义（抽象感知），于是采取相应的措施。可见，人们的知觉、思维，乃至行为都离不了归纳这种思维形式。

三、归纳推理的操作任务

归纳推理的操作任务有类比、系列完成和分类等。

（一）类比加工任务

类比加工任务，是试图从已有的经验中寻找到与当前事物或现象具有某种共同因素的事物，并用关于已知事物的知识去推知当前事物的特点。该操作任务必须对类比的项目进行编码（A、B、C 和 D）。推论 A 与 B 的关系，并勘察 A 和 C 的关系，以便将 A——B 的关系应用于 C，并产生一个观念 D，例如，"猫对于狮子如同狗对于？"（即 A 对于 B 如同 C 对于 D），任务是产生一个合适的 D 项目。推理者必须运用已有的世界知识归纳猫与狮子之间的语义关系：同属猫科，哺乳动物，猫为家养，狮子为野生。而猫与狗（A 与 C 关系），都是哺乳动物，都为家养。这样，把猫与狮子（A 与 B 关系）应用于狗（C），就产生了"狼"的观念（D）。因为狗与狼同属犬科，哺乳动物，狗为家养，狼为野生，它们（C 对于 D）跟猫与狮子（A 对于 B）正好对应。这样的推论无疑是正确的，合适的。如果类比是错误的或无效的，如"猫对于狮子如同老鼠对于？"，那么推理者就会终止加工。可见，类比加工任务的关键是搞清所对比的两个事物之间的联系点或相似点。[①]

（二）系列完成加工任务

系列完成加工任务，必须发现一系列刺激隐含的模式，并产生一个代表这种模式扩展的答案。例如，1、8、27、64，首先要分析这几个数字的内在关系，根据人们已有的数学知识，发现它们都为某个数字的立方，而且这些数字是依次排序的，即：1 的立方、2 的立方、3 的立方、4 的立方，那么由此可归纳出这种模式扩展的答案是 125（5 的立方）。这里，语义知识结构（即语义空间中的相似性）是限制归纳推理的一种因素。像对水果的语义知识限制了苹果、梨子、桃

[①] 刘爱伦主编《思维心理学》，第 162 页。

子、橙子、橘子、李子等成为一个系列的模式,而且还可扩展到西瓜、椰子等,因为它们具有水果的相似性;而把竹笋排除在外,因为它与水果不具有相似性。

(三) 分类加工任务

分类任务,将一组项目(如几种不同的蔬菜)和一个或几个其他项目(如西瓜、土豆)一起呈现,任务是归纳出组内成员的关系,并决定其他项目是否属于这一组。首先要归纳出一组项目成员的关系。例如,白菜、青菜、芹菜、西红柿、蘑菇等,根据人们对于世界的知识(包括语义知识)和生活经验,可把它们归纳、概括为:能作副食品用的草本植物(包括一些木本植物)和菌类。然后依据这个标准,接纳土豆成为蔬菜成员,而把西瓜排除在外。[1]

四、推理的成分加工

推理的成分加工有选择性编码加工(选择信息存入工作记忆)、选择性比较加工(从长时记忆中选取与问题解决有关的信息存入工作记忆)、选择性组合加工(对选择编码和比较加工的信息进行整合)[2]。归纳推理要求的选择编码和比较加工都涉及从无关信息中区分出有关信息。例如学习"宽敞、繁忙、安康、神圣、真诚、诚恳、成分"等词语,其间似乎没有什么关联的信息,但经过比较加工(从读音和词性上加工),发现它们的韵母都是鼻音(或 n 或 ng),而且除了"成分"一词为名词外,其余都为形容词。由此可见归纳推理要比演绎推理(其组合加工有一定的规则可依据和限制)困难得多。但归纳推理可在科学工作中形成一个假设或者形成一个新的分类类别,因而具有建设性的意义。

第三节 归纳模式在学习中的认知作用

归纳模式在汉语作为外语学习中的认知作用,我们通过课堂教学分析、学生认知过程的考察来加以剖析和阐述。

---

[1] 刘爱伦主编 《思维心理学》,第 163 页。
[2] 同上书,第 165 页。

教学实录 7-1

课型：初级汉语阅读课（综合课）

教材：*Basic Chinese*

教学对象：澳大利亚 La Trobe university Asian Language Division Chinese Program 一年级学生

教学过程：

师：今天请大家看一幅画。（推进教室一块很大的画板，上面有一幅假日海滩的画。）这是 Long Beach，我们可以看到人们在假日里到 Beach 来玩。这里还有 Beach 的录音，我们可以听到各种声音。（放录音）

（学生看画，听录音）

师：现在我们来说说你们看到的和听到的。

生1：人们游泳，一个人听音乐。

生2：一个人跑。

生3：三个人坐。

师：好。一个人跑，他现在跑，我们可以说，一个人跑着。（重复）一个人跑着。请跟我说（指画），一个人跑着。

生（众）：一个人跑着。

师：三个人坐，我们可以说，三个人……

生1：三个人坐着。

师：很好，三个人坐着。现在我们看看画上，还有可以说：什么什么着？

生4：风吹着（疑问的语气）？

师：很好，风吹着。

生5：太阳……

师：对，太阳照着。（板书 zhào 照）照，第四声，照着。

生5：太阳照着。

生6：一个人睡着（指画上躺着的人）这个的下面。

师：一个人躺着，（板书 tǎng 躺）躺，第三声，躺着。（指伞，板书 sǎn 伞）伞，第三声。一个人在伞的下面躺着。请跟我说，一个人在伞的下面躺着。

生（众）：一个人在伞的下面躺着。

师：孩子在……玩着，（指着画）沙滩上，孩子在沙滩上玩着。请跟我说。

生(众):孩子在沙滩上玩着。

师:太阳,天空中,(指向学生7)请你说。

生7:太阳在天空中照着。

师:好。三个人,在沙滩上。(指学生3)

生3:三个人在沙滩上坐着。

生1:人们在海里游泳着。

师:不,我们说:人们在海里游着泳。游泳,说:游着泳。

生7:(指画)两个人在海边说话着。

师:也不说,我们说,两个人在海边说着话。游泳,游着泳;说话,说着话。
还有喝桔子水,喝着桔子水。听音乐呢?

生3:听着音乐。

师:对,很好,听着音乐。我们看,拍照怎么说?请你,(指向学生4)

生4:拍着照片。他们拍着照片。

师:好。看海(指向学生5)

生5:男人看着海。

师:好。女人拉孩子(指向学生8)

生8:女人拉着孩子。

师:很好。我们已经可以说很多句子了。

　　(板书1. 一个人跑着。
　　　　　风吹着。
　　　　2. 太阳在天空中照着。
　　　　　一个人在伞下面躺着。
　　　　3. 两个人在海边说着话。
　　　　　男人看着海。)

现在请跟我读。

(一组一组地领读句型,学生跟读句型。)

好,请大家记住这些句子。现在我们看这个人(指画):他躺着,他听着音乐,我们可以说,他躺着听音乐。(重复)他躺着听音乐。这是说他怎么听音乐,他躺着听音乐。请跟我读。

生(众):他躺着听音乐。

师:好,现在我们看这三个孩子,他们玩着。他们怎么玩?站着,

生8:一个孩子站着玩。

生1:一个孩子坐着玩。还有一个,还有一个……这样(指着画)。

师:跪(板书 guì 跪),第四声,跪。

生1:还有一个孩子跪着玩。

师:很好,(指向学生5)请你再说说,三个孩子……

生5:三个孩子在沙滩上玩着。一个孩子站着玩,一个孩子坐着玩,一个孩子,一个孩子,

师:跪。

生5:一个孩子跪着玩。

师:很好,大家都懂了吧。现在我们用"一个孩子坐着玩"这样的句子,来说说这幅画。男人看着海。(指向学生3)

生3:男人站着看海。

师:好。女人拉着孩子。(指向学生4)

生4:女人拉着孩子……女人拉着孩子……走?

师:对,女人拉着孩子走。好的,还有吗?

生2:他在伞下面躺着听着音乐。

师:想一想,应该怎么说。

生2:他在伞下面躺着听音乐。

师:很好。可以说"他在伞下面躺着",可以说"他在伞下面听着音乐",两个句子合起来,他在伞下面躺着听音乐。(指学生7)请你再说……

生7:她坐着喝桔子水。

师:好,还有吗?

生9:三个人坐着说话。

生10:一个人跑着……大声。

师:喊,(做动作)喊,第三声。

生10:一个人跑着喊。

生10:一个人喊着他朋友的名字。

师:很好,一个人跑着喊,一个人喊着他朋友的名字,一个人跑着喊他朋友的名字。好,现在我们看黑板。(板书)

男人站着看海。
三个人坐着说话。
一个人跑着喊他朋友的名字。
请跟我读。
(教师领读,学生跟读)

师:第一句,男人怎么看海?
生:站着看海。
师:第二句,三个人怎么说话?
生:坐着说话。
师:第三句,一个人怎么喊他朋友的名字?
生:跑着喊他朋友的名字。
师:这些句子中有两个动词,前一个动词后面加"着",表示后一个动作以什么方式进行(用英语重复一遍)。
好,现在我们看着画再听一遍录音。
(听录音)
下课以后请你们用今天学的句型写一段话。把你们看到的画和听到的录音写下来,题目是:假日的海滩。(板书)下次课老师先请同学来说说这幅画,然后把你写的短文交给我。好,今天的课上到这儿。

这是一堂运用归纳思维进行教学的语法课。语法教学的目的是要让学习者在头脑中建立和储存语法规则,使他们能凭借这些规则,理解和弄懂句子的意思,产生和造出合乎语法的句子。而演绎思维和归纳思维比较符合学习者认知语法规则的心理活动。

一、归纳的前提和条件

归纳语法规则的先决条件是要呈现若干有关的实例。呈现方法可以是听觉的,也可以是视觉的。比如教师引导学生看一幅假日海滩的画,同时播放现场的录音,让学生说说看到的和听到的实况。画面上的信息刺激着学生的视觉神经,录音中的音响刺激着学生的听觉神经,它们通过不同的感觉通道,以空间码和声音码的形式汇总于头脑中的工作记忆,在那里整合为一幅有声有色的颇具动感的立体组画。在教师的启示下,学生根据画面中的形象,从长时记忆中调动和选择相关词语,表述出反映画面的一个个命题,比如"一个人跑"、"三个人坐"……不过,这些反映命题的句子是静止的,不具动感的,跟生动的画面还有不小的距离。教师抓住这个契机,把动态助词"着"引进句子,让表达命题的句子具有进行性和持续性的特点。于是原先静止的命题,成为了富有动态感的句子:一个人跑着;三个人坐着……这个步骤,就是呈现实例。这些实例汇总到学生的工作记忆,虽然教师还没作出归结,而学生已能从实例中感性地、初步地运用归纳思维体会到:"着"字须附着在一个动词的后面。因而当教师继续问:看看画面上还有可以说什么什么着吗?学生会试探性地说出:"风吹着","太阳——",当学生苦于在长时记忆中搜查不出合适的、恰当的词语时,教师及时补充"太阳照着"。教师在学生经过思索之后再提示的举措,其记忆效果最有效,印象最深刻。

二、归纳思维的基础

新知识(包括新语法知识)所以能为大脑的知识结构所接受和吸收,就因为大脑的已有知识可以同化和顺应新的知识。所谓同化,是新的知识属于大脑已有知识的一部分,可以纳入已有的知识之中。所谓顺应,是新的知识超出大脑已有的知识,大脑已有的知识结构必须作出相应的调整去适应它。本课中学生能接收"一个人跑着(主+动*着)"这类句式,也是因为学生头脑中已有"一个人跑(主+动)"这种句型。"主+动*着"句式作为下位规则为"主+动"这类上位规则所同化,从而充实了"主+动"上位规则的内涵。同理,学生头脑中建立了"主+动*着"句式观念,它也可以作为上位规则去同化和接纳它的下位句式。基于这一点,教师接着引出两种下位句式:第一种是在"动+着"前面有处所状语,如"一个人在伞的下面躺着"、"孩子在沙滩上玩着";第二种是动词的宾语放在"着"之后,如"两个人在一起说着话"、"男人看着海"。由于学生头脑里已有了"动+着"句式垫底,在同化的作用下,比较容易接收这两种从"动*着"派生出来的新句型,深化了、扩充了"动*着"句式的语法规则。

三、归纳思维的方式

呈现实例,只是进行归纳的前提和条件,它不能替代归纳推理的过程。因此教师在呈现例句之后,及时利用板书,把刚学过的带"着"的例句,分组排列在黑板上,让学生比较和归纳。学生随着教师的指点,头脑里进行着两种归纳:一种是横向的组合,一种是纵向的聚合。所谓横向组合,是考察每个句子的组成成分,找出其横向次序的规律,比如:第一组横向次序是"主—动—着";第二组横向次序是"主—介＊处所词—动—着";第三组横向次序是"主—(介＊处所词)—动—着—宾"。所谓纵向聚合,是把所列出的句子,从纵向来考察充当句子成分的词语,归纳出共性的东西,比如:这些句子的主语由名词或代词充当;这些句子的状语由"介词+名词+方位词"组合起来;这些句子的动词谓语由行为动词充当;这些句子的宾语由名词充当。学习者头脑里进行着横向的和纵向的归纳,不仅能牢固地、深刻地记住这样的语法规则,而且能准确地按这样的语法规则产生和造出众多句子。

四、利用已知规则的归纳推理

大脑中的老规则同化新规则,有时牵涉到由几个已知规则一起同化新的语法规则的情况。比如,"他躺着听音乐"这样的句子,涉及连动句和"动＊着"句两种句式。因而教师在呈现例句时,将它分解为"他躺着"、"他听着音乐"两个简单句,然后将它们整合起来。此时,学生的头脑里很自然地会被激发出过去已经学过的"他来听音乐"这样的连动句式,而且马上会领悟到这个连动句子正是由"他来,他听音乐"两个简单句组合起来的,于是比照这个原理将"他躺着,他听着音乐"也同化为"他躺着听音乐"。当然,学生头脑里注进了新的语法规则,不一定能牢牢记住和应用,因此教师指导学生反复操练,造出"一个孩子站着玩"、"还有一个孩子跪着玩"等句子,让学生深深地、长久地保持住这个记忆。

五、归纳和演绎思维的交互运用

归纳和演绎这两种思维经常交互使用。归纳出来的结论,可以作为演绎推理的大前提,以便产生和造出众多的句子。比如以"他躺着听音乐"、"一个孩子站着玩"、"还有一个孩子跪着玩"等三个句子作为模板,学生的头脑里经过横向和纵向的考察,归纳出"动1＊着＋动2(宾)"这种连动式的结论,并以此结论作为大前提,进行演绎推理:

1. 如果前一个动词的后面加"着",
   且动词是"站",
   那么句子为:(男人)站着⋯⋯
2. 如果后一动词后面还可加宾语,
   且"看"是动词,"海"是宾语,
   那么句子为:(男人)站着看海。

学生在教师的指引和辅导下,依葫芦画瓢,造出:"她坐着喝橘子水"、"三人坐着说话"、"一人跑着喊"这样的句子以及"女人拉着孩子走(主＋动1＊宾语＋动2)"这样的变式句子。这种演绎推理的几个步骤实际上就是大脑程序性知识(即怎么做的知识)中的产生式。一般来说,归纳推理出来的知识,还属于陈述性知识(即是什么的知识),必须把它转化成为演绎推理中的几个大前提(即产生式),进行系统的推导,才能产生符合语法规则的句子。教师在归纳语法规则之后,指导学生运用其规则进行演绎造句,这完全符合归纳和演绎相互为用的思维心理活动规律。

六、对归纳推理的限制

本课中,教师引导学生运用归纳推理,吸收和接纳了带"着"的多种句式和众多例句,给学生头脑里的语法知识网络增添了许多知识结节,这表明归纳推理能够产生新的知识。但归纳推理也会有一定的冒险性,因为学生所归纳产生的新知识不可避免地有不确定的成分。比如,学生受"他在伞下面躺着"和"他在伞下面听着音乐"两个句子的影响,凭借归纳推理,产生出了"他在伞下面躺着听着音乐"这样不规范的句子。教师针对这种情况,及时加以指正:"着"只能用在两个动作的前一动作之后。并最后利用板书进行归结,指明两个动作之间的关系:"动＊着"表示后一个动作以什么方式进行。这就比较严格地限制了归纳的过程,从而得出合理的结论或正确的规则。这样,学生造这类句子时就不会产生语法上的错误。

教学实录 7-2

课型:初级汉语阅读课(综合课)

教材:《基础汉语四十课》(上)(陈绥宁主编　华东师范大学出版社　2001年版)

　　第十课　我们的学习生活(对话部分)

教学对象:来华留学生(长期语言进修生)一年级哈萨克斯坦学生(入学三周)

教师:樊小玲老师(华东师范大学对外汉语学院)

教学过程:

师:我们先复习一下。请回答,Answer my question!

　　(提问学生1)你喜欢游泳吗?

生1:我不喜欢游泳,我不会游泳。

　　(老师示意学生1问学生2"你喜不喜欢听音乐?")

生1:(问学生2)你喜不喜欢听音乐?

生2:我喜欢听音乐。

师:好,(问学生2)昨天晚上你听音乐了吗?

生2:昨天晚上我不听音乐。

师:是"昨天晚上我没有听音乐"。

生2:(重复)昨天晚上我没有听音乐。

师:(问学生2)你什么时候听音乐?

生2:"我星期五晚上听音乐"。

师:你星期五晚上听音乐。好,你星期五晚上听音乐听多长时间?

生2:多长时间?

师:对,多长时间?

生2:从二十点到五点。

师:How to ask the whole sentence?

生3:你听音乐听多长时间?

师:很好。

　　(板书:Q:你听音乐听多长时间?

　　　　　　S+(Time)+(place)+VP+V+多长时间?

　　　　　　A:S+VP+V+duration of time.)

生3:老师,how to answer?

师:Read after me. 请跟我读,你听音乐听多长时间?

生(众):你听音乐听多长时间?

师:OK. Let's practise.(板书"写汉字")你写汉字写多长时间?

生3:你写汉字写多长时间?

师:非常好!(给"多长时间"注音:duō cháng shíjiān,指着黑板上的句式)
Do you need some time to write it down?

　　(学生抄写,老师走动纠正)

　　你们懂了吗?

生(众):懂了。

师:好,请回答(指着"你听音乐听多少时间")。

生4:我听音乐听一个小时。

师:we study this first.(板书:"我听音乐听一个小时",并在该句下面写"每天"),"每天",What's meaning?

生5:每天,every day.

　　(老师板书:你每天说汉语说多长时间?并示意学生5问学生6)

生5:(对学生6)你每天说汉语说多长时间?

师:很好! Better than before。

生5:谢谢!

生4:我说汉语……说……五个小时。

师:非常好! Who wants to ask? 谁来问?

生6:(举手)你每天看电视看多长时间?

生7:我每天看电视看十五分钟。

师:好,(问学生8)这是什么(指"聊天"二字)?

生8:聊天。

师:很好(示意学生8造句)。

生 8：你每天聊天聊多长时间？

师：很好。（对学生 9）Repeat her question please!

生 9：你聊天每天……

　　（说不完整，众学生都帮学生 9 纠正）

师：OK. Silence! 听他说。

生 9：你每天聊天听多长时间？

师：（纠正），你每天聊天聊多长时间？

生 4：我每天和朋友聊天聊一个小时。

师：（重复学生 4 的句子）我每天和朋友聊天聊一个小时。

　　OK，非常好的句子。谁来回答？

生 4：（问学生 11）你每天唱歌唱多长时间？

生 11：我不唱歌。

　　（其他学生笑）

师：学生 11 说他不唱歌。谁喜欢唱歌？

生 6：我喜欢唱歌。

　　（老师示意学生 4 问学生 6）

生 4：你每天唱歌唱多少时间？

生 6：我每天唱歌唱二个小时。

师：两个小时。

生 6：我每天唱歌唱两个小时。

师：（指着"睡觉"两个字）这是什么？

生 10：Sleep.

师：对，Sleep. 睡觉。

生 10：（问学生 11）你每天睡觉睡多长时间？

生 11：我每天睡觉……（卡住了）

师：Repeat the Verb.

生 11：我每天睡觉八点。

师：八点。It's a duration of time. 谁来回答？

生 6：我每天睡觉睡 8 个小时。

师：很好。

(拿出图片,上面有一只小狗,一只小鸟。图1、小狗睡觉;图2、小狗和小鸟聊天;图3、小狗等待小鸟。)这是什么?(指第一幅画)。

生3:画。

师:狗。它叫刀刀。Now let's practice."它在做什么?"

生9:跳……睡觉。

师:请回答"刀刀在做什么?"

生(众):刀刀在睡觉。

师:刀刀睡觉睡多长时间?

生7:刀刀睡觉睡一个小时。

师:(指第2幅图)a bird,小鸟。小鸟是刀刀的朋友。刀刀做什么?

生12:聊天。

师:好。聊天。

师:"刀刀和朋友聊天聊多长时间?"

生7:刀刀和朋友聊天聊二十五个小时。

师:太累了。Twenty five hours.

生6:老师。刀刀和朋友聊天聊20分钟。

师:好,20分钟。

(指第三幅图片,并板书"等"deng,wait)

生10:刀刀等朋友等多长时间?

师:非常好!刀刀等朋友等多长时间?

生12:等十分钟。我喜欢刀刀。

师:我也喜欢刀刀。你们懂了吗?(学生点头)现在我们读课文的对话。

(请学生7读课文对话第一段,读毕。)

师:你们每天晚上做作业做多长时间?

生3:我每天做作业做五个小时。

师:你们每天写汉字写几个小时?

生4:我每天写汉字写六个小时。

生12:我每天写汉字写八个小时。

师:八个小时?好(对学生7)你每天写汉字写几个小时?

生7:十个小时。

师:OK,Give you new words.(板书"非常努力"nǔlì)

"努力"means study hard.

(板书:他学习非常努力。领读,学生跟读)

师:请安静。(板书"写汉字")。

(示意学生10问学生11)

学生10:你每天写汉字写多长时间?

学生11:我……我每个天……写汉字……二个小时。

师:我每天写汉字写两个小时。

生11:我每天写汉字写两个小时。

师:现在几点了。(看表)

生:下课了。

师:好,下课。

本课教学对象只学了三个星期汉语,教师在教学中主要利用归纳模式,帮助学生学习和掌握基本语法。

七、类比归纳推理

学生学习外语都是由简单句逐步深入并扩展到复杂句的,汉语学习也是如此。本课中教师的教学,就是遵循着学生的这种认知规律而运用提问方式来展开和深化的。教师提问首先用是非问:"你喜欢游泳吗?"因为这是已经学习过的语法项目,也是最为简单的问句,学生很快就能反应过来。接着教师进而运用正反问句来提问:"你喜不喜欢听音乐?"这是用一个"是"句和一个"非"句组合起来进行的询问。由于学生有着是非问句的基础,很快就能接受和同化这种新的问句,充实了长时记忆中所积储的语法结构。紧接着教师又在是非问句的基础上加上时间状语,把问句扩展为:"你昨天晚上听音乐了吗?"并把"昨天晚上"作为一个询问点,换上代词"什么时候",于是很自然地构成了特指问:"你什么时候听音乐?"学生就这个特指问回答:"我星期五晚上听音乐。"课堂教学从是非问到正反问,再出现特指问,尽管跨度较大,有一定难度,但由于后出现的正反问和特指问都是以是非问作为基础的,学生可以从已有的经验中寻找与当前事物或现象具有某种共同因素的东西,从而用已知事物的知识去推知当前事物的特点。这是一种类比式的归纳推理加工,因为是非问正是正反问和特指问的联系点和相似点,所以教师抓住了是非问这个"牛鼻子",就能轻而易举地把正反问和特指问输入到学生的大脑。也就是说,学生凭着已有的是非问这个语法知识,加以扩展或替换,把正反问和特指问同化进自己大脑中的知识结构中去。

八、归纳推理与演绎推理的结合

在原有的句式上面逐步添加句子成分,改变句式的结构和重心,有利于学生知识的接收和同化。本课中的问句教学,就是这样逐步深入的。当问句句式深入到特指问"你什么时候听音乐"和回答"我星期五晚上听音乐"之后,教师就以这个特指问句子作基础,进一步扩展:"你星期五晚上听音乐听多长时间?"这是这堂课的语法重点,为了让学生能够顺利地接受这个新知,教师反复做了铺垫。从是非问进而正反问,进而特指问,一个个台阶上升,最后来到这个平台。但是例句只是一种具体的模板,还没有上升为规则,于是在教师的指引下,师生一起把这种句式归纳为:S(time+place)VP+V+多长时间。这个归纳是一步步推导而来的,在学生头脑中是有一定基础的,它们完全能被接受、同化和吸收。为了让学生真正消化和掌握这类句式,教师引导学生进行多方面的演绎和练习,推导和产生出许多同类的句子。诸如用"写汉字"造出"你每天写汉字写多长时间";用"看电视"造出"你每天看电视看多长时间";用"聊天"造出"你每天和朋友聊天聊多长时间",等等。语法教学用归纳推理(例——规法)和演绎推理(规——例法)相结合的办法来感知、掌握和消化,是比较有效的。归纳推理可以把一个个具体句子(即一个个模板模式)抽绎为语法规则或语法公式(即归纳为一个原型模式),演绎推理借助语法规则或公式产生出一系列的同类的句子,也就是利用原型模式造做出一个个具体的句子。这种句式,经过多次的替换和重复,原本属于陈述性知识的原型模式,转化成为程序性知识,即转化为一系列的产生这类句子的步骤和方式。例如这种句式可以分解为:1. S+VP(你听音乐);2. S(time)+VP(你每天听音乐);3. S(time)+VP+V……(你每天听音乐听……);4. S(time)+VP+V+多长时间(你每天听音乐听多长时间)等多个系列性的步骤(或称系列性产生式),学生据此可以熟练地一步步地产生或替换出无数的同类句子。课堂上,教师反反复复地带领学生进行操练。为了让学生根据前面归纳的语法规则造句,教师特地制作了几幅图画(也可以说是场景制作或营造):小狗(刀刀)睡觉;小狗和小鸟聊天;小狗等待小鸟等,具体联系挂图的形象和内容,反复进行这类句式的练习。于是学生造出了诸如"刀刀睡觉睡多长时间"、"刀刀和朋友聊天聊多长时间"、"刀刀等朋友等多长时间"等句子。反复不同场景的练习,目的就是要让学生把繁复的产生式归并为一二个步骤,直接地一步到位地生成这类句子,也就是达到认知心理学所称作的自动化。学生口语的提高,有相当一部分的因素取决于造句的自动化程度。

归纳模式是在语言学习中被广泛运用着的一种认知模式,归纳模式与其他认知模式相结合,同样在汉语作为外语的学习中发挥着重要的作用。

第八章 整合模式

语言信息,以语音形式(或以文字形式)输入;个体头脑里的意念,化为文字形式或语音形式输出,都必须经过大脑处理器的系列加工和合成,即运用整合模式的整合,才能理解语言或说出话语。这里涉及语音(或文字)与语义的转换、语言处理器的分析和综合、非语言手段的积极参与等因素。

第一节 模式定义和认知过程

一、模式定义

输入的语音或文字信息刺激(或者个体头脑里萌生的意念),经过大脑各个层次的处理器(如语音处理器、字处理器、单词处理器、句法处理器、语篇处理器等)的加工和整合,建立意义(或者计划和产生话语),从而理解语言(或者输出话语)的一种认知模式。

二、认知过程

输入的:

信息刺激 ⟶ 处理器整合 ⟶ 理解语言

输出的:

萌生意念 ⟶ 处理器整合 ⟶ 输出话语

整合是将听到的语音和看到的文字分析、组合为意义,或者将头脑里萌生的意念计划、构建为话语的加工过程。这个加工过程是在工作记忆里的各个层次(语音层次、字层次、词层次、句子层次、语篇层次)的处理器里进行的。它们不仅从短时记忆中获得语音或文字的信息,并且从长时记忆中提取与之有关的

(或者相配的)词,依赖句子和语篇知识建立意义和表达式,从而得以理解、回答和交流。具体步骤如下:

(一)输入的整合模式

1. 信息刺激

语言的信息刺激主要是语音和文字。语言理解从声音的听辨或字形的审辨开始。

声音听辨是在感觉登记中把输入的声音区分、离析出有关的语音。将它们引入短时记忆进行编码。由于输入的语音常常不是孤立的,它由许多个语音汇合成一股连续不断的语流。因而听力理解的首要问题是要把输入的语流切分成一个个分离的单位。这种切分,有孤立声音的听辨和连续性言语的听辨,两者是密不可分的。

孤立声音的听辨和切分,有听觉、语音、音系三个阶段。听觉阶段,听者将一些原始的声音信号切分成一个个小段,逐个小段的听辨,找寻出声学上的特征(或者说声学提示),如[P]有清音、非鼻音、圆音、短音、前辅音等声学提示,存放于"听觉"记忆①。这个阶段的分析和储存是有选择性的,它不是任何声音,而是话语。语音阶段,是听辨它已经切分过的语音成分,即根据声学提示,认出有关的语音切分成分。例如,从上述一些声学提示中,可以确定该切分成分为[P]。听觉阶段和语音阶段连接得很近,听觉记忆刚好延长到语音阶段,以便于切分成分的辨认。音系阶段,人们进一步用语言的音系规则去处理语言。例如,汉语的声母 P 不跟带介音 u 和 ü 的韵母(如 ua,uo,uai,ui,uan,uen uang, ueng,üe,üan,ün)相拼,据此规则,听者就不会把 pai,pei,pan,pen,peng 等音合成为带介音 u 和 ü 的语音。

实际生活中的语音很少是孤立的,他们常常以连续性言语的形式出现。而人们在会话中注意听的是意义和消息,不是声音。因此,"听话人在听辨时利用了各种语言制约,主动地合成与听到的单词相匹配的单词。"②例如,piping,孤立的声音听辨,可认出 p,i,p,ing 等切分成分;而连续性言语的听辨则要将切分成分合成为有意义的单词,根据该单词的声调是一声和二声,以及汉语单词的

---

① 桂诗春编著 《实验心理语言学纲要》,湖南教育出版社,1991年,第336页。
② 同上书,第346页。

组合规则（如联合、附加、补充、陈述、支配等组合规则），与该单词相匹配的应是"批评"这个词。

汉字的审辨，是通过视觉加工器，对汉字的笔画、部件进行空间编码，从而认出汉字。从单个汉字到词语，也有一个切分问题。汉字不像英语那样词与词之间有所间隔，在书面文字中，方块汉字的排列是等距离的，很难分清哪些个是字哪些个是词。这就要依赖读者对汉语字、词的知识去审辨和切分。再者，一个汉字的形和音往往是联系在一起的，尽管汉字的审辨用的是视觉感知，但输入头脑后马上会转换成语音编码。人们在默读时的反应就是如此。例如，"批评"由视觉神经感知为"批"和"评"两个形体，读者根据以往积累的知识，头脑里马上会闪现出它们的读音"pīpíng"。除非从未接触过或记忆不深的汉字，那么当然也无法反应其读音。

2. 处理器整合

语音、文字的输入只是语言理解的开始。语流的切分，字词的切分，为建立意义创造了先决条件。在工作记忆中，意义建立过程有三个层次：词层次、句子层次和语篇层次。这三个层次，可能是先后有序的、独立运作的，也可能是互相起作用的。

语言处理器的独立模型，循着 ⟶ 单词处理器 ⟶ 句法处理器 ⟶ 语篇处理器 的次序独立运作。也就是说，语言理解是自下而上地进行整合的，即单词处理器首先获得信息，句子中所有的词在确定语法关系之前都已一一得到辨认。例如，理解语料中这么三个语句："鲁迅回到中国以后，非常怀念这位日本老师，把他的照片挂在自己的房间里。"听者（或读者）把这一串语流（或文字）经过切分，在单词处理器里分辨和确认其中的一个个词语，然后把它们传递给句法处理器，在那里经过句法分析，确定句子词语之间的语义关系（如，施事——鲁迅；时间——回中国以后；行为——怀念；程度——非常；受事——日本老师；处置对象——他的照片；动作——挂；方位——在房间里，等等）。至此，句子的意思已得到基本的揭示和显露。然后，将几个分句传递到语篇处理器，在那里，进一步从语篇角度进行分析、补充和诠释。听（读）者从语篇的其他语句里获得更多的信息，从而明确"鲁迅是一位伟大的文学家"、"他的日本老师是藤野先生"、"这张照片是他们分别时老师送给他的"。就这样，自下而上地沿着词——句子——语篇三个层次的单一方向(不能逆向,即句法处理器不能把信息传递回单词处理器)进行整合,从而建立意义,并加以理解。

另一种是语言处理器交互作用模型,其运作示意图如下①:

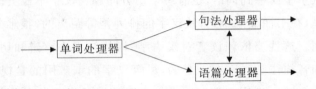

这个模型表示三个处理器是交互作用的:单词处理可能是独立进行的,但是对语篇的理解可能影响单词的分析,也可能影响对句法的分析。例如,理解上述片段的第一个分句"鲁迅回到中国以后",听者或读者在处理单词时,由于受语篇(或上下文)的引导,获知"鲁迅原来在日本学习",现在"回到中国",于是注意力集中在"以后"这个词语上,为辨认和选定后面句子的单词,正确理解下面两个分句的意义创造了条件。句法处理自然有助于对语篇的理解,而语篇信息对句法分析也有影响。例如,上述例句,由于语篇信息的指导,句子的施受关系(鲁迅为施事,日本老师为受事)、指代关系("他"指日本老师,也就是藤野先生,"自己"是鲁迅自指)、方位关系("中国"是回的地方,"房间里"是挂的地方)、时间关系(以前在日本学习,现在是"回中国以后")等等,也就更加明确了,句子的意思也因此而更容易理解了。

独立性模式和交互作用模式不是绝对对立的。一般来说,比较简单的句子多数用独立性模式(即自下而上地)处理和理解语句的意思;比较复杂的句子则需要运用交互作用模式(即自下而上和自上而下地整合)来处理和理解语句的意思。

3. 理解语言

语言理解并不一定在单词处理器、句法处理器、语篇处理器运作完毕以后进行,这里有两种情况:其一,听话和阅读过程中,意义理解是在一个分句的边界(即分句之末)进行。例如,上述的几个句子,一般都是在分句的停顿间歇去理解该分句的意义。因为此刻分句里的词语都已辨认和选定,词语之间的语义

---

① 桂诗春编著 《实验心理语言学纲要》,第351页。

关系经过句法分析也得以明朗,有足够的条件处理句子的意义。其二,听话和阅读过程中,理解是在分句以内进行的。熟练的听者和读者,在接触一个个词的时候,就能从长时记忆中提取句法、语义和语用知识来确定词义,边听(读)边理解词语组合的语义,直到听(读)完一个分句的最后一个词,整个分句的意义也就了然于胸。特别是听比较复杂的长句,由于短时记忆的容量有限,听者听到末尾,前面的词语早已遗忘,无法将其串联成意义(初学外语者往往难以驾驭长句,其原因就在于此),因而采取边听边理解的方法比较有效。

句子的意思并非是句子词语意义的总和,句法分析也不能全部解决句子所蕴涵的深层意义。因而语言理解,特别是语篇理解,涉及许多语言的和非语言的手段。

语言的连续手段除了连接词以外,还有回指式。回指式包括人称代词、不定代词、省略动词词组和某些名词词组。回指式从先行词中获得意义,或者指语篇中前面提到的同样的人或物,例如上面的例句中"他"指"日本老师","自己"是鲁迅自指;或者指与前面提到的事物属于同一类型的不同事物,例如:"他早上吃了一个包子,她也吃了一个。"

非语言手段主要指世界知识在语篇理解中的使用。世界知识可在句子中建立起连接链,这是理解语言至关重要的因素。它有两方面的作用:"第一,关于语境的全面知识对解释语篇中的表达式起了限制作用;第二,关于特定事实或一般事实通常是怎样发生的知识可用来填补语篇没有明显表达的细节。"[①]例如,听(读),"他打算明天在饭店庆贺孙儿的周岁生日,为此,他发出了邀请函,五分钟后就收到了好几个亲友的回信。于是,他开始忙碌地张罗起来。"这一小段话语,"五分钟就收到回信",凭世界知识,可以判定"他"收发的是 E-mail 邮件;"开始忙碌地张罗",凭世界知识和生活经验可以想象"他"如何预订宴席,决定菜谱,安排座位等,这些细节可用来填补和理解这句话的丰富含义。

(二)输出的整合模式

1. 意念

人在客观世界的有形和无形的作用下,形成了心理语码,即意念。要把意念变成话语,即把心理语码变成实际语码,以解答别人的提问或说出自己的主

---

① 桂诗春编著 《实验心理语言学纲要》,第 371 页。

张和看法,其间要考虑以下一些因素,才能使听话人易懂和理解:(1)关于听话人的知识。说话人的某个意念的表述必须顾及听话人的知识水平,超越听话人的知识范围,就无法令对方接受。(2)合作原则。说话人的话是真的,听话人也相信对方的话是真的,精诚合作,传达意念。(3)现实原则。说话人说的事件、状态、事实都是听话人听得懂的。(4)社会语境。说话人根据不同的语境(如正式场合与非正式场合等)选择和使用不同词汇来表述意念。

2. 处理器整合

理解话语是从表层结构到深层结构的过程,一个结构可以用以表示一个或几个不同的意念;产生话语是从深层结构到表层结构的过程,一个意念可能表现为一个或几个不同结构。因而,开口说话必须进行话语计划,以便既顾及听话人的知识和水平,又能精确地选用结构来表述自己的意念。

语言产生的第一阶段是话语计划,这种计划的制定从大而小,先要有语篇计划,其次为句子计划,再次为句子成分计划。

(1)语篇计划首先要决定所产生的话语是会话型还是独白型。如果是会话型,则要考虑如何轮流说话,如何开始说话,如何结束说话;如果是独白型,则要考虑说话的线性次序(如先说什么,后说什么等)和所说人物在话语中的焦点位置(如重要的与次要的,明示的与隐含的等)。其次,还要考虑语篇结构:层次结构和局部结构。层次结构是把要讲的内容依照先后和主次全面地进行排列;局部结构是根据交谈的具体情况来计划要说的句子[①]。

(2)句子计划是说话人进一步选择命题内容、言语行为和主题结构等几个层面来组织话语。命题内容是说话人所要表达的话语的意义单位。句子体现着一个或几个命题,他们依照说话人的经验而组合起来(叫作经验组块)。把物体或事件编码成命题,有一些"自然的"、简单的次序,那就是:1)从上到下的直线排列,很少由下而上;2)由先到后的时间排列,很少把后置于前;3)从肯定那一头往下比较(如说 A 比 B 大,不说 B 比 A 小);4)按照肯定而不是否定的命题来编码(如多说 A 在 B 里面,少说 A 不在 B 外面)。言语行为是说话人决定述说命题时所采用的句子的表达功能,如断言、警告、发誓、感谢、劝慰,等等。主题结构是说话人选择并决定主题结构所包含的主语和谓语、已知和新信息、

---

① 桂诗春编著 《实验心理语言学纲要》,第 427 页。

框架和嵌入等几个要素。主语和谓语规定谈论的对象以及对之述说的话语；已知和新信息规定哪些东西是说话人尚未知道的；框架（主位）和嵌入（述位）规定话语的结构及其内容。说话人决定了他要谈话的命题内容、言语行为、主题结构，然后才能整合出一个合适的句子。例如，说话人决定的命题内容是：我们到杭州，风景优美，杭州旅游；言语行为是：商议；主题结构是：主语——我们，谓语——去杭州，新信息——风景优美，框架——五一节，嵌入——旅游。据此整合为句子：五一节我们去风景优美的杭州旅游好不好（或怎么样）？①

（3）句子成分计划是选择和决定句子中最为重要的词组。句子成分（即词组）是说话中极其重要的单位。因为说话人不可能一次就把每一个句子决定下来，但也不会事先不作计划而临时说出一个词再想后一个词，很可能是说话人一次计划几个词，也就是词组。词组是由各种命题构成的，词组的内容是句子的命题内容的一部分。人们说话先计划好句子的大命题，然后放进词组小命题。

语言产生的第二阶段是建立结构。这是一个从制订计划到执行计划的过渡阶段。这个阶段建立的是一个句子的产生式系统，通过产生式系统，把所要表述的意念（一串命题）转换、生成为一个或几个句子。例如，意念中有这么两个命题："那个男子搀扶起老人（大命题）"，"老人跌倒在地（小命题）"。根据命题内容和储存于长时记忆的句子结构规则（或公式），选择并确定句式，然后把句子成分"那个男子"、"搀扶起"、"老人"、"跌倒"、"在地"等词组按照产生式规则整合进句子，从而建立句子的表达式：那个男子搀扶起跌倒在地的老人。

3. 输出话语

输出话语，实际上是语言产生的第三阶段，即执行阶段。其任务是"把语言信息的高度抽象的心理表征变为不断变化的肌肉活动型式，并调动发音器官，产生表达该信息的声音。"②一般分两步走：

第一步是编制发音程序，主要是按音节把语音切分成分具体化。即由意义具体到句子轮廓，在句子轮廓中填进实义词（名词、动词、形容词、副词等）和功能词（介词、连词、助词等），由词的音节决定语音型式以及它们的发音次序，此

---

① 桂诗春编著 《实验心理语言学纲要》，第 440 页。
② 同上书，第 470 页。

外,还要规定发音的节奏和时间。如上述句子的轮廓填进实义词和功能词,并进行语音编制,示意如下:

句子轮廓:(那个)男子 搀扶 (起)跌倒(在地)(的)老人
语音编制: Nage nanzi chanfu qi diedao zai di de laoren

第二步是对程序的执行,由大脑根据编制的发音程序对语言产生机制发出指令,促其执行。"语言产生机制包括有三个机制:(1) 呼吸机制,负责提供言语产生的气流;(2) 喉部机制,负责将气流转化为声音;(3) 发音机制,包括嘴巴和鼻子,负责声音的塑造和形成。[①]"

第二节　整合模式的认知原理

信息输入,从语音的线形码(或文字的空间码)到最后理解其中的意思,要经过大脑加工器的一番处理和整合;信息输出,从意念的萌发到话语的产生,也要经过大脑加工器的一番处理和整合。

一、大脑的记忆加工

根据信息加工的观点,大脑加工器包括感觉记忆、短时记忆、长时记忆等。
(一) 感觉记忆的作用

感觉记忆主要有图像记忆和声像记忆,这是人们通过视觉通道或听觉通道获得的图像信息或声像信息在感觉记忆里作片刻的留存,称作瞬间储存。这时候的记忆是原始的、尚未进行分类的感觉形式。尽管感觉记忆保持信息是如此的短暂,其信息形式是那么的原始,但它对知觉活动和其他高级认知活动有着重要意义。也就是说,知觉和思维是凭借和依赖感觉记忆的瞬间滞留而得以进行。图像记忆中的鲜明形象,为后续的加工活动,如特征抽取、信息整合、识别提供了时间和可能;声像记忆使人们能够在新线索出现时短暂地留住听觉线索,为在语音前后联系的基础上提取信息创造了条件。[②]

---

① 桂诗春编著 《实验心理语言学纲要》,第467页。
② 杨治良、郭力平、王沛、陈宁编著 《记忆心理学》,华东师范大学出版社,1999年,第40—42页。

(二) 短时记忆的作用

短时记忆是信息从感觉记忆通往长时记忆的一个中间环节或过渡阶段。它的特点是信息容量的有限性和信息的遗忘性。其信息容量表现为 7 ± 2 个单位,如果将几个小单位合成一个大单位(即组块),那么短时记忆的 7 ± 2 个大单位,等于是小单位的翻倍,甚至几倍,短时记忆因之而得以扩容。短时记忆以听觉编码为主,但随情景的不同也有所改变,比如图形文字(像汉字)的编码以视觉编码为其基础,间或因受长时记忆信息的影响而存在与意义有关的抽象的语义编码。但是短时记忆中的信息编码,也很短暂,如得不到及时的复述,将迅速遗忘。因此,人们知识的获得固然离不了感觉记忆和短时记忆,而更为重要的是要通过机械性复述或意义性复述,将知识信息送往长时记忆。

(三) 长时记忆的作用

"长时记忆构成了一个人'心理上的过去',它是个体经验积累和心理发展的前提。长时记忆中储存着我们关于世界的一切,为我们的一切活动提供必要的知识基础。"[1]长时记忆中储存两类知识,一类是陈述性知识(或称描述性知识),包括情节记忆(接收和储存情景、事件及其时空关系)和语义记忆(接收和储存各种知识);另一类是程序性知识,包括怎样去做的知识和各项技能。这两类知识的获得,前者来源于组织,后者来源于产生式。所谓的组织,是由知觉系统将客体的特征集中进行归类而形成(即知识的命题表征)。如把散乱的众多客体"轿车、猫、桌子、公共汽车、母牛、椅子、狗"等组合为"轿车、公共汽车(交通工具)"、"椅子、桌子(家具)"、"母牛、狗、猫(家畜)"等一个个子集,就容易记住和储存[2]。这些组织和命题具有被刺激激活以及由它再去激活扩散到其他组织和命题的特性。所谓的产生式,包含条件(规定了一系列特征)和行动(规定条件得到满足而作出的反应)。即通常说的"如果是 X,那么就 Y"公式。这里所指的条件包含外部刺激(某个刺激信息)和个人内部的心理状态(某个意念);这里所指的行动,包含外显行为(如按指令去执行)和内隐的心理变化(如话语的计划和形成)。多个产生式的组合,形成产生式系统,它对话语合成、语言理解和问题解决十分有用。

---

① 杨治良、郭力平、王沛、陈宁编著 《记忆心理学》,第 62 页。
② 桂诗春编著 《实验心理语言学纲要》,第 177 页。

二、大脑的整合加工

短时记忆储存的信息犹如一个指针或者说是提取线索,它能够访问和激活长时记忆中的组块信息,并将它们提取到有关的处理器里进行加工整合。这个处理器就是工作记忆。

(一) 工作记忆的性质

工作记忆是一种暂时性的储存与加工。这种信息加工和储存方式对于推理、语言理解、学习和心算等起着非常重要的作用。工作记忆有视觉空间模板、语音环和中央执行系统三个部分。中央执行系统是工作记忆的核心,语音环和视觉空间模板是工作记忆的两个子系统。"视觉空间模板负责视觉信息的保持和控制;语音环负责操作以语音为基础的信息;中央执行系统负责协调各子系统之间的活动,且与长时记忆保持联系。"[①]

1. 中央执行系统的功能

具体说来,中央执行系统是一个能量有限的系统,它能协调各子系统的功能,选择和操纵长时记忆的信息进行整合;还能负责注意资源的协调(即有针对性的注意某种信息而忽略其余的无关信息)和策略的选择与计划(像头脑中的一个小矮人,他在头脑中以神奇的方式作出各种决策)[②]。由此可见,中央执行系统是一个具有多种功能的、与控制过程相互作用的独立系统。

2. 语音环的功能

语音环储存与控制以声音为基础的信息。它由语音储存和发音控制两部分构成。其中语音储存,参与基本听觉,并接收语音信息,可在那里保持信息1—2秒,由语音结构来表征(如声母与韵母拼合为音节);发音控制,不仅能将书面语言转换为语音代码(默读或复述)而储存起来,而且能指令言语肌肉执行话语行为。语音环对言语理解、词汇获得和语言学习具有辅助作用。

3. 视觉空间模板的功能

视觉空间模板主要处理视觉空间信息。信息可以直接地(以实物、图像、文

[①] 杨治良、郭力平、王沛、陈宁编著 《记忆心理学》,第 102 页。
[②] 同上书,第 117 页。

字形式)或间接地(以记忆表象形式)进入视觉空间模板。视觉空间模板有两个元素,一个是视觉元素,与颜色形状有关(如苹果的色泽和大小);另一个是空间元素,与位置有关(如苹果放在桌子上的果盘里)。因此,视觉空间模板子系统对空间任务的计划和在地理环境中定向具有重要意义。[1]

(二) 工作记忆的运作

简单说来,工作记忆的运作是,中央执行系统从短时记忆获取声音信息或视觉信息,分别将它们送入语音环和视觉空间模板,并操纵和调配长时记忆中的有关知识,分析和整合储存在工作记忆中的多方面的信息,从而理解外界的刺激信息(文字或话语)。人脑酝酿意念并输出话语的过程也由工作记忆操纵和运作。长时记忆受有形环境(外显的)或无形环境(内隐的)影响而形成某个意念、想法或观点,它必须送入工作记忆,在中央执行系统的协调下提取长时记忆心理词典中的有关词语以及产生式的某种规则到视觉空间模板,中央执行系统对之进行加工处理,整合为语句,并通过语音环将语句转换成语音代码,指令口腔肌肉执行。

(三) 工作记忆的生理机制

有研究表明,皮质的额叶部分与工作记忆密切相关。额叶皮质将信息输入工作记忆,激活工作记忆中已储存的信息,并利用它们来选择一个个反应。因此,额叶皮质在工作记忆中扮演重要角色,既要保持相关信息,又要进行复杂加工。[2]

第三节 整合模式在学习中的认知作用

整合模式在汉语作为外语学习中的认知作用,我们通过分析课堂教学,考察学生的认知过程来加以论证和阐述。

教学实录 8-1

课型:初级汉语口语课

教材:教师自选

---

[1] 杨治良、郭力平、王沛、陈宁编著《记忆心理学》,第 107—108 页。
[2] 同上书,第 111—112 页。

教学对象:来华留学生(短期语言进修生)初级班日本、美国学生
教师:钱季玉冰老师(上海工程技术大学)
教学过程:

师:大家早上好。今天天气怎么样?

生1:热死了。

生2:很热。

生3:又潮湿又热。

师:对啊,今天真是又潮湿又热。我很高兴,你们记住了"又潮湿又热"。今天,我们要完成两个任务。第一个任务是复习我们上一课学习的"问路和指路"。第二个任务是谈谈我们喜欢和不喜欢的运动。

(板书:任务一:复习"问路和指路"。任务二:谈谈运动——喜欢的,或者不喜欢的)

生1:啊,我喜欢运动。

生2:运动?我也很喜欢。

师:太好了,看来你们都喜欢运动,那么今天的课你们一定会觉得很有意思的。不过,我们要先完成第一个任务。还记得我们应该怎么问路啊?

生2:……在哪儿?

生1:去留学生楼怎么走?

生4:哪儿是洗手间?

师:(板书:……在哪儿?去留学生楼怎么走?哪儿是洗手间?)很好,你们都知道怎么问路了。下面我们要完成一个小任务。要求两个人合作来指路。山本、关谷,你们两个人一组,Jorge和田井一组,石冢和我一组。这个任务就是告诉你的朋友,从火车站到你家怎么走,或者从飞机场到你家怎么走?(板书:火车站,飞机场,注音。从火车站到我家怎么走?从飞机场到我家怎么走?)记住,说的时候要画一张地图,让别人能够明白你的意思。再说一遍,我们要告诉我们的朋友,怎么从火车站或者飞机场去我们的家。大家明白了吗?

生2:画……图吗?

师:对。一边说,一边画。

生2:啊,明白。

师：举个例子,我和石冢一组,对吗?那么我要先告诉石冢,从上海火车站到我家,我可以怎么走怎么走。我说的时候还要画一张地图给石冢看。然后石冢再告诉我,如果我去日本找她,我到了火车站或者飞机场以后应该怎么走。清楚了吗?

生(众):明白。

师：注意：两个人都说完了以后,我们会请一个组到前面来汇报,请这个组里的两个人一起给我们指路。怎么样一起指路?请注意听。如果是山本和关谷这个组,那么山本要告诉我们,从火车站到关谷家怎么走。记住,是关谷家,不是山本家。这时候,关谷就画地图给我们看,让我们明白怎么走。当然,也可以是关谷告诉我们,从火车站到山本家怎么走,这时候应该谁画地图?

生1：我画。

生(众):山本。

师：对,如果是关谷说的话,就应该是山本画地图。大家都清楚了吗?

生(众):清楚了。

师：好的,下面就开始指路吧。我给你们十分钟的时间。开始!

（十分钟以后）

师：好的,我想刚才大家一定都很认真地向你的朋友指了路。下面我请山本和关谷你们这一组来汇报一下,好吗?

生1：好的。

师：山本,请问从新宿站到关谷的家怎么走?请山本来这里指路,关谷在黑板上画出地图。

生1：从新宿站出来,走了十分钟,我会看见一个百货店。百货店的名字是Isetan。……到了Isetan我要向左走……向左走……

师：好的,向左拐,一直向前走,对吗?

生1：啊,向左拐,然后一直向前走,走了……大概走了三分钟,然后我过马路,我会看见一个商店,这个商店是皇后广场Queen Square。然后到了皇后广场以后,大概走了50米,我会看见一个饭店。

生2：嗯,不是的。

师：关谷说不对。哪儿不对?

生2：啊，对，对。

生1：到了饭店，到了这饭店，我向左走，啊，向左拐，走了1分钟，以后，向右拐，走了5分钟。

生2：（指示）在两个学校。

生1：这个路……

师：这条路。

生1：这条路有一个小学生……小学校，和一个中学校。

生2：（在小学和中学的中间画了一个警察局）这个……

师：哦，在小学和中学的中间，对吗？

生1：在小学和中学的中间，有一个警察站。

师：这个叫"警察局"，police station。（板书 警察局，注音）

生1：嗯，警察局。中学的旁边有关谷家。

师：关谷家就在这个中学的旁边。（板书，关谷家就在这个中学的旁边。注音）

生1：啊，关谷家就在这个中学的旁边。她不喜欢……呃……她的家很方便。

师：对，从火车站到关谷家很方便。

生1：呃，从火车站到关谷家很方便，也很近。

师：好的，谢谢山本和关谷，非常好。大家明白了吗，知道我们从火车站到关谷家怎么走吗？

生3：一点点，哈。

生4：知道了。（因为对东京比较熟悉）

师：好，我们来看一看这个地图，从新宿站走到关谷家要多长时间？

生4：大概走15分钟。

师：关谷，从火车站到你家大概要走15分钟，对吗？

生2：对，15分钟，差不多。

师：那么，从火车站去关谷家远不远？

生（众）：不远。很近。

师：非常好。因为时间的关系，我们就只能请一个组到前面来。下面我们要学习"运动"。（板书：运动）跟我读，运动、运动。

生（众）：运动。运动。（下略）

这是一则有关问路和指路方面的功能表达的复习课。问路固然要在头脑中把发问的心理语码整合为句,发而为声,让别人听懂所问的内容,而指路则更要进行话语计划和话语构建,有条不紊地把方位和路线一一述说清楚,让问路者能根据指路者所指点的路径找到自己所要到达的目的地。这里处处显示着整合模式在说话和理解中的作用。

一、原型模式的储存与系列产生式的概括

每一种表达功能,都有一定的表达方式。比如,感谢这种表达功能,一般就有:"谢谢您的关心(好意、热情招待、帮助等)"、"让您费心(受累)了"、"真是过意不去(打扰了)"等诸种表达方式。这些表达方式通过学习和练习储存在长时记忆之中,当说话需要时候,个体就会从长时记忆中把这些表达方式提取出来进行会话活动。本课中的问路,是日常生活中很重要的功能项目。在前一课中,教师已把问路的诸种表达方式通过教学活动储存进学生的头脑。它们有点像组块(句子的半成品),是词组和句式的固定组合。这种储存不是一个个具体句子的模板模式(即有一个句子就有一个模板,无数个句子就有无数个模板),而是构成原型模式(即从一个个具体句子中抽象出来的某种句式)储存于头脑之中。因此,在复习问路时,学生就能很快从长时记忆中回忆和提取出问路的三种表达方式:"哪儿是……"、"去……怎么走"、"……在哪儿"。只要把命题的主项(即要询问的目的地词语)填入上述三种表达方式,就可以用来向他人问方向或路线。诸如此类的功能项目的表达方式积累得多了,可以便捷地拿来就用,从而减少对话时的思索和词语的临时组合,减少大脑在工作记忆中整合的工作量。因为人们造句,主要是把有关的语法规则(即陈述性知识)分解成系列性的一个个步骤,心理学称为产生式,再按照这一个个步骤逐步推导而生成句子(即程序性知识)。而功能项目的表达方式,实际上是系列性产生式的高度浓缩。学习者熟练掌握之后,就能一步到位,脱口而出,用不到经过一步步的推导才造出表达某种功能的句子。

二、长时记忆与工作记忆的共同作用

指路,要说清楚行路的方向和路线,涉及的因素很多。它要求会话者具有

平面图的概念和立体图的概念,而这些概念来自于会话者平日对马路、交通、街道、建筑物、商铺、标志等的注意和体验。会话者要对他人指路,就必须把储存在头脑里的平面的和立体的概念临时组合起来,形成一条可以行走的线路,并诉之于口。而要说清楚这条线路,会话人必须选择词语组成句子,用言语来叙述或描述路上的特点,以便问路者能顺利地循着所指点的线路行进。也就是说,会话人指路,实际上要动用储存在长时记忆中的世界知识、交通常识和平日行走的经验积累,并把有关词语提取到工作记忆,根据头脑中所形成的线路,按照语法规则造出话语来对他人进行指点。本课有关指路的复习,正是遵循这个心理原理而进行操练的。操练方式为点面结合,"面"是指把全班同学两人一组分为若干组,两人互相指路,给对方指点从飞机场或火车站到自己家的走法,边说边画一张地图。既要有言语的说明,又要有地图指示,往对方的头脑里输入语义的和形象的行路图。当然,这种行路图还只储存在短时记忆之中,除非复习几遍默记于心或亲自去走一遭,否则很快就会遗忘。但教师的教学目的并非要让学生熟悉或记住同学之间彼此的地址或行走的路径,而是通过这样的练习,让学生学会如何运用言语或地图来指路。"点"是请两位同学在全班作指路的演习,一位用言语指路,一位画地图指路。画地图者画的是从机场(或火车站)到自己家的路径,当然是熟门熟路;而言语者,是刚在小组里接受对方指路的信息,现在马上将它复述(应该说是背诵)出来。他之所以能够听过一遍就能把刚听到的路线正确地向大家汇报,完全得力于对方述说时所画的地图。这张地图成了他回忆路径的有利线索,延长了对方指路时所说的话语在短时记忆中的储存时间,使后面的言语加工有了条件和根据。靠这张地图,他就能选择词语和组织言语,正确而细致地描述出行走的路径。尽管不一定是对方的原句,但意思大致也相差不多。

三、话语表达的整合过程

指路的要素有:空间(包括方向、方位、距离等)、时间(包括行走的时间、车辆的间隔时间等)、标志性实物(包括十字路口、红绿灯、商店、邮局、银行、大楼等)、交通(包括公交车、地铁、轻轨、环线、乘车、换车、车站等)。所形成的指路话语,往往不是一个简单句,而是几个起始地点的整合:即从地1到地2,怎么走,有什么标志;从地2到地3,怎么走,有什么标志;从地3到地4怎么走,有何标志……,这可说是地图的言语化,如果能够画出地图或线路图,将指路话语图示化,两相参照,则指路更为有效。本课学生1指路,学生2画地图,正是话语和图示的有机结合。学生1的指路是根据学生2的地图发挥的。他尽可能利用指路的要素来说明路径。比如,空间方面的有"向左拐"、"向前"、"一直走"(此是方向),"在小学和中学的中间"、"在中学的旁边"(此是方位),"大概走了50米"(此是距离);时间方面的有"走了3分钟"、"走了1分钟"、"走了5分钟"(此是行走的时间);标志性实物的有"Isetan百货店"、"皇后广场"、"饭店"、"两个学校"、"警察局";交通方面的有"过马路",等等。学生1的指路话语,其中几个起始点也述说得一清二楚:从新宿站到百货店,从百货店到皇后广场 Queen Square,从皇后广场到饭店,从饭店到学校,等等。这些要素和路径都是学生2告诉他的,当学生1向全班复述时,头脑里把空间要素、时间要素、标志性实物等形成一个个命题,然后提取和调动词语,按照语法规则在工作记忆中进行整合,从而述说出来。但它并不是按照时间、空间、交通和有关标志分门别类地作条分缕析的介绍,而是把这些要素,按照行走线综合性地形成指路的话语。也就是说,学生1头脑里的命题在用言语表述时是经过重新整合(合并命题)或组合(改造命题)的,他把有关的方向、方位、行走的时间和距离、看到的标志性建筑或实物等等综合在一起来进行表述的。这里,说话者必须有清晰的思想和意念(形成命题),有周密的话语计划(安排命题的顺序),并进行有效的话语构建(把命题转换成句子),从而有条不紊地述说出来(把头脑中的句子变换成一串语音)。当然,学生1的指路话语可能有错误或不够完善,教师就在一旁随时纠正。例如学生说"向左走",教师指正为"向左拐";学生说"这个路",教师指正为"这条路";学生说"警察站",教师指正为"警察局";学生说"中学的旁边有关谷家",教师指正为"关谷家就在这个中学的旁边",等等。这样的点拨,正是在学生由命题组织为句子的关键时刻,话语虽不多,但印象深,效果好。

教学实录 8-2

课型:中级汉语阅读课

教材:《桥梁——实用中级汉语教程》(上)(陈灼主编 北京语言学院出版社 1996年版)第十一课《热爱绿色》

教学对象:日本商务人员中级汉语进修班

教师:吴仁甫老师(上海对外服务有限公司对外教育部)

教学过程:

师:上一课我们学习了前面几个段落,对什么是"绿色",什么是"绿色蔬菜",有了基本概念和了解。哪一位同学能说说什么是"绿色"?

生1:"绿色"是植物的颜色,用来说明……说明干净的植物或者新鲜……新鲜的环境。

师:"干净的"、"新鲜的"说得很好,它说明植物和自然环境还没有被——被什么?

生2:污染。

师:对,很好。那么"绿色蔬菜"指的是什么?

生2:没有被污染的蔬菜。

师:对。要使蔬菜成为"绿色的"、"健康的",有哪些条件?

生3:要正确使用化肥和杀虫剂。

师:杀虫剂,或者农药。

生3:农药。

生2:要有好的土……土地、水,还有,呃……环境。

生1:要符合卫生标准。

师:好的,基本意思都回忆出来了。我们阅读一段文字,不一定要把原来的词和句子背下来,只要把里面的意思和要点记住就行了。课文中还介绍了一种检验的方法,谁能说说这种检验是怎么做的?

生4:用苍蝇……用苍蝇做。先让苍蝇吃蔬菜的汁,再看看苍蝇吃了以后的死亡数,就可以知道蔬菜是不是绿色的情况。

师:说得很好,这个方法又简便、又科学。好,下面我们学习新课。

大家先阅读下面一段课文,看看有什么不懂的词语和句子,再想想这一段讲的是什么。

(学生阅读)

生5：老师，第一句话的"令人"是什么意思？是"命令别人"的意思吗？

师：有谁知道吗？

生1："令人高兴"是"使人高兴"的意思。

师：很好。这样的用法很多，比如"令人发笑、令人愉快、令人同情"等等。这里为什么说蔬菜市场令人高兴？

生4：因为蔬菜市场蔬菜很多，……很……繁荣。

师：很好，还有吗？

生2：因为可以买到新鲜的蔬菜。

师：注意，课文中为什么不直接说"可以买到新鲜蔬菜"，而用了一个"即使……也……"，想一想它有什么意思。

生2：啊哦！是不是说：像北方那样寒冷、不太能长蔬菜的地方，也一年四季都可以买到新鲜蔬菜，那么……那么可以想到，其他地方的蔬菜就更多了。所以，令人高兴啊！

师：说得很好。那么，为什么这里要说"即使……也"呢？

生3：是不是强调？

师：强调什么呢？

生3：强调"其他地方的蔬菜就更多了"这个意思。

师：说得很好！我们阅读，一般都比较注意名词、动词、形容词的意义，这是最基本的阅读方法。但有时，也要注意像"即使……也"这些词的用法和意义，因为它也会增加句子的含义。我们要多加体会。

看下面一句话，"喜中也有忧"，这儿的"喜"指什么？"忧"指什么？

生5："喜"指前面说的"蔬菜市场繁荣"，"忧"指后面说的"蔬菜卫生标准难控制"。

师：很对。大家想一想，作者为什么在这里写这句话？

生1："喜"和"忧"，意思正好是相反，所以用了一个"然而"。

师：说得好！这句话联系前后的课文，我们说承上启下，起到过渡的作用。前面用"然而"，告诉大家下面的意思有转折。

生3：老师，这句话怎么念？是"卫生标准难——以控制"，还是"卫生标准——难以控制"。我不知道"以"的意思，我看的时候不去想……不去管它。

师：问得好。"以"是古代汉语留下来的虚词，它跟"难"结合成"难以"，成为一个固定的词语，意思是：很难。所以跳过这个"以"，不影响理解。另外有一个词"易于"，情况跟"难以"差不多，是"很容易"的意思。大家体会一下，"难以理解"、"难以领会"；"易于理解"、"易于领会"的意思。

生：啊哦，有意思！

师：下面我们分析一下，为什么说卫生标准难以控制？

生4：书上说的原因是……（读）蔬菜市场缺乏必要的管理，农民和商贩直接交易。

师：这是课文上说的两句话。不过我们还要深入地考虑一下，"缺乏管理"是什么意思？"直接交易"是什么意思？

生3："缺乏管理"是不是说市场里面没有人管理，很乱？

师：那么，"直接交易"呢？

生2："直接交易"的意思是，商贩从农民那里买菜……买菜，直接到市场上去卖。检查，没有人检查他们。

师：对。所以这样的蔬菜，它的卫生就不能保证，难以达到"绿色"的标准。我们再看下面，卫生标准难以控制的后果会怎样？

生5：（读课文上的句子）"即使是化肥，如果人们长期食用，对健康也有影响。"

师：好的。

生4：为什么说"别说农药"，跟农药没有关系吗？这句话，这句话的意思？

生1：不是"跟农药没有关系"。"别说农药"的意思是"不用说农药了"，因为大家都知道农药对人的健康不好，所以不说了，说别的。

师：好的。

生2：这里又有一个"即使"，也是强调吗？

师：谁来回答？

生1：是不是说，既然化肥都会影响人的健康，那么农药对健康的影响就更大了？

师：说得很好。这说明大家阅读时，不仅仅看懂了字面上的意思，而且能通过句子分析，深入理解作者的意思。很好。下面我们再讨论一下，"蔬菜不合卫生标准"的具体原因是什么?

生3:因为有些农民用了化肥和农药。

师:化肥和农药是不是一定不可以使用?

生4:我想可以的。市场上不是卖化肥和农药吗?

师:那么为什么要使用?

生4:我想,我想种蔬菜是要肥料的,没有肥料,蔬菜长不好;虫子吃蔬菜,不用农药和杀虫剂,蔬菜就要被虫子吃光了。

生2:课文上说:"有些农民为了提高产量,增加收入,超标准使用化肥和农药。"是不是说化肥和农药是可以用的,但是"超标准"不可以。

师:对,你们课文看得很仔细。这个"超标准"很重要。根据标准来使用化肥和农药是可以的;超过标准就要影响人的健康。"超标准"三个字是关键词,抓住它,就容易理解了。大家看,还有其他原因吗?

生1:(读)"也有些农民使用农药方法不当,客观上造成了蔬菜含农药量过多的后果。"

师:注意,这里有一个词,"客观上"是什么意思?

生1:就是"不是有意的"。

师:对,不是有意的,而是不会使用农药。

生3:这一句说是"客观上",那上面……上面(读):"为了产量,为了收入,超标准使用化肥和农药",是不是就是"有意做"的了。

师:分析得很好,很深刻。作者写作时,为了说得简单、清楚一些,常常只说正面的,让读者对比、联想到反面的;或者只说反面的,让读者推论出正面的。这里作者只说"客观上",读者自己会体会出上面一种情况是"主观上"的。我们在阅读时,注意到这一点,就能正确理解作者写作的意思了。

(学生点头)

师:现在看最后两句话的意思。

生5:"食物中毒"是不是"食物中有毒"?

师:这个词怎么念?"中"有两种读法,一个是第一声,是方位词"中间"的意思;一个是第四声,是动词,"遭受、得到"的意思。这个词语用的是哪一种意思?

生1：我觉得应该读成"食物——中毒"，这儿的"中"是动词，跟"中奖"一样，不能读"食物中——毒"。

师：很好。"食物中毒"会怎么样？

生3：吃了酸的和发霉的食品，肚子痛。

生2：吃了苍蝇吃过的食物，有细……细菌，拉肚子。

生4：蔬菜里有很多……过量的农药，没有洗干净，吃以后呕吐。

师：对。食物中毒有好多原因，课文中的例子，就是因为食用了农药过多的菠菜。这两个句子是先写中毒结果，后写原因。大家再想一想，作者为什么在这里举这么个例子？

生1：前面讲道理，这里举例子，有道理，有例子，说得很清楚，是……是……有说服力。

师：说得好。阅读课文，就要上下联系，前后对照，这样理解就比较全面、深刻。好，现在谁来概括一下这一段的意思？（对学生5）

生5：因为化肥和农药……（摇头）

师：对，接着说，化肥和农药怎么样？（学生5继续摇头）谁来说？

生4：因为蔬菜含有过量的农药和化肥，还没有做到"绿色蔬菜"。

师：很好。这一节课就上到这里。下次继续下面的课文，请大家回去预习一下。

这是一堂中级水平的汉语阅读课。阅读是读者通过视觉接收作者所书写的文字形式，捕捉其中的信息，在大脑整合其意义，最后达到理解作者的意图的过程。外国学生汉语的阅读水平，呈逐步提高的阶梯形，对外汉语教师要引导外国学生拾级而上，慢慢掌握与提高整合词组意义、整合句子意义、整合句群段落意义的能力与技巧。本课的任课教师正是在这方面下了较大的功夫。

四、正确切分与词义整合

外国学生的汉语阅读，先决条件是识记汉字，因为作者的意念和想法是通过汉字的书面形式来表述的。从这个意义上来说，汉字是沟通作者和读者的思想意识的桥梁。不认识汉字，读者无从体验作者的思想和感情。由于汉字的排列（无论是横排抑或是竖排）是等距离的，词素（即汉字）与词之间没有什么间隔，不像拼音文字，词与词都一一隔开，容易辨别和判断。因此，阅读汉语的文字资料，必须把一个个句子里的汉字切割、划分为一个个词单位，或者是单字词，或者是双字词，或者是多字词。然后选取这些词的意义进行加合或整合，从而理解作者注入文字形式中的含义。如果切分词语不当，成为非词（汉语中不存在的词）或他词（跟句子没有关系的词），如"第十五金商店"，切分为："第十五——金——商店"，就有点不知所云了，就因为切分出了一些非词和他词，无法进行意义的加合或整合的缘故。在本课中，学生阅读课文时多处遇到切分的问题，教师及时引导和疏通，使学生的阅读理解得以顺利进行。例如"食物中毒"，有的学生切分为"食物中——毒"，有的学生切分为"食物——中毒"，究竟哪一种切分正确，这关系到理解的准确性。教师在这儿并没直截了当地指明，而是提供"中"字的两种读法及其不同的词性与意义：读第一声，方位词，是"中间"的意思；读第四声，动词，是"遭受、得到"的意思。教师让学生自己去判别和裁决。学生联系到过去学过的或在社会上接触到的"中奖"的词语，领悟这里的"中"也是动词，正确的切分是"食物——中毒"，词语的意思不是"食物中有毒"，而应该是"遭受不洁食物的毒害"。这样的整合理解就比较确切、恰当了。再如"卫生标准难以控制"，有的学生不知"难以"是个固定词语，硬把它分开，误切为"卫生标准难——以控制"，尽管学生将其中实词的意义进行了加合，尚能粗粗地领会这句话的意思。但很可能在他的头脑中根据错误的切分而构建起来的意义是：卫生标准很难，要控制。这跟作者所要表达的观点尚有一些距离，至少不够确切。于是教师加以引导，先指出"难以"是个固定词语，这跟"易于"是个固定词语一样，"以"和"于"都是古代汉语遗留下来的虚词，它们有构词的作用，不发挥其意义；然后举出"难以（易于）理解"、"难以（易于）领会"等词组，让学生去体会和整合这些词组的意义。这既培养了学生的切分能力，又训练了他们的整合能力。

学生的正确切分，来源于词语的积累和储存。学生在阅读时，一个个的汉字形状为视觉所接收，并传递到工作记忆，同时，这些汉字形状作为线索，从长时记忆中搜检、寻觅与之相近或相似的字词进行匹配，在工作记忆中实施切割与划分，并进而选择、提取其意义。如果学生的头脑里储存过与外界某个文字刺激可以匹配的词语，一般来说，他们有能力正确地切分；如果学生的头脑里没有储存过与外界某个文字刺激可以匹配的词语，切分就会成为问题：只能停滞、跳跃，或者错分误切，这会在不同程度上影响和妨碍理解。例如，"令人高兴"这个词组，有的学生看到"令"，头脑里能够反应与匹配的只有"命令"这个词，于是在词义整合时，猜测"令人"是"命令别人"的意思。这说明学生所储存的"令"，还没有"使令"义，其词义网络还不够完善，因而切分不准。教师对症下药，举了"令人发笑、令人愉快、令人同情"等多个词组的例子，进行及时的强化，目的是要把"令人"这个词语深印进学生的头脑，使他们以后读到"令人兴奋"、"令人悲叹"等，能够正确地匹配与切分，正确地整合与理解。

五、自下而上与自上而下的交互整合

阅读理解的心理模式有三种。第一种是自下而上的整合模式，它的特点是，先由单词的意义（如蔬菜、市场、缺乏、必要、管理等）加合为词组意义（如蔬菜市场、必要的管理等），继而从词组意义和另外的单词意义"如缺乏"加合为句子意义（如蔬菜市场缺乏必要的管理），再从句子意义跟另外的句子意义加合为句群、段落意义。从低层的加工（如单词意义的确定），顺次到高一层的加工（如词组意义的加合），再到更高一层的加工（如句子意义的加合），逐层地升级和不断地加合。外国学生学习汉语的初始阶段，其阅读理解常常采用这种方式。第二种是自上而下的整合模式，它的特点，不是一个词、一个词地认读，而是选择一些关键词，捕捉一些词组或句子中的主要信息，在头脑中进行快速整合，从而大致地把握作者所要表述的意思。这种模式的优点是速度快，阅读时间比较经济、节省，但对读者的要求较高，必须在扫视的同时，就能通过某些词语、词组或句子，攫取其中的信息，概括出全篇的题旨、观点和中心内容。一般来说，学汉语的外国学生只有到了高年级，才能达到这个水平。第三种是自下而上和自上而下的交互整合模式。它的特点是在词——词组——句子自下而上加工的同时，采取自上而下的方式（即运用句法分析或篇章语境分析）来决定词、词组或句子的意义，从而正确地理解作者所要表述的意思。这种交互整合模式，比较适合于中级汉语水平的外国学生。它可以促使外国学生脱离自下而上地阅读汉语材料的原始状态，也有利于他们向高级的自上而下的整合模式迈进。本课的任教老师，掌握了中级水平学生的阅读特点，较好地利用交互模式，指导学生正确理解课文的意思和内涵。例如，课文中有这么几句话："蔬菜市场的繁荣令人高兴,即使是在北方,一年四季也可以买到新鲜蔬菜。"有的学生抓住了一些名词、动词、形容词的意义,就得出蔬菜市场令人高兴的原因是:市场繁荣;可以买到新鲜蔬菜。他们忽略了"即使……也"用在句子里所包含的意义。教师及时抓住这一对关联词语,让学生体会"即使……也"用在这里的作用。教师的启发令学生深思,他们终于领悟到这句话的内在意思:像北方那样寒冷,不太能长蔬菜的地方,也一年四季都可以买到新鲜蔬菜,那么可以想到其他地方的蔬菜就更多了。虽然最后一句话作者没有明说,是潜台词,但从"即使……也"的句式里可以推导出来。通过句法分析,学生自上而下地又一次整合了几个句子的意思,理解就不再停留在浅层上,而是走向深层了。再如,课文中有这么几句话:"别说农药,即使是化肥,如果人们长期食用,对健康也有影响。"起初,有的学生误解"别说农药"是"不要说农药",似乎跟农药没有关系,但这样理解究竟对不对呢,有点疑惑。别的学生看到句中也用了一个"即使……也",用不到教师再次引导,就领悟到这里也有个强调的作用:即使是化肥,长期食用,对健康也有影响,那么农药的危害人的健康更不用说了。作者的潜台词,通过句法分析就昭然若揭了。这说明阅读理解采用自下而上和自上而下地交互整合的方法比较实用而有效。

　　自上而下的阅读整合模式,比较注重选择句中的关键词,因为它们对句子的意义起着举足轻重的作用。如果阅读时比较疏忽,没有抓住或抓准关键词,没有把关键词的信息整合进去,理解就会打折扣,甚至曲解。而如果抓住、抓准了关键词,把它的信息整合到句子里去,问题就可迎刃而解。例如本课中讨论"蔬菜不合卫生标准的具体原因"时,有的学生回答是"有些农民使用了化肥和农药",这样的回答自然是不完全的,会给人一个误解:好像不应该使用化肥和农药。在教师的启发下,有的学生体会到"超标准"三个字极为重要:根据标准来使用化肥和农药是可以的;超过标准就要影响人的健康。这样理解就比较切合作者的原意。可见关键词可给人以关键信息,是阅读理解、整合语义不可忽视的因素。再如学生读到:"也有些农民使用方法不当,客观上造成了蔬菜含农药量过多的后果",认为"客观上"三个字很关键,说明农民不是有意这么做的。由此联想到上文:"有些农民为了提高产量,增加收入,超标准使用化肥和农药",这种举动乃是主观有意的。把主观和客观的意思整合进去,理解就深入了一步。

六、世界知识的补充整合

阅读理解不仅需要有语言直觉的成分,而且还需要有非语言直觉的成分。语言直觉的成分,指的是作者所写的文字形式(即词语、词组、句子等);非语言直觉的成分,指的是读者积累和储存的世界知识和社会经验。一般作者写作时,很多地方都以"读者具备这样的知识可以读懂"作为前提的,所以下笔行文,常常只把主要的意思和情感流之于笔端,传递给读者,至于其中所包藏的许多有关的知识和经验,往往把它们作为潜台词或是不言而喻的事理,浓缩于简练的文字之中,让读者自己去体验和猜测。因而读者阅读作者的文章,仅仅就接触到的文字形式来理解是不够的,许多地方必须赋予或注入自己的世界知识和社会经验,对所接触的文字形式进行补充整合,才能接近和靠拢作者那丰富的思想感情,才能理解和揭示作者的内心世界和真实意图。例如在课文中,作者写到农民超标准使用化肥和农药的事,至于为什么要使用化肥和农药,作者认为这是一般的常识,用不到多花笔墨。但是外国学生在理解时,就产生了该不该使用化肥和农药的问题,必须用自己的世界知识加以论证和补充才能正确理解。在教师的启发下,有一位学生说:"种蔬菜是要肥料的,没有肥料,蔬菜长不好;虫子要吃蔬菜,不用农药和杀虫剂,蔬菜就要被虫子吃光了。"这一段话,凝聚了学生的世界知识和生活经验。正由于这段话的论证和补充,同学们就轻易地、准确地得以理解:根据标准来使用化肥和农药是可以的;超过标准就要影响人的健康。

非语言直觉的成分,还集中体现在图式里。图式是一种知识的表现形式,是从生活经验中抽绎出来的各种带有规律性的结构,包括情节图式、故事图式、事件图式、人物图式、角色图式等等。读者根据图式能联想和再现事件的真实情景,还可对事理和概念进行推论而得以加速理解。本课中,教师也有意引导学生展开想象,利用头脑中已有的图式加深理解文字形式的内涵。例如,课文中有这样几句话:"去年初,某个城市有人食物中毒,据了解是吃了含农药过量的菠菜造成的。"作者认为"食物中毒"是众所周知的事情,所以只简单地写了这四个字,不作任何的解释和说明。而学生接触到这四个字,则必须凭借世界知识和生活经验,勾勒和想象"食物中毒"的具体情景,才能有深刻的理解。在教师的引导和启发下,学生根据头脑中积累和储存的有关"食物中毒"图式,想象出各种"食物中毒"的情况:吃了酸的和发霉的食品,肚子痛;吃了苍蝇吃过的食物,有细菌,拉肚子;蔬菜里有过量的农药,没有洗干净,吃以后呕吐,等等。有这些图式的补充整合,就有助于理解作者举出这个反面实例的用意:强调绿色蔬菜的重要性。

整合心理模式是阅读理解和会话表达最为重要的一种认知形式。它不一定是单独运用的,在整合过程中必然会结合视觉感知模式、听觉感知模式、联想模式等其他心理模式共同协调,交互作用。相关内容可参阅其他有关模式的述说。

附录

热爱绿色(课文节选)

"绿色",本来是指植物的颜色。因为一般叶子的颜色差不多都是绿色的。现在,人们常用"绿色"形容或比喻没有被污染的植物和自然环境。所谓"绿色蔬菜",指的就是没被污染的蔬菜,或者叫"健康蔬菜"。它对化肥、农药的使用及土地、水源、环境都有严格的要求,各项卫生标准也有详细的规定。它的检验方法之一是把上市的菜弄成汁儿,让一批特别敏感的苍蝇食用,然后观察苍蝇的死亡率。这样,就可以知道被检验的蔬菜是不是"绿色"的。目前,北京能生产"绿色蔬菜"的只有两个地方,面积近三千亩,所产蔬菜大部分出口。不过,这种局面不久将会改变,因为生产"绿色蔬菜"是今后的方向。

当前,蔬菜市场的繁荣令人高兴,即使是在北方,一年四季也可以买到各种新鲜蔬菜。然而,喜中也有忧。蔬菜市场缺乏必要的管理,农民与商贩直接交易,蔬菜的卫生标准难以控制。别说农药,即使是化肥,如果人们长期食用,对健康也有影响。有些农民为了提高产量、增加收入,超标准使用化肥和农药。也有些农民使用方法不当,客观上造成了蔬菜含农药量过多的后果。去年初,某个城市有人食物中毒,据了解是吃了含农药过多的菠菜造成的。

相比之下,化肥和农药污染蔬菜的问题还是容易解决的。麻烦的是,自然环境影响蔬菜卫生的问题。一家家工厂将黑乎乎的污水排放进河流,农民用这些水灌溉蔬菜,哪会有"绿色"?一个个烟囱冒着浓烟,污染了空气,将天空变成了一片灰黄。蔬菜生长在这种环境里,哪能有"绿色"?有人说,只要不使用化肥和农药,就可以生产出"绿色蔬菜"。这种看法显然是太乐观了。如果我们不注意保护自然环境,那么大家呼吸着被污染的空气,饮用着被污染的水,食用着被污染的粮食和水果,即使吃的是真正的"绿色蔬菜",又有什么意义呢?

值得欣慰的是,就像那位老人开始注意蔬菜是"绿色"的一样,人们越来越关心自己是否生存在"绿色"的环境中了。工厂建起了污水处理池,烟囱里冒出的浓烟也渐渐变淡变白了。在我们的周围,树木花草在不知不觉中多了起来。清晨或是雨后,那满眼的"绿色"是多么迷人呀!

绿色,这是生命的象征,是人间最美丽的颜色,是人类最宝贵的财富。我们应更多地拥有这份财富。

让我们珍惜绿色,保护绿色,热爱绿色吧!

第九章 元认知模式

元认知模式是高于其他认知模式的更为复杂的心理活动。人们在学习语言的过程中,打算运用什么样的认知模式,如何自我调节、监控、评价认知模式的有效功用,以及强化、减弱或改换所采用的认知活动与认知策略,等等,这一切都有赖于元认知模式的作用。

第一节 模式定义和认知过程

一、模式定义

人们对自身的认知活动和认知过程,包括注意、记忆和思维等,进行调节和监控的一种认知模式。

二、认知过程

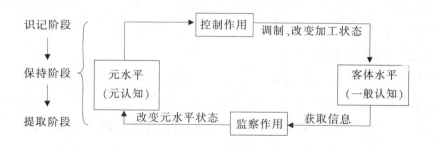

图 9-1 元记忆加工模型[①]

元认知的核心内容是元记忆。了解和控制自己的记忆活动是元认知的特征之一。人类认知过程可区分为两个水平,即元水平和客体水平。客体水平,

---

[①] 杨治良、郭力平、王沛、陈宁编著 《记忆心理学》,华东师范大学出版社,1999年,第159页。

指对客体信息编码、储存和提取的信息加工过程(即一般的认知过程);元水平,指对一般认知活动的认识、评价和监控(即对认知的认知过程)。这两种水平各具自己的特点而又相互联系。元水平可以调制客体水平的加工状态,开始、继续或终止一项认知活动;也可以促使客体自身的加工过程在确定目标和学习时间分配、选定信息加工类型和加工策略等方面发生变化。元水平还能从客体水平获得信息,形成对客体水平的主观判断和评价,发挥其监察作用。[①] 这两种水平的作用自始至终贯彻在知识的识记、知识的保持以及知识的提取等加工过程之中。具体步骤如下:

(一) 知识的识记阶段

知识识记阶段可分为学习之前和学习过程之中两个阶梯。在学习之前,学习者对要识记的项目(如汉语的存现句),运用元认知的监察作用作出所学知识的难易程度的预见性判断(如存现句跟一般的主谓句不同,学习有一定难度)。元认知的控制作用则体现为选定加工类型(如运用演绎推理同化新句型并调整知识结构)。

在学习过程中,学习者对所学内容应该达到的标准相比较,形成元认知估价(即监察性判断)。如尚未达标(比如对存现句中的表示消失的句子如"马路上不见人影"等掌握较差),则由元认知的控制作用决定继续学习和学习时间的分配,并从长时记忆储存的元认知中选择合适的认知策略(如用归纳思维)来进行学习,直至达标,将习得项目储存下来,才终止学习。[②]

(二) 知识保持阶段

这个阶段,元认知的活动是保持前面已习得的知识。识记阶段所获得的知识,未必都能巩固,也就是说有一部分知识信息进入到了长时记忆,而还有一些知识信息(比如较难学的部分)尚留存在短时记忆之中正趋于消退或消失。即使刚进入到长时记忆的知识,在巩固过程中,也会因受到干扰而被遗忘。[③] 此时,学习者必须对自己的认知情况和遗忘度有个清晰的估价,利用元认知监察去决策,确定再学习的程度(如再认频率和重复练习时间),以保证识记的知识

[①] 杨治良、郭力平、王沛、陈宁编著《记忆心理学》,第159页。
[②] 同上书,160—161页。
[③] 同上书,第161页。

全部进入长时记忆,并得以保存。

这种元认知监察,主要是测定学习标准中规定的掌握程度(如存现句要掌握存在、出现和消失三类句子)与已经达到的掌握程度(如只掌握存在和出现两类句子)之间的差距;并以此差距为根据去控制和决定学习的策略(运用比较和归纳)以及重复学习时间的分配(占用课堂时间还是课外自学)。

(三) 知识提取阶段

元认知对提取的快速开始和快速终止起着重要作用。[①] 这种快速的提取跟对知识的"熟悉感"(或叫"知晓感")极有关系。如果学习者对要求回答的某种知识(如存现句)具有"知晓感",则会很快作出开始搜寻的决定,而且这种"知晓感"往往先于回忆出现,比真实的回忆出答案要快得多(如脱口说出"前面驶来一辆车"、"车棚里停放着许多车辆",不用去回忆存现句公式"地方＋动词＋存现宾语"然后产生句子);如果学习者对要求回忆的答案缺乏"知晓感",就会迅速作出不能回忆的决定,提取过程也会很快终止。[②]

在提取的搜寻过程中,元认知也起着指导作用。搜寻提取成功,就能作出正确的回答;如果搜寻失败,是否继续搜寻下去还是不再继续搜寻,取决于学习者对有关知识的"知晓感"的强弱。"知晓感"强的,则元认知监察会要求继续搜寻;"知晓感"弱的,元认知监察会要求终止搜寻过程,从而作出不知答案的输出。

元认知的监察和控制是交互影响的。监察是控制的基础,而控制的进行有助于实现更为有效的监察。

[①][②] 杨治良、郭力平、王沛、陈宁编著 《记忆心理学》(第二版),1999年,第161页。

第二节　元认知模式的认知原理

一、元认知的知识

元认知是对认知的认知。元认知知识包括一般思维加工的知识（如关于问题性质类型和策略的知识）、对自己认知加工能力的认识（如自己的认知实力和弱点）和控制（如克服自己弱点和发扬自己长处）以及对加工进行评定（如解决问题的进展）的知识。

二、敏度和变量

元认知具有监控作用，即学习者积极而自觉地对自己的认知活动进行监视、控制和调节。它包括制定学习计划、控制学习认知活动、检查学习效果、采取补救措施等。元认知是元记忆的更为宽泛的概念，可以说，元记忆是元认知的核心内容。元记忆可划分为"敏度"和"变量"两个主要类别。"敏度"是指学习者对运用记忆策略的敏感程度（如什么情况下该采用什么样的策略），是学习者对自己记忆活动的监控能力。"变量"是指影响记忆活动的诸种因素的了解，包括个人变量（如个人的知识经验、记忆容量、情绪、动机以及智力等）、任务变量（如材料的类似性、长度、有意义性及呈现的时间等）、策略变量（所有可用来帮助记忆的策略）等[1]。元认知（即元记忆）的运行是否有效，很大程度上决定于"敏度"和"变量"方面的差异和变化。

三、元记忆的作用

元记忆主要是对认知过程的监视和控制。这种监控主要由长时记忆中的程序性知识从中起着作用。程序性知识是一切认知活动的积极动因，它具有直接指导认知加工的两种作用：一种是监视作用，它监视和评价着正在进行的认

---

[1] 杨治良、郭力平、王沛、陈宁编著 《记忆心理学》，华东师范大学出版社，1999年，第156页。

知活动,包括对回忆、再认得到的答案作正确与否的自信判断,和对目前识记项目的难易度以及日后测验成绩的好坏的预见性判断等;一种是控制作用,它调整着认知活动过程(如加快或放慢进度,确定重新学习的内容),重新分配注意力(如时间的安排和分配),选择适当的策略(如整理笔记、划重点、加大练习量)等①。

四、元理解的作用

元认知除了元记忆外,还有元理解和元学习等。元理解是指主体对自身的阅读(或听力)理解活动及其有关的各种主客观因素的认知、监控和调节。它由元理解知识和元理解监控构成。元理解知识包括学习者对影响阅读(或听力)理解活动的个体因素(如自己学习的习惯和特点,自己学习的水平和程度等)、材料(如深浅难易、文体知识等)和任务(如是了解还是掌握,是精读还是浏览等)因素,以及策略因素(如抓关键性词语和连接性词语、跳跃文字障碍等)的知识。元理解监控是指学习者为了达到理解的目的,根据材料特点、个人特点以及课题要求而相应地指定计划,选择和采取有效的策略,并不断对当前的理解活动进行调节(如修正计划、采取补救措施等)的过程。

五、元学习的作用

元学习主要指学习者对其所从事的学习活动进行自我调节和控制的能力。学习活动前的自我监控,包括计划性(安排学习内容,考虑如何学,分配学习时间等)和准备性(准备学习用品,创设学习环境,调节情绪和精力等);学习活动中的自我监控,包括意识性(明确学习目标、对象和任务)、方法性(讲究策略、采取合适的学习方法等)、执行性(排除干扰,执行学习计划);学习活动后的自我监控,包括反馈性(自我检查、反馈和评价等)、补救性(对学习的薄弱环节采取补救性措施)、总结性(总结学习的经验和教训等)。

---

① 杨治良、郭力平、王沛、陈宁编著 《记忆心理学》,华东师范大学出版社,1999年,第157页。

六、元认知的培养

元认知是可以通过训练加以培养的。培养的目的是帮助人们更有效的管理自己的认知资源,改进其元认知技能。这里涉及教人们对面临的任务进行计划、检查、测试和调节控制自己的认知活动,教人们善于将问题解决策略与在什么条件下运用哪些策略结合起来考虑,帮助人们意识到自己具有与问题解决有关的知识,等等。

第三节 元认知模式在学习中的认知作用

元认知模式在汉语作为外语学习中的认知作用,我们通过分析课堂教学,考察学生的认知过程等手段来加以分析论证。

教学实录9-1

课型:中级汉语听力课

教材:《中级汉语听和说》(李明 白雪林等编 北京语言学院出版社 1990年版)第十四课《各有所好》录音一 你是什么迷

教学对象:日本商务人员中级汉语进修班

教师:吴仁甫老师(上海对外服务有限公司对外教育部)

教学过程:

师:我们先听一遍今天要学的听力材料。听完之后,请大家说说这篇材料说了些什么?

(放录音一遍)

师:从刚才放送的录音中,你听到些什么?

生1:爷爷唱戏。

生2:爸爸下棋听不进话。

生3:妈妈看电视。

生1:我看球赛。

师:大家听了之后,能抓住有关的内容。那么,这篇材料主要说什么?

生(众):……

生4：好像是说，每个人都有自己的事情做。

师：刚才我们一上课就放录音，你们一点心理准备都没有，却能够听懂里面的一些内容，说明你们的听力还不错。如果，我们有点儿准备的话，能够听得更全面，理解得更完整。现在大家把课本打开，把第十四课的文字材料包括引言、生词、重点词语例释，还有练习，阅读一遍。

（全班阅读课文上的文字材料）

师：现在我们再放一遍录音，大家一边听，一边做练习一和练习二。

（学生听第二遍录音，并做练习）

师：好，现在看练习一的正确答案：爸爸——

生3：一看见棋盘手就痒。

师：我——

生2：只要有球就看。

师：爷爷——

生5：一大早到公园唱上一段。

师：妈妈——

生4：一直看到所有的台都"再见"。老师，我是猜的，我不懂什么叫"所有的台都'再见'"。

师：有谁理解，请说说。

生5：电视台的人……呃，主持人，在一天节目放送完以后，常常说：谢谢大家，明天再见。所以这句话的意思就是，所有的电视台节目都结束了。

生4：明白了，原来是这样。

师：对，要不，我们怎么会说"妈妈是个——"

生1：电视迷。

师：练习一，大家都没啥问题。因为我们听第一遍时，已经基本上知道：爷爷、爸爸、妈妈和我喜欢什么。思想上已有准备，因此再听第二遍时，就很容易把人物和他的行为对上号。好，现在看练习二的正确答案。1、爷爷每天到公园里唱戏，是因为——

生1：是A，有几个老观众。

生3：不，是B，溜达完没事做。

生2：我认为是C，爱好。

师：现在有三种答案，哪一种正确呢？

生5：答案里A、B、C这三句话，听力材料里都有，但我觉得"C、爱好"最合适。

师：为什么？理由呢？

生5：课文中说：爱好到了着迷的程度，就变成了"什么迷"。这篇课文说的就是"各有所好"，听力的题目是：你是什么迷。爷爷既然是戏迷，他唱京戏的原因，应该是"爱好"。

师：这位同学能够紧紧抓住文字材料所提供的信息，进行推论，所以得到了正确的答案。我让大家听第二遍前阅读文字材料的用意，就是要求大家利用文字信息来理解听到的内容。好，看下面的题目：爸爸下棋的时候，跟他说什么都白说。是因为——

生2：是A，他根本没听进去。

生1：我也觉得是A，可是D，他不想听。好像也对！

生4：但是我听的时候，好像没听到录音里说：爸爸不想听呀！

师：对，练习是要我们根据录音内容，去选择最恰当答案。虽然从练习的表面看，选D似乎也对，但不符合录音内容。所以我们做听力练习，必须看清题目要求。好，现在再看下面的题目：妈妈不喜欢看电视连续剧。是因为——

生3：D，总也不知道结果，看起来着急。

生2：我也认为是D。录音中有这句话。

生4：录音中有好几句话，我也来不及记住。但是因为妈妈是电视迷，要看到"所有的台'再见'"，那么他看电视不会觉得累，不会是A。她什么电视都想看，不会觉得没意思，也不会是B。而且……而且她那么有兴趣看电视，有兴趣，不会嫌它瞎编，所以也不会是C。唯一的，唯一的她不喜欢的理由，就只有D了。

师：你用的是排除法，四个答案中排除了三个，剩下的常常是正确的答案。我们在听录音过程中，不可能记住那么多的原话，有时候也只能依靠排除来推断。这也是听力理解的一个好策略。现在看下面的题目：我觉得天底下最不幸的事就是两场精彩的球赛碰到一起了。为什么？

生4：是C，你只能看一场。其他三个答案都不合理。

师：为什么？

生4：A球迷打架跟两场球赛在一起没关系。B哪一场好，哪一场不好跟不幸也没关系。D两场都看不到跟两场球赛碰到一起也没什么关系。最感到可惜的是：C只能看到一场。

师：对，题目和答案是否符合，要看合不合情理。也就是说，要看生活本身的逻辑是否合理。所以听力理解是否准确，需要还需要你们的生活知识和生活经验去判断和确定。

好，第三道练习，是根据录音内容，回答问题。有的可以从录音中摘取一句话；有的要根据录音内容自己概括。因为隔的时间长了，录音的内容和句子可能有的已经忘了。我们再听一遍。听之前，大家把题目再仔细读一遍。

（放第三遍录音）

师：第一个小题：爷爷是个什么迷？他每天一大早起床干什么？

生2：是戏迷。他一大早起床到公园里溜达。

生4：爷爷是戏迷，所以他到公园里是唱上一段。

师：很好。爷爷到公园溜达，是顺便的事情。主要目的是唱一段京戏。我们边听边理解时，要注意内容的因果关系。第二个小题：为什么说爸爸是个棋迷？

生1：一看见棋，手就痒。

生3：下起棋来跟他说什么都白说。

生5：下棋时，什么事都搁在脑后。

师：能不能再说得好点儿，归纳得好点儿？

生3：爸爸一看见棋就手痒，而且下起棋来注意力只在棋上。

师：说得很好。我们看语料中常会有很多具体的描写，如果题目要求的是细节，就要注意这些描写；如果题目要求的是说明原因，那就要从具体的描写中归纳出其中主要的意思。看第三小题：妈妈有什么特殊的爱好？她对电视节目有没有选择？

生2：妈妈是电视迷。她对电视节目没有选择。

师：如果这个题目改成：为什么说妈妈对电视节目没有选择？怎么回答？

生4：因为妈妈每天晚上从新闻联播一直看到所有的台都"再见"为止。

师：这就是细节题目，要求回答有关的细节动作或细节描写。再看第四小题：我爱球爱到什么程度？

生5：不管什么球赛都要看。有一场精彩的球赛看不到就觉得最不幸。

师：回答得很好。你已经把细节描写也紧缩过了。这样回答就很集中。下面我们打开文本，边看边听，自己检查和回忆一下，在听一、二、三遍时，哪些地方没听准确或没听明白的。

（放第四遍录音）

生2：第一句话：我家有四口人，我听成了：四个人。G和k的不同，还听不清。

生5：第二段里：到公园里溜达一圈儿，"一圈儿"我其实没听清楚，是糊……模，……模糊的，跳过去的。

生3："你还别说"这句话，我也是模糊的。虽然看词语例释时知道了它的意思，但听的时候，还是不太明白的，总觉得是"不要去说"的意思。

生4：大概口语里的"可不是！"，听听好像是否定，其实是肯定。

师：口语里这种回应的话很多，只要我们多听多说，就能掌握的。

生1：介绍妈妈的那段话，听前两遍的时候，我不清楚：怎么一会儿说妈妈喜欢看电视；一会儿又说不喜欢看电视。后来做练习时才知道这段话的意思。

生5：最后一段中的大球、小球，是不是从球的大小来分的。篮球、足球、排球是大球吧，乒乓球、羽毛球、棒球大概是小球吧。

师：对，是这个意思。好，大家对着文本又听了一遍，检查了自己听力中的问题。也找出了听不明白的原因。这样，在以后的听力课中，可以针对自己听力中的薄弱环节，就是不够的地方多注意、多练习，就能得到提高。

好，现在我们休息一会儿。

元认知模式是对于"认知"的认知，它自始至终存在于人们的学习活动中。听说读写，无处没有元认知的影子和踪迹。可以这么说，对外汉语教学的成功，或者说外国学生学好汉语，很多地方取决于元认知的作用和影响。这一堂课的学习者——日本商务人员，因为公司对他们有通过汉语水平考试至少六级的要求,所以他们对听力有比较高的自我要求。本课从听力的一个侧面,较好地反映了元认知模式在其中的预测、监控与评估作用。

一、自觉或半自觉地运用元认知模式

对外汉语教学的对象多数是成年人,他们有着学习母语、学习专业、学习外语的经验。这些经验随着他们学习活动的深入,已经上升为元认知知识、元认知体验和元认知监控。例如对自身汉语基础的了解,对接受汉语能力的估价,对学习汉语的策略和方法的选用,对汉语特点的认识,对学习外语的兴奋和焦虑等的情感体验,对学习汉语的计划、控制、检查和补救等等,在汉语学习的进程中,他们或多或少、不同程度地发挥着促进汉语听说读写知识和技能发展的指导与调节作用。这实际上已经是在运用元认知模式于具体的汉语学习活动之中。只是由于每个学生的元认知水平与使用元认知的能力不完全一样,所以他们的表现也不一,有的比较自觉,既有元认知的学习意识,又有元认知的监控活动;有的可能是半自觉性的,只凭着以往的学习经验来进行汉语学习,缺少主动监控的意识和施为。但可以说没有哪一位成年的外国学生,只是听凭教师的指挥和布置,自己完全处于被动状态而一点元认知模式都不应用的。因为经验的东西,不管是自觉还是不自觉,总会在学习活动中渗透进来,不断地在起着指导自己学习、监察和评估自己学习的作用,只是有的学生在这方面的主观意识较弱而已。这堂课,一定程度上反映了外国学生在听力课上运用元认知的表现和情况。听第一遍录音时,尽管有点突然袭击,毫无思想准备,但是外国学生以往的听力经验,诸如对听觉所感知的语音流的词语切分、汉语的语感、汉语的句法分析与句子的语义分析等等仍然在元认知模式的指导和监控下正常地进行着、运作着。因此,大多数学生都能粗粗地了解录音材料的大意。听第二遍录音,由于阅读了引言、生词、词语例释、练习等材料,外国学生则更能运用元认知模式,凭借视觉所感知的文字信息来监控自己的听觉和理解,从而更多地获取录音材料中的关键语句和重要细节。听第三遍录音,学生们已完全自觉地运用元认知模式,控制自己的听觉感知和把注意力集中到练习题目的要求上,因此,听的效果特别好。例如,在回答"爷爷一大早起床干什么"的题目时,有的回答:到公园里溜达;有的学生马上进行纠正:不是到公园溜达,而是到公园唱上一段。这就是学生自觉运用元认知监控的结果。由于元认知的作用,即使题目要求学生用自己的话语来归纳或概括,也不怎么费力。例如,有学生把"下起棋来跟他说什么都白说"、"下棋时什么事都搁在脑后"这两句话,很轻松地、不费什么思索地概括成:下起棋来注意力只在棋上。这可以说是元认知模式的威力在听力学习中的具体反映。

二、在教学过程中培养元认知意识和能力

元认知能力是可以通过训练加以培养的。本科的执教教师正是出于这个目的而安排和部署了这一堂课的教学步骤和教学活动。具体说来,这堂课有以下几个特点。

(一) 粗听和细听的对比

教师有意安排学生先无准备地粗听一遍,然后引导学生阅读或浏览文字资料,进行有准备的细听。无准备的粗听,只能了解录音的大概或抓住一鳞半爪的信息;而有准备的细听能够较全面、较具体地理解录音内容,乃至细节。两相对照所听的效果,让学生体会听前的计划和准备有助于进行预期和猜测,对提高听力理解的重要意义;并进而意识到如何充分利用录音材料的文化背景和文字信息,使从未接触过的或者不太熟悉的语料,带上一层"知晓感",提高识别和记忆的"敏度",从而有效地进行提取,正确地完成练习或回答问题。通过粗听和细听的对比,外国学生很自然地增强了元认知意识,在以后的听力训练中,对于运用元认知模式,可能化为自觉的行动。

(二) 答题策略的选用

完成练习或回答题目是听力理解的外显反映。其内隐心理活动是外国学生把听录音过程中所获取的声音信息与事先视觉所感知的文字信息结合起来进行整合和理解,并针对题目的要求,从记忆中提取与之相对应或相匹配的词语或句子,斟酌和决定正确答案。但是,录音的音响稍纵即逝,只有其中一些印象较深的信息残存于头脑。因此,练习和答案不能完全依靠记忆,必须运用一些有效的策略来帮助回忆和判断。根据本课的记载,外国学生在答题过程中实际上也是选用一些策略来帮助判断的,而不是单纯地去追忆或回溯。有的学生采用了排除法,看四个答案项的可能性与不可能性,例如:

生 4：录音中有好几句话，我也来不及记住。但是因为妈妈是电视迷，要看到"所有的台'再见'"，那么他看电视不会觉得累，不会是 A。她什么电视都想看，不会觉得没意思，也不会是 B。而且……而且她那么有兴趣看电视，有兴趣，不会嫌它瞎编，所以也不会是 C。唯一的，唯一的她不喜欢的理由，就只有 D 了。

有的学生采用了逻辑推断法，看四个答案项是合乎情理还是不合情理，例如：

生 4：是 C，你只能看一场。其他三个答案都不合理。

师：为什么？

生 4：A. 球迷打架跟两场球赛在一起没关系。B. 哪一场好，哪一场不好跟不幸也没关系。D. 两场都看不到跟两场球赛碰到一起也没什么关系。最感到可惜的是：C. 只能看到一场。

教师在旁边加以点评和归纳，指明听力答题无论是用排除法还是逻辑推断法，以及其他什么策略方法，都是以自己的世界知识和生活经验作为预期或判别的基础和前提的。这是有意让学生体会听录音和答题时选择有效策略和运用知识和经验的重要性。以此启发学生的元认知意识，加强他们在听力练习中选用学习策略和调动知识与经验进行元认知监视和评价的自觉性。

(三) 开展自我评估

听力课，教师放录音，学生听录音，学生很容易处于被动地位，任凭教师摆布，听过、回答过，就算完成了一课，不去总结和提高。因此，听力课更需要学生的元认知意识和施为。本课教师，善于抓住教学的每一个环节进行元认知意识和元认知能力的培养，不仅引导学生做好听前的准备，重视听时的策略选用，而且听后还组织学生对照听力文本开展自我监察和评估。有的学生发现自己听音上存在的问题（如将"四口人"误听为"四个人"，声母 g, k 分辨不清），有的学生觉察到自己有些地方是含糊、跳跃过去的（如"溜达一圈儿"中的"一圈儿"），有的学生感到有些口语词语（如"你还别说"）听起来比较耳生，不能迅速反应过来。外国学生通过自我评估，找到了自己听力中的差距和薄弱环节，就能在以后的听力课上去加强和补救。这实际上是在培养学生运用元认知进行学习的好习惯。

附:课文

录音1 你是什么迷?

"迷"有很多种,因为爱好有很多种。有的人非常爱跳舞,爱到了着迷的程度,就变成了"舞迷"。同样,还有影迷、戏迷、球迷、书迷、棋迷、画迷……等等,这里我们向大家介绍四个"迷"。(听录音,文本附后)

生词

1. 各有所好　　　　gè yǒu suǒ hào　　　　(英译、日译略)
2. ……迷　　　　　… mí
3. 着迷　　　　　　zháomí
4. 溜达　　　　　　liūda
5. 棋盘　　　　　　qípán
6. 痒　　　　　　　yǎng
7. 搁　　　　　　　gē
8. 电视(连续剧)　　diànshì(liánxùjù)

重点词语例释

一、你还别说,……

当某种想法、看法、说法被证实了时,常用"你还别说"。例如:

(1) 人们都说小王的舞跳得好,你还别说,是够好的。
(2) 你还别说,小王的画儿画的就是不错。

二、一看见棋盘手就痒(就手痒)。

表示一看到与自己的爱好有关的事物,就想去做、去动、去参与。例如:

(1) 他呀,一看见扑克手就痒。
(2) 他太爱打乒乓球了,一看见球拍手就痒。

三、一下起棋来,什么事都搁在脑后。

表示专心做某事,专心到对其他所有的事情都不管不顾或忘记的程度。常用贬义。例如:

(1) 他一看起书来,什么都忘了。
(2) 年轻人一谈起恋爱,什么都不顾了。

四、天底下最不幸的事就是两场精彩的球赛碰到一起了,……

"天底下"也就是"世界上"。例如:

（1）小王觉得他是天底下最幸福的人了。

（2）小李认为天底下最大的享受就是睡觉。

练习

一、根据录音内容,将人物与相应的行为用线连起来：

爸爸　　　　　　一大早到公园唱上一段

我　　　　　　　一只看到所有的台都"再见"

爷爷　　　　　　只要有球就看

妈妈　　　　　　一看见棋盘手就痒

二、根据录音内容,选择最恰当的答案：

1. 爷爷每天到公园里唱戏。是因为_____

　　A. 有几个老听众　　B. 溜达完没事做

　　C. 爱好　　　　　　D. 想挣钱

2. 爸爸下棋的时候,跟他说什么都白说。是因为

　　A. 他根本没听进去　B. 他的耳朵不好使

　　C. 下棋时周围太吵　D. 他不想听

3. 他妈妈不喜欢看电视连续剧。是因为

　　A. 嫌时间太长,看起来累　B. 她觉得没意思

　　C. 她认为那都是瞎编的　　D. 总也不知道结果,看起来着急

4. 我觉得天底下最不幸的事就是两场精彩的球赛碰到一起了,为什么？

　　A. 球迷会打起来　　B. 不知道哪一场好,哪一场不好

　　C. 你只能看一场　　D. 两场都看不到

三、根据录音内容,回答问题：

1. 爷爷是个什么迷？他每天一大早起床干什么？

2. 为什么说爸爸是个棋迷？

3. 妈妈有什么特殊的爱好？她对电视节目有没有选择？

4. "我"爱球爱到什么程度？

5. 你是什么迷？

听力文本

你是什么迷

我家有四口人,有四个"迷"。

我爷爷是个戏"迷",他喜欢看京戏,也喜欢唱京戏。他每天早晨一大早就起床,到公园里溜达一圈儿,再唱上一段。你还别说,他还真有几个老听众呢。

我爸爸是个棋迷,一看见棋盘手就痒。一下起棋来,什么事都搁在脑后,这时候跟他说什么都白说,因为他根本就没有听进去,也许根本就没有听到吧。

我妈妈是个电视迷,每天晚上从新闻联播看起,一直看到所有的台都"再见"为止。不过,妈妈不喜欢看电视连续剧,因为总也不知道结果,看起来着急。

我是个球迷,不管大球、小球,只要有球赛就看。我觉得天底下最不幸的事就是两场精彩的球赛碰到一起了,你只能看一场。你是否也有同感?

教学实录9-2

课型:汉语写作课

教材:教师自选

教学对象:来华留学生(汉语言本科)一年级日本、韩国、泰国、印尼学生

教学过程:

(上节课要求学生就学习汉语的方法准备一篇短文,作为本堂课的铺垫。本堂课上要求学生就准备好的内容依次发言,在一位同学发言的同时,其他同学做好记录,课后再整理成短文,即进行教学大纲要求的"听后写"的练习。)

师:我们今天要做一个"听后写"的练习,请一个同学说,然后别的同学试试看可不可以把他说的内容记下来,只要记录主要意思。请说的同学速度慢一点,不要太快,也不要照着念。大家回家以后把记下来的东西整理一下,最后把本子交给老师,我来批改一下。现在我们就开始,三代,你先来。

生1:可以看本子吗?

师:可以。你要尽量像说话一样把它讲出来,不要一句一句读,稍微慢一点。其他同学准备好笔和纸,用不到把每个字记下来,记主要的意思。这个也要练习一下的。先说一下你的题目。

生1:题目是"我的学习方法"。现在我介绍我的学习方法,我原来就喜欢看电视,看电影,所以我现在学习汉语也每天看中文电视。看电视时,我拿本子和笔,一边听,一边把不认识的字记下来,看完了,就查一下。看电影也一样。在路上,在街道,碰到不认识的字很多很多,也记下

来,回去查字典。还有出去玩的话,坐公交车,坐地铁,可以听到很多中国人说话,有听不清的单词,在本子上把音记下来,回去后查字典。这个办法有用,可以增加许多生词。但后来我觉得这些生词要成为自己的,就要去用,所以后来我每天晚上睡觉之前,就看小说,看多了,学过的生词就熟悉得很。小说里面也有很多不认识的词,但是没有关系,我就一直读。有的时候,为了好好了解文章的内容,一边读,一边查字典。

师:那你晚上看小说的时候,字典放在旁边,是碰到不认识的字就查,还是有时候查,有时候不查?不查的时候,如果不知道意思怎么办?

生1:小说有故事,新的生词与熟悉的词语在一起,可以大概知道个意思。我觉得熟悉的词语可以带上新词语,依靠小说的故事,也依靠自己的生活经验,新词语的意思就容易理解。

师:你觉得这个对你有帮助吗?

生1:我觉得可以学习和知道许多词语,阅读能力可以提高,造句能力也有提高,所以我喜欢读小说。

师:你喜欢中国老的小说,还是现代的小说?

生1:现代的,像《北大散步》。

师:你的生词本里有很多词语,你怎么利用呢?

生1:时间长了,生词本里的词语也就多了,到一定时候,我就整理一下,内容相同,意思接近的,就放在一起。不时地翻阅,记忆,慢慢地把生词本里的词语变成为我头脑中的词语。所以我的阅读能力提高较快。对我来说,写和读的方面比较好一点,听和说的方面真的很不好。所以有的时候我听写,能写汉字的就写汉字,不能写汉字的就写拼音。这样听过以后,可以根据写下来的汉字和拼音,再次回忆和理解。我觉得这个方法好。

师:手耳并用,用书面线索帮助听觉来理解。这是个好方法。听写你听什么呢?是听写录音,还是广播呢,还是别的呢?

生1:我选择有答案的,例如课本的磁带,还有日本的杂志。

师:杂志里面有CD吗?中国人说的?

生1:对,有的时候是有名的人。

师:主持人?

生1:对,还有音乐家。时间不长,常常只有三分钟,但是一种很好的练习。

师:你觉得自己听说不够,所以用这个方法。

生1:是的。

师:大家记得下来吗?三代的方法很好。

生(众):可以。

师:好,第二位。

生2:我学习的方法没有特别的,我只是多读多写,我觉得比较有用,有提高。但是我不能做到多听。我学习汉语的缺点是不看中国电视,又没有中国朋友说话,只是上课的时候听老师的讲话。我现在学习课本的内容,还觉得时间不够,所以没有特别的方法。学习课文的生词,不是马上要忘记吗,所以我得读呀写呀,比别的同学更加努力。我学习课文,就是学了又学,反复学,多读多写,习惯了课文的词语和句子,就可以知道课文,理解内容。

师:很多次反复,反复的时候你一直在想课文的内容。

生2:是的。很多次的反复,不太懂的词语就慢慢地懂了。刚来中国的时候,很多人打招呼,说"你好",我觉得很奇怪,我觉得是"你很好的人"的意思。为什么要这样说"你好"呢?但是现在习惯了,听到"你好"就一点也不奇怪了。(大家笑)我觉得现在要克服我听得少的缺点,我相信多读多写能够提高阅读,多听也一定能够提高听的能力。

师:你的方法也很好,你是反复看,反复读,读的时候就在想课文的内容,通过这个方法来理解,由此,你把这个方法用到听力上,相信你也会有效果的。你来本科班后,学习上有没有改变?

生2:有。以前只是反复地学,没有什么计划。上了本科,我觉得这样学不够,所以每个月我都有一个学习计划:每天学习多少生词,多少句子,反复看多少篇课文,听多少时间,一个月后能提高多少,心中有一个目标。

师:如果达不到这个目标呢?

生2:所以我的学习计划是每月订一次,达不到目标,下个月的学习计划、学习要求就低一点。

师：经常调整你的学习计划。

生2：对，调整。不过，一定要努力去达到。有了学习计划，我就能学习得更好。

师：你的方法很好，学习很有自觉性。大家有什么问题，一个同学讲完了后，大家可以提问，没有的话，下个同学。

生3：我学习的方法，是经常抄书本中的课文，抄比较好的内容。另外就是听歌，我喜欢把歌曲（师：歌词）抄在课文上，然后学怎么读。还有就是看电视，学电视里的讲话，他讲什么，我就学着讲什么。有的时候很有趣，会搞出很大的笑话来。

师：你搞出很大的笑话来？

生3：因为电视里的人说得很快，我跟不上，所以大家看到我学说的样子很奇怪。我们印尼有一段时间中文的书比较难找到，能够找到一本的话，我们会觉得很高兴，每天抄。对我来说，学汉语的方法就是反复抄写，反复读。还有就是跟家里的人说话。

师：你们家里的人说方言还是普通话？

生3：我们家里的人说闽南语，但是我们以前有三户住在一个家，有很多小孩子，都在学习汉语，所以我们自己一起学习说话，大家很兴奋，都不想输给别人。这种竞争，对我们也有帮助。还有，老师会把我们的分数拿出来比较，所以我们必须努力学习，不可以输。

师：老师用竞争的方法来鼓励你们。

生3：有时候老师念写得好的文章，那时候写文章很少，比较多的是造句，老师会读造得好的句子。我们会想，哇，为什么他的句子那么好，要向他学习。老师的方法也是很不错，因为他让我们有竞争的心来学习。

师：你们老师很会想办法，让你们互相竞争。

生3：老师有时候也很严格，如果我们不会的话，他会一直问你：为什么不会？问到你害羞了，所以我们都好好学习。我学习的方法是抄写，听写，学习唱歌，学习讲话。

师：不错不错，这也是要下很多的功夫，抄写，听写。

生3：重复听，一直抄。这篇你听写过了，过了段时间，再从头抄，因为我们写过的东西，有时候会忘记，所以一遍一遍抄，抄了很多遍。那是以前的,现在抄得少了。

师:现在不抄了? 现在要抄的东西太多了,来这里学习的话,你来不及抄的。

生3:现在学习的东西太多了,来不及抄写,学习方法也要变一变。不过,我还是比较喜欢抄写,不能抄写全部学习的东西,就抄写生词和有意思的句子,经常翻翻读读。时间长了,好像头脑里的中文词语和句子也多了,我比以前喜欢说话了,说起来也流利了。

师:你经常改变你的学习方法吗?

生3:是的。我学习了一段时间,就要看一看这个阶段进步快不快,有没有提高,跟同班的同学差在什么地方。我会去问进步快的同学,用他们的学习方法来改进自己的学习。以前我的学习比较呆板,总是抄呀抄的,花的时间多,效果不太好。现在我也跟其他同学一样,多看电视,多跟人家讲话,这样,听说的进步也比较快了。

师:学习同学的好的学习方法来改进自己的学习,取长补短,这是个很好的办法。

生4:我学习的方法和三代差不多。我刚学中文的时候,有人说学中文很难,没有意思。我是一个很懒的学生,不喜欢背书,但是我的老师告诉我,如果你是不太努力的学生的话,你就先听歌,然后看报纸。我就照着老师的话去做。我听的第一首歌是王力宏的《我和你》,虽然他的歌比较长,也有很多生词,但是没关系,因为他长得帅,我比较喜欢,所以会努力去学。我每天晚上不停地听,他的音乐和泰国的音乐相似得很。但是那时候我不知道这首歌是什么意思,只是觉得音乐很好听。过了两三个星期吧,我不满足于歌的曲调和音乐,于是我就跟妈妈说,现在我决定开始学中文了,因为我想学他的歌。

师:你是怎么学习的呢?

生4:我先读拼音,然后学汉字,记住歌词中每个字的意思。过了一段时间,我又不满足于听歌和唱歌了,我还想看。后来我就开始看中国的电视剧,我先看现代的电视剧,因为生词可能比较简单。我刚开始看的时候,我先看台湾的,因为我觉得他们讲得比较标准,讲得比较慢,我就每天都看,不管听得懂还是听不懂,我也每天都得看,一直这么做。

师:这样学习的效果怎样?

生4:后来我就觉得我的中文越来越好,我越来越喜欢中文。我的方法就是听歌啊,查生词啊,看电视剧啊,看电影啊,有时还看看中文报纸,我被这些吸引住了。现在我觉得中文不是那么难,只是要坚持下去,努力学习,我会成功,如果大家觉得这个方法不错的话,可以试试看。

师:有兴趣也是学好中文的因素。有了兴趣就会去看中文的报纸和电视、电影,就会去听中文歌、中文广播,就会找机会说中文,不断地改换自己的学习方法。大家有什么要问的?没有吗?那么下一个。

生5:学习中文对我来说,不是那么简单的事情,因为年纪越大,记忆越差。而且我有个孩子。我先学习中国歌,五个歌。

师:好像学歌很吸引大家的注意,学了五个歌,五个什么歌?

生5:《甜蜜蜜》《月亮代表我的心》《小薇》等,中国歌里有很多很漂亮的文章,我觉得很美,很有意思。然后呢,我和孩子一起看中国的动画片。我在韩国的时候,喜欢看动画片,跟孩子一起看动画片的时候,简单的话,就跟着一齐说,看完以后跟孩子一起玩,就模仿动画片里面的对话,因为孩子们要学中文,我也要学中文,这个办法很有效果。

师:所以孩子很喜欢你这个妈妈,因为跟他们一起看电视,还跟他们一起玩,不错,你也从中学了中文了。

生5:还有一个方法,我想找中国朋友,但是找跟我差不多年纪的中国女人,很难,因为她们几乎都去上班,所以我找的是会普通话的保姆。她中学毕业,普通话说得很好。开始的时候,我的中文水平很差,我准备了两本词典,《韩中词典》、《中韩词典》。我利用《韩中词典》把韩语词语对译成中文词语,她利用《中韩词典》把中文词语对译为韩语词语,我们两个就这样用词典帮助说话。后来,可以不用词典,我们说简单的话来沟通。然后呢,时间越长,说话的内容越丰富多彩,除了经济,政治,有的时候,家庭生活,孩子的学习方法,逛街的事情都可以说。

师:利用词典进行交谈,慢慢脱开自己的母语,直接用中文来思想和说话,这是符合学习规律的。

生5:还有一个办法是,我的宗教是基督教,《圣经》的内容我全知道,所以我用翻译成中文的《圣经》来学习中文,这个又有意思,又有帮助,因为有很多不认识的字，一边查字典，一边看。

师：这也是个方法，因为《圣经》的内容、故事已经知道了，反过来认识中文就比较容易。

生5：我认为最有效果的方法是看动画片。

师：因为动画片句子短，很正确，很清楚。

生5：是的，还有流行的单词也很多，学习了这些单词，听中文，说中文，读中文，都很有用。你们也去试一试吧！我觉得不错！

师：恩，可以试一试，有的动画片是很有意思的，不只是小孩子喜欢看，大人也喜欢看，老师有时间的话也喜欢看。我喜欢看《樱桃小丸子》，就是那个日本的小女孩，因为那个时候我的孩子在那里看，那个时候正好是我做晚饭的时间，有时候走来走去看到，真的很KAWAYI(可爱)。不过孩子看的是中文的，如果是日文的，还可以学习日语，因为她说得很清楚，好，下一位。

生6：我学习汉语的方法是老师让我们背一本书。考试的时候背一本书全部的内容，就是我们上课的课文。

师：上中文课用的课本？

生6：对。毕业的时候，我背了五本书，可是毕业以后我全忘记了，只有词语和句子还有印象。

师：你在哪里背的？你学的是中文系吗？

生6：我在韩国背的。我读的是"观光中文系"。

师：旅游观光，旅游中文系。

生6：对。一边学观光，一边学中文，说的时间不长。

师：五本书也够背了。

生6：第一次考试的时候，我真不喜欢我们的老师，但是后来我越来越喜欢这个方法了。我的阅读和写作比较好，就是背书打下的基础。学习了几个月，我发现我在听力和口语方面很差，所以我也学习同学们用看电视的方法来提高。

师：能够估计自己在哪方面较差，及时采取弥补措施，这是相当好的学习方法。

生6：现在我每天看电视，刚看的时候完全听不懂，但是还是看，还是努力听,时间长了,现在有点懂了。

师:那么我们上课的时候,没有问题吧,老师讲的你听得懂吗?

生6:听得懂,老师说得慢,说话的词语大部分是我们学习过的。

师:那很好,因为本科要上很多课,听不懂老师讲话,问题就大了。

生7:我是第一次来上课,可以说别的题目吗?

师:可以

生7:介绍我的HSK学习的方法。

师:好,这也是学习的方法。

生7:HSK有四个部分,我学习听力的时候,很喜欢看DVD,看的时候,常常看中文字幕。还有买HSK书的时候,一定要有磁带,听磁带的时候,一直听,不知道没关系,一直听,听五遍、六遍,不知道的单词写在本子上面,然后背诵;碰到听不懂的地方,就和听力比我好的同学一起听,听后互相补充。语法,四个部分中我最喜欢语法,因而四个部分语法成绩最好,语法一定七级以上。

师:那么你怎么得到那么好的成绩呢?

生7:我觉得要用自己的实例和感觉。

师:自己的实例是什么?自己写的句子?比如说——

生7:做语法题,碰到难的题目,我会作些语法分析,哪是主语呀,谓语呀,宾语呀等等;但大多数的情况,是用感觉,一般总是选跟自己头脑中已有的句式和实例一致的、相符合的答案,不选和排除那些跟头脑中已有的语言感觉不相符合的答案。我觉得可以多用自己的感觉做题目,做多了,语法也就好了。

师:哦,你说的意思是用中文语感来做题目。平时,你的中文语感还用在什么地方?

生7:用在造句上比较多。我造句常用感觉来选择词语和排列词语。句子造好了,读两遍,符合头脑里的感觉,就可以认为是正确的句子;不符合的,可能是错句,我就修改。其实,读课文,看小说,听说话,我都会用这种感觉去理解。不理解的地方,是因为没感觉和感觉不好。不过,多听,多读,多看,是能提高这种感觉的。

师:对,语感是可以通过学习、训练培养起来的。

生7：阅读部分，每天读两三段，因为大家都知道超过三段的话，头疼死了。阅读部分单词特别多，所以要多背诵单词；阅读题目不知道的部分也很多，就要多背诵，多读。然后是综合部分，这个也要多背诵单词；别的部分都是选择题，但是综合部分要写，虽然填空里面要写的单词不难，但也要多写才能写对。

师：最后松原吧。

生8：我是用录音机，录自己的话，录自己唱的歌，睡觉的时候听，很好很好。还有每个星期天，去踢足球，有智利人，还有中国人，和他们说汉语，我觉得说话越来越好。还有我喜欢看DVD，我是日本人，所以我去买日本的有中文字幕的DVD。

师：那会不会因为是日文的DVD，你光看剧情了，不注意中文的字幕呢？

生8：哦，不会。还有我有时候去买VCD，在家里唱中文歌。有时候我和朋友去练习唱歌，复习中文。我也看中文的电视，但是看不懂，等星期一、星期三、星期五阿姨来，听不懂的问阿姨。时间长了，我慢慢发现自己说话能力提高了，也能发现自己说话中的错误，及时地纠正。

师：我们交流的每个人的学习方法都很有意思，各有自己的特点。我听说你们在中学的时候要学汉字，是吗？

生6：是自己选的，不是简体字，是繁体字，发音是韩文的发音，是韩语里面用到的汉字，字形是繁体字，但是意思和发音不一样，所以学习中文差不多要重新学习。

师：好，你们回去就整理一下，我看你们听后写的效果怎么样。

这是"谈学习方法"的写作课实录，许多地方涉及元认知模式。尽管学生是才上一年级的本科生，学习汉语尚属起步阶段，但已经有意、无意地在运用元认知模式，监测、控制和调整自己的学习策略和学习方法。具体表现在以下诸方面。

三、脱离初学汉语的原始状态，努力适应新的学习进程

这个班级的学生都是一年级的本科生，他们刚开始学习汉语的动机也许并不相同，但几乎都是由兴趣驱使：他们或者喜欢唱中文歌曲，或者喜爱看中国电

视,或者陪同子女学习中文,或者与中国保姆交流等等,于是萌发了学习中文的愿望。他们开始学习中文的方法,差不多同是一个模式——多接触:多写(抄写歌词、抄写生词、抄写课文),多读(读歌词、读课文),多听(听写中文语料,收视中国电视),多说(与家人和子女共说中文、与中国朋友交谈)。应该说,他们这时候的学习,尚处在低级的原始状态,还停留在"刺激——反应"的机械性的行为主义的层面上。也就是说,通过一遍遍地反复读、反复听、反复写、反复说等简单刺激的重复,把生词、句子、课文内容等等刻印和铭记在大脑的长时记忆中。这些学生升入本科后,原始的学习方式已不适应新的学习内容,无论是客观条件(深而广的学习内容)还是主观因素(急需赶上学习进程),都促使他们采取措施,改进自己的学习策略和学习方法。他们不再是遇到什么就学什么的无意识的随机学习,而是加强了计划性,有主攻方向和具体目标。例如学生 2 每个月都订一个学习计划,诸如每天学多少生词、多少句子,看多少篇课文,听多少时间,一个月后能提高到何种程度,心里有一个具体目标。在学习过程中努力去实践和达标;一个月后进行评估和检讨,根据实际情况,调整和制定下一个月的学习计划。这说明该学生已完全脱离学习的原始状态,尝试用元认知模式来规范和改进自己的汉语学习。他们也不再是简单地抄录生词或查检词典,而是把所抄录的生词有机地串联起来。例如学生 1 到一定阶段把抄录的生词,按照意义的相近或相关,分类整理和归纳,把生词本上的词语化为头脑中的心理词语。这实际上是在元认知模式的指引下有意识地编织心理词汇的意义网络,这网络结得越细密,匹配和提取词语就越容易。这种内隐结构的外显反应,就是提高了阅读和听力的理解能力,提高了造句和说话的能力。他们也不再是不管效果如何而一味地埋头学习,而是及时总结和评估自己的汉语学习成绩和已有的汉语水平,针对实际程度,采取必要的措施:或吸取他人好的学习方法,或加强自己的薄弱环节,或改进原先的学习方式。这些都是元认知模式在起着作用,指导着他们适应新的学习进程。

四、利用知晓感和图式,不断提高阅读能力

对知识的知晓感,是元认知提取知识的核心。人们运用元认知这种神经活动模式从大脑中提取知识,是快速开始还是快速终止,都跟对知识的知晓感有

关。学习者在听说读写过程中提取有关知识,如果知晓度(即熟悉程度)高,提取就能快速开始和进行;反之,如果知晓度低,甚至等于零,提取就困难和缓慢,或者快速终止,或者设法动用另外的手段和措施来弥补。当然,对某种知识的知晓感不是一成不变的,它会随着学习的反复和深入而得以加强和提高;原来没有知晓感的知识,会变化为有知晓感的知识;原来弱性的知晓感会变化为强性的知晓感。例如学生1,尽管其掌握的汉语词语有限,这些词语的熟悉程度(即知晓感)也不一,但他坚持读中文小说,遇到不熟悉的或无知晓感的词语,凭上下词语(即语境)和小说的故事情节来猜测其意思。由于学习者长期积累的生活经验和社会阅历已在头脑中构成各种有一定发展程序的图式(如乘出租车图式就有——招呼、车停、开门入座、告知地名、驱驰、到达、付费、开门下车等程序),因而即使有许多陌生词语夹杂在熟词语中间,也会因图式的作用而得以显示或被猜中(从某种意义上来说,这也是一种提取)其意义。有些生词语的意思实在无法理解或把握不稳,该学生就用查词典的方法来揭示或证实。经过猜测或查阅词典,原来没有知晓感的生词语,成为了弱性知晓感词语,以后在别的语境或小说中再度出现和认定,就能变弱性知晓感为强性知晓感,这些词语就算落户大脑的长时记忆中。循此下去,学习者的词语就会像雪球那样越滚越大,阅读时就能运用元认知模式快速提取具有知晓感的词语,其阅读能力也因此而飞快得到提高。

五、逐步摆脱母语的中介,直接用汉语思维

外国学生的汉语写作和说话,从简单到复杂,从生疏到熟练,从半通不通到流利通顺,都是由元认知的神经活动模式在其中进行监测、控制和调节的结果。这堂课中学生5所说的与保姆利用词典相互沟通、说话的实例,很有典型意义。初学汉语的学生,其头脑中的心理词汇有限,要与中国人说话交流,从头脑里提取恰当的汉语词语有时比较困难;或没有学过相关概念的汉语词语而无从提取;或掌握的汉语词语不牢固,难以反应和提取;或只能提取意义相关而并不十分确切的汉语词语来勉强表达。这时,说话者和听话者如果利用外汉词典和汉外词典来补充和显示自己所要表达或对方所表述的意思,则不失为是一种较好的办法。说它好,是因为在说话中可以把不能或无法提取的关键词,通过词典

的辅助来明示对方,求得彼此意思上的沟通。这实际上是学习者在运用元认知神经活动模式,把母语的概念,通过词典的查阅,检索出相应或相关的中文词语,补足自己表达时词语量的不足,以进行有效的交流。尽管这种交流口、耳、眼齐用,比较复杂和麻烦,且花时花力,但能增加和积累中文词语。最起码,那些查检出的词语,其语音与词义可得以挂钩;有些刺激强的词形,也可能与词义系连起来。一个词语的音、形、义,通过几次的反复,能够在头脑中完整地反映出来,这个词语就应该算是已被掌握,至少有了知晓感(即熟悉程度)或者加强了知晓感,以后需要应用时,提取该词语就不会太费力。当然,利用词典进行交流,是一种相当初级、幼稚的语言行为,学习者不会满足于该种原始的交流状态。学生5与中国保姆的汉语会话,在使用了一段时期的词典交流之后,逐步舍弃了这种交谈方式。她竭力少用或不用词典,尽量提取学习过或接触过的中文词语来进行沟通。这里有两种情况:一种是使用母语句子的框架,填上汉语词;一种是把并不十分对应于母语概念的中文词语,填入汉语句子。这样的语句,中西合璧,在中文语句中带有十分明显的用母语思维的痕迹,似乎有点不伦不类。但它确实在一段时期内成为外国人说汉语的主流。这种语言现象就是所谓的中介语。这是一种不稳定的变化着的语言系统,在学习者元认知神经活动模式的支配和作用下,中介语不断地得到改进和改善,逐步向着标准的汉语接近和靠拢。经过一段时期的语言实践,学生5跟中国保姆的交谈起了质的变化,谈话的语句趋于熟练,谈话的内容比较丰富,可以基本上直接用汉语来思维和说话,因为她能用元认知来控制和监测自己的中文话语。

六、凭借语感的监控,正确表达和快速理解

语言的反复实践,能形成一定的语感。人们进行语言表达和语言理解,并非总是在头脑里对一个个词语进行词义选择,对一句句句子进行语法分析,对一串串话语进行母语转译,然后综合起来进行汉语的表达或理解;大多数的情况是根据语感一步到位,即迅速把接收到的语言形式,按照语言感觉整合为意义而得以理解,或者把头脑中的意念,按照语言感觉迅速组合成为语句来表达。可见,语感在外语学习中的重要意义,不管学习者自己是否意识到,他们总会自觉或不自觉地运用元认知,对自己的言语行为从语感方面进行监控。例如,学

生7在答题、造句、读课文、看小说、听话语等等方面的语言实践活动中,都依靠自己的感觉来衡量、辨选、判断和校正,这种感觉实际上就是语感,即对语言的感性反映。它包含着词与客体或概念的联系和关系;语言本身要素(如语音、词汇、语法、修辞等)之间的联系和关系;不同语言(母语与汉语)之间的联系和关系①。由于学习者元认知神经活动模式的作用,以上几个方面的联系和关系,随着语言的实践,构成了一个巨大而复杂的感性复合体,使人们能够不去意识语言的这样或那样的具体特点而在整体上掌握汉语语言。学生7在汉语学习过程中已深深体会到这一点,他意识到自己是利用和凭借语言感觉来进行语言活动的,凡是不理解或无法表达的地方,正是语言感觉薄弱或缺乏所致。因此,他有意识地(即在元认知的控制和调节之下),通过多听、多读、多看来提高汉语的语感。

七、定时评估,及时改变学习策略

同一个班级的外国学生,在学习汉语的渐进过程中往往会拉开差距:有的进步快速,有的进步缓慢,有的少有进步,其关键就在于能否定时地评估自己的学习情况,检讨自己所运用的学习策略有无不当之处,及时地采取措施,借鉴和吸取他人好的学习经验和方法。例如,学生3经过一段时期的汉语本科学习,发现与同班同学有了差距,于是进行自我评估,看看自己学习上存在的问题——只停留在抄抄写写的呆板的机械学习上,花时花力多而效果不佳;同时,借鉴和吸取同学们的好方法,改进自己的学习策略——多看电视,多跟人讲话。这样做的结果,终于提高了自己的听说能力。这个过程实际上是学习者运用元认知对自己的学习进行监测、控制和调节的过程。在这个过程中学习者着重从"敏度"和"变量"两个方面进行自我评估和自我改善。敏度较低的,会陷于盲目学习;敏度高的,就能及时发现自己学习上的不足而采取改善措施。学生3就属于敏度较高的一类学习者,他能及时发现自己学习策略与方法上的缺陷而改变之。在"变量"方面,学生3通过与他人比较和自我评估,了解了个人学习上的薄弱环节所在(个人变量),意识到自己在听说方面的差距和困难(任务变

---

① 朱纯编著《外语教学心理学》,上海外语教育出版社,1994年,第88页。

量),从而吸取和采用其他学习策略和方法(策略变量),终于取得了较好的学习效果。这也说明了元认知神经活动模式的影响和作用。

元认知模式作为高于其他认知模式的更为复杂的心理活动,在语言学习过程中,尤其是成年人的第二语言学习中,发挥着重要的作用。而它所起的作用的大小往往影响到学习效率和效果。因而,对元认知心理模式,以及元认知模式与其他认知模式在语言学习,特别是外语学习中的相互作用的研究,值得进一步深入进行。

第十章　群体学习的认知特点

对外汉语教学的课堂组织形式有两种：一种是群体教学，即以组班的方式进行教学；一种是个别教学，即教师和学生以一对一的方式进行教学。两种教学分别采取不同的途径而要求达到相同的目的，可谓殊途而同归。但毕竟由于组织形式的不同，教学所发挥的作用也有差异。个别教学的优势是便于教师因材施教，并能充分提高上课时间的利用率（学生独享课堂上的所有时间）；群体教学的优势是便于互相讨论，开展多样的活动，从而提供较为丰富的信息线索，借此提高学生再认和提取的识别能力。其中，课堂所提供的信息线索的多寡，成为了群体教学和个别教学的分水岭，它决定着群体教学和个别教学的特点和走向。

第一节　信息线索在认知中的作用[①]

知识的认知过程中，往往有许多信息线索促使学习者进行有效的编码、储存、再认和回忆。某个知识的信息线索越多，学习者编码就越精确，提取也就越容易。相反，某个知识的信息线索较少，学习者对该知识的编码就比较粗疏，应用提取也就不那么容易。对于个中原因，认知心理学有许多的论证和阐述。

一、信息线索有助于知识信息的编码和识记

某一个客体知识为学习者所接收而成为他自己知识结构中的一份子，必须经过大脑的加工，即编码、识记和储存。这种加工是自上而下（即分析）和自下而上（即综合）结合起来进行的。把客体知识自上而下地离析，分解成若干信息

[①] 本节主要内容曾以《对外汉语群体教学的信息线索分析》为题，发表在上海师范大学《对外汉语研究》编委会编的《对外汉语研究》第三期（商务印书馆，2007）上。

成分而进行编码,每一个成分或每一条线索都分别编成有关的码,越细密就越精确;但这样的编码,很容易造成"只见树木,不见森林"的偏误,因而还须把这些信息成分或信息线索自下而上地整合起来,形成一个知识整体。这样就容易识记和掌握某个信息知识的概念和特点。例如,学习和识记"红"这个词语,可以分析为词形线索——形旁"纟"和声旁"工",语音线索——hóng,联想线索——血、交通灯(红灯),比喻线索——出名或被人看重等等线索来编码。同时,也须概括、综合、抽象为语义线索——颜色来编码。经过自上而下的离析和自下而上的整合,"红"这个词语就能被学习者牢牢地识记和掌握。但如果学习者对某个知识的编码不充分,信息成分或信息线索较少,识别和回忆就会发生困难。例如,对于"红"这个词语。学习者的头脑中仅仅只有两个码:"hóng"和"颜色",没有其他线索,那么,声音"hong"跟语义"颜色"不一定联系得十分紧密。学习者听到"hong"的音,未必能马上跟"颜色"挂上钩;看到"红"这种颜色,头脑中未必就能闪现出"hong"这个音来。

　　那么,编码和识记在学习者的头脑中是怎样运作和实现的呢?认知心理学中所谓的"编码",是人们对于一个复合的刺激信息,"注意其颜色、形状、大小或距离","注意它的名称或与它有联系的其他许多事情"[①],将这些与刺激信息有关的方面或特性,进行分析和整合的过程。在神经生理学理论中,"编码"是指"人脑将感官接收的信息转化为神经系统能传递和储存的代码"[②]。所谓的"代码"就像"电码将字母转化为一种特殊的点线序列一样"[③]。一个复合的刺激信息,为学习者所感觉而挂号登记,就会进入短时记忆进行编码加工。认知心理学家曾一度认为短时记忆的编码"是以听觉特征为基础的。即使是视觉呈现的刺激材料,进入短时记忆时发生了形——音转换,其编码仍具有听觉性质"[④]。以后,专家们发现短时记忆也有视觉编码(如汉字在短时记忆中的视觉编码是很显然的)和语义编码。学习者在短时记忆中所编了码的刺激信息,通过复述或再现,就能进入长时记忆储存,否则就会衰退或消失,其外显表现就是"遗忘"。

[①][③]　〔美〕R. L. 索尔索著:《认知心理学》,黄希庭等译,教育科学出版社,1990年,第389页。
[②]　邵瑞珍　《学与教的心理学》,华东师范大学出版社,1990年,第47页。
[④]　杨治良、郭力平、王沛、陈宁编著　《记忆心理学》,华东师范大学出版社,1999年,第48页。

长时记忆接受短时记忆传入的编码信息,储存在它的两个系统之中。一个是表象系统,以表象代码来储存关于具体的客体和事件的信息;一个是言语系统,以言语代码来储存言语信息。这两个系统彼此独立,又互相联系①。认知心理学家都认为长时记忆是个网络型的结构,尽管专家们有各自的主张和看法。例如有专家认为"在长时记忆中,概念被分层次地组织成有逻辑性的种属关系,每一类事物的特征总是储存在对应于该类别的层次上",这种"分级储存"的理论,称为"层次网络模型"②;也有专家认为长时记忆"是以语义相似性将概念组织起来,概念之间的联系有连线表示,连线的长短代表了联系的紧密程度。""当一个概念受到刺激,该概念的结点就会产生激活,……沿该结点的各个连线向四周扩散。"这种理论,称为"激活扩散模型"③。还有 ELINOR 模型,认为长时记忆是由结点和连线构成的网络模型,"结点代表概念、事件等,连线表示两个概念之间关系的性质"④;HAM 网络模型,认为"长时记忆就像一个庞大的命题树网络"⑤等等。他们或着眼于概念网络,或立足于命题网络,有着这样和那样的差异,但都一致承认长时记忆是个网络型结构。当新的知识或新的刺激信息进入长时记忆,或者被原本储存的旧有知识所同化,或者建立新的知识结点,但它不是孤立的,与其他知识结点之间有着紧密的联系。因而学习活动,可说是不断改变或充实学习者头脑中的知识网络结构的过程。

新的知识或新的刺激信息进入长时记忆的网络结构,学习者就算是获得了、掌握了该知识、该情节或该事件。只要新知识或新信息的编码是充分的、精细的,信息线索是丰富的、多样的,那么通过长时记忆网络连线的联系作用,把众多的线索调动和整合起来,学习者就能识别和记忆该知识和该信息了。例如"红"这个单词,进入长时记忆,建立起新的结点,与头脑中已有的"黑""白"等颜色相连;与"hōng、hǒng、hòng"等不同声调的声音相连;与"纟"旁字(如纹、结等)相连;与"血""红灯"等实物相连;与"顺利"、"成功"、"受人重视"等比喻义(如红运、开门红、红人等)相连……"红"这个词语有这么多信息线索汇合在一

---

① 杨治良、郭力平、王沛、陈宁编著 《记忆心理学》,第64页。
② 同上书,第65页。
③ 同上书,第67页。
④ 同上书,第69页。
⑤ 同上书,第70页。

起,就牢牢地奠定了它在网络结构中的地位。只要外界客体或内隐意念中激发或调动起其中一个或几个线索,通过网络结点的连线作用,这些线索很可能都被激活,于是"红"这个单词就能在网状结构中脱颖而出,自动地对外界或意念中的刺激信息进行对照、匹配和识别、提取。如果"红"这个单词的信息线索较少,编码不充分,那么,激活可能失败(即反应不出这个词),或者识别有误(如误把"江"看作"红")。

二、信息线索有助于既存知识的匹配和提取

外界的信息刺激为人所感觉而进入短时记忆,通过复述的手段,即使用机械性复述,加强短时记忆中的信息,如反复诵读一个单词,以免遗忘;或者使用意义性复述,对短时记忆中的信息进行意义性处理,使之转入长时记忆,如将该单词组合进词组或句子来存储和记忆。这样,外界的信息刺激就在人的头脑中"落户生根",成为人的知识。人们头脑中丰富的知识都由此而来。因而,认知心理学说"长时记忆中储存着我们关于世界的一切知识,为我们的一切活动提供必要的知识基础。"[①]也就是说,人们之所以储存世界的各类知识,目的是为了匹配、提取和应用这些知识来认识世界和创造世界。可见,匹配和提取,是人类生活中最为重要的认知心理活动。

人们怎样才能有效地从自己头脑的知识宝库中提取有关的知识来进行认识和创造世界的活动呢?认知心理学家除了使用短时记忆和长时记忆两个概念来解释人脑的提取机制外,又提出并引入了工作记忆这个环节。"工作记忆是认知加工过程中随信息的不断变化而形成的一种连续的工作状态,其中除了暂时存储信息的短时工作记忆外,还存在另外一种机制,即基于长时记忆的、操作者可以熟练使用的长时工作记忆。[②]"也就是说,知识信息从短时记忆转入长时记忆,其复述、再认等活动是在短时工作记忆中进行的。而从长时记忆中调动和提取储存的知识信息来应用,是在长时工作记忆中进行的。短时工作记忆和长时工作记忆的关系是:"长时工作记忆中的信息可以稳定地、较长地保留,

---

[①] 杨治良、郭力平、王沛、陈宁编著 《记忆心理学》,第 62 页。
[②] 同上书,第 100 页。

同时又可通过短时工作记忆中的提取线索,建立一个短暂的提取通路。"从这个意义来说,"长时工作记忆必须得到短时工作记忆的支持才能有效地发挥作用。"①因而,熟练的提取策略,必须在长时工作记忆中建立一个与短时工作记忆相连的提取结构。下面是提取结构的图式②:

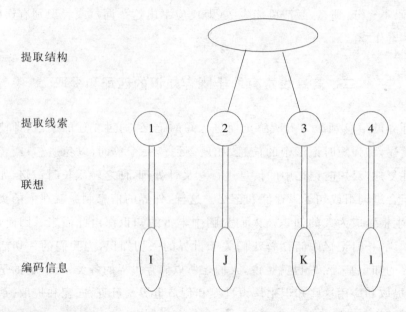

在这个图式中,人们遇到的信息是在长时记忆中编码和储存的,它们与合适的提取线索相连,进行有目的的匹配。提取线索越多,反应越快,匹配越精确。例如,"红"这个单词的提取结构可用下页图式示意:

各种线索(视觉线索、听觉线索、语义线索等)通过联想与编码信息相连,经过一番整合,排除了"黑、白、蓝"、"织、绢、结"、"宏、洪、虹"等无关的编码信息,于是"红"这个单词就被准确地提取出来了。

神经生理学家认为,人们的知识提取,取决于额叶皮质的作用,"额叶皮质在工作记忆中扮演了重要角色",它"将信息输入工作记忆,激活工作记忆中已储存的信息,并利用它们来选择一个个反应"。③

---

① 杨治良、郭力平、王沛、陈宁编著 《记忆心理学》,第101页。
② 同上书,第146页。
③ 同上书,第112页。

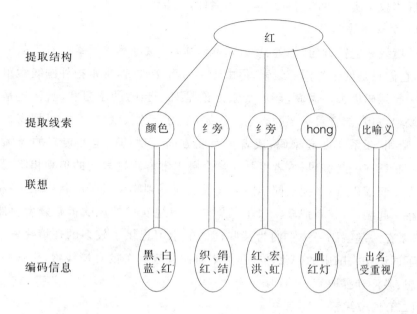

三、群体教学能提供大量信息线索

外界的客体刺激,被学习者所感觉、接收,客体本身所带的信息线索以及伴随客体而来的外围信息线索的多寡,对于编码、储存和匹配、提取有着重要的意义。因而,语言教学,从某种意义上来说,就是要尽可能多地提供有关知识的信息线索。不管是一对一的个别教学还是组班的群体教学,都负有提供丰富的信息线索的使命。但是两种教学形式比较起来,群体教学更能扩大、加深、搜集、汇总有关的信息线索。这是因为群体教学能调动学生讨论和思维的积极性,有利于开展互帮互学的认知活动,适宜于设置和营造便于学习和接收知识的诸种情景和场合,在各种教学活动的组织和实施中,不断丰富和加强有关的信息线索。其中除了有关该知识的直接线索外,还包括情景场合线索和情节事件线索。个别教学只有师生二人,虽然也可凭借师生互动来调用和扩展信息线索,但教师毕竟只面对一二个学生,一般只能采取咨询和提问相结合的问答式方法来组织和实施教学,很难开展讨论式、漫谈式、调查式等合作性强的教学活动,其所提供的信息线索的广泛性、丰富性和深刻性远远比不上群体教学。

群体教学所提供的信息线索多种多样,主要有:

(一) 环境线索

环境线索包括方向、位置、场合、音响、画面、氛围等等因素。对于某一知识而言,它们只是处于外围的线索,但由于学习者接收时,常常把外围线索跟本体线索一起编码进去。因而,环境线索无论是对于当时的学习和记忆,还是往后的提取和应用,都有着重要的影响。例如,学习有关天气的词语,可把窗外的阳光跟"晴朗"联系在一起编码;或者把西北方向闪现的闪电和传来的隆隆声跟"雷雨"联系在一起编码;或者把某同学全身水淋淋跑进教室的狼狈相跟"暴雨"联系在一起编码;或者把某同学因天气湿热而感到胸闷难受的状态跟"黄梅天"联系在一起编码;或者把靠窗口坐的同学被窗缝吹进的风吹得簌簌发抖跟"刮风"联系在一起编码……它们为某些词语的学习提供了较多的环境线索,不仅加深了词语在头脑中的印象,同时,如果再次出现有关的环境线索,头脑中也容易联想、激活和提取有关的词语。

(二) 情节线索

情节线索包括人物、事件、图式等因素。人物因素指人物的言语、行动、外貌特征、心理状态,以及与其他人物的关系等;事件因素指事件发生的地点、时间、起因、变化、发展和结果等;图式因素指人们生活中带有普遍性和习惯性的活动顺序、活动步骤和活动细节(如购物图式由挑选、问价、付钱、取物等步骤构成)等。教学中除了教科书上所编织的情节有助于学习者学习和接收语言知识外,群体教学所组织和编排的情节,也有利于语言的编码和提取。诸如同学相互之间的会话和交谈,角色的扮演,游戏的开展,事件的发生,错误的纠正,奖励的获得等等,都在一定程度上对学习者的接收和提取知识有所促进。可以这么说,情节记忆是语义编码的催化剂,"特定时间和地点的情节记忆,经过不同背景上的多次重复,就会逐渐概括而成为语义记忆。[①]"

(三) 语义线索

语义线索包括同义、反义、引申义等因素。一个单词的学习,向着同义、反义、引申义等语义线索扩展和延伸,例如学习"生"这个单词,可联系它的同义词"活"、"长(zhang)"等,反义词"死"、"熟"等,引申义"(生)命"、"发(生)"等。那

[①] 杨治良、郭力平、王沛、陈宁编著《记忆心理学》,第63页。

么,这个单词在人的头脑中就不再是孤零零的一个结点,而是通过连线跟其他结点交织、系连在一起,成为知识网络结构中的一个颇具活力的单词。以后这些同义、反义、引申义的线索为某种刺激信息所激发,就能通过网络的作用激活扩散到该单词。语义线索的提供,群体教学和个别教学是一致的。只是群体教学因为可以组织学生讨论和补充,学习者对这些语义线索的掌握比较牢固,不会一晃而过。

(四) 语音线索

语音线索包括声韵调、语气语调、音近音似等因素。汉语的语音随着音节的增加,其语音线索也跟着增多。如单音词的线索主要是声韵调,双音词除了声韵调外,还可能增加变调、轻声、儿化等线索。为了区别同音词或近音词,如舒服、束缚、叔父等,除了依靠声韵调线索来辨别外,还可将它们放进语音串中来辨识。因为语音串中的语音线索更多,它不仅有语气语调,还增加了词组的搭配和句子的组合等线索。如"我叔父不再受别人的束缚,他的生活好舒服啊!"这个句子的语音线索为分辨单词及其意义提供了有利条件。由于群体教学可以开展互读互听,互相纠正读音,造出不同的语音串等等活动,因而学习者在课堂上接收的语音线索,较之于个别教学要丰富得多,印象也深刻得多。

(五) 字形线索

字形线索包括笔画、偏旁、形辨等因素。汉语的方块字由横、竖、撇、点、捺、折等笔画架构而成(如永、术),合体字常由形旁和声旁组合而成(如架、清),或者由偏旁和笔画组合而成(如刃、旦),还有些字的笔画大同小异(如己、已),需要仔细辨认。这些字形线索可供学习者辨认和识记一个个汉字。尤其对习惯于以字母排列成词的西方人来说,更要熟悉和掌握汉字的笔画、偏旁和形似字的辨别。课堂教学中无论对象是群体的还是个别的,教师都应尽可能多地提供字形线索,以便学习者正确编码,正确辨认,正确提取。

(六) 联想线索

联想有接近联想、类似联想、对比联想、因果联想等。接近联想是指由一事物(或概念)联想在空间或时间上比较接近的事物(或概念),例如学习"污染"一词,联想到"黑臭"、"混浊";类似联想是指由一事物的特点联想到另一个与之相似的事物的特点,例如从"污染"联想到"废气"、"污水";对比联想是指由一事物(或概念)联想到与之对立的事物(或概念),例如从"污染"联想到"卫生"、"绿化";因果联想是指由原因联系到结果,或由结果推测原因,例如从"污染"联想到"工厂的排污"、"农药的喷洒",它们是造成环境污染的主要原因。形成和利用联想线索,是促进记忆效果的一种有效方法。群体教学学习者之间有条件交流自己的"联想",其联想线索一般比个别教学更丰富、更生动。

(七) 图示线索

图示线索包括图画、表格等。图画和表格是把文字所包含的知识内容用图表形式来显示,具有生动、形象、具体、直观的特点。它们在头脑中表征为表象代码,且能唤起与之有关的语义代码。例如学习"日食"、"月食"的知识,画出地球、月亮、太阳的图形以及其运行轨道,就容易理解和回忆这种天体现象。因而,图示线索在课堂教学(包括群体的和个别的)中,受到师生的普遍重视。

(八) 线形和树形线索

线形和树形线索实际上是图示线索的一种。它比较多地使用于语法教学,因而,这里单独将它列出。句子的语序,是十分重要的语法手段。用文字述说一种句式,不易说清,也不易理解,而用线形图和树形图来表示和分解,就一目了然。这就是教师在课堂上(无论是群体教学还是个别教学)讲授语法或句式时都喜爱出示这种图形的原因。线形和树形线索,不仅对理解句子的意思有作用,而且对生成和建构句子也特别有意义。

(九) 模板线索

模板线索是指大脑对客体信息的输入进行加工编码,建立起与客体信息相近或相同的模型。千万个信息就有千万块与之相应的模板[①]。例如教学某种句式,教师的举例和学生的造句,每一个句子都有可能在学生头脑中建立起一块块模板。这块块模板作为编码线索,与某种句式一起储存长时记忆。从这些模板线索可以激活某种句式,从某种句式也能回忆起这些具体的句子。群体教学可让较多的学生造句并交流,其中比较精彩的语句会让学习者久久不忘,便于他们学习和应用时模仿和参考。

(十) 原型线索

原型线索是指大脑对众多的模板进行某种抽象而储存于长时记忆。它不要求学习者记忆同类型的众多句子,而是要求记忆从同类型的句子中抽象出的

---

① 〔美〕R.L.索尔索著 《认知心理学》,第57页。

规律和法则。这就是原型线索[①]。例如一般"比"字句的原型是：甲比乙＋形容词；一般"把"字句的原型是：主＋把宾＋动词（带附加成分）。这种原型线索编码和储存比较经济，搜索和提取有关的语法或句式也比较简便，而且也比较合乎学习者认知和掌握语法和句式的心理活动过程。群体教学有利于开展归纳法教学，所归纳出来的抽象物实际上就是原型线索。

第二节 丰富信息线索的最佳形式

个体教学只有师生之间的关系，课堂发挥的是师生的互动性。其表现形式：或者是教师提问、学生回答；或者是师生相互问答、谈话和交流。虽然师生教学互动活动中也能提供足够的信息线索，但远没有群体教学所提供的信息线索那么丰富和繁多。人们之所以认为群体教学是丰富和扩大信息线索的最佳形式，就因为他具备着个体教学所无法具有的、也无法与之比拟的群体互动的特性。这种群体互动的特性，具体表现为：组织性、互动性、合作性、竞争性、协调性、互补性等。正是这些特性，为群体教学增添着、丰富着、扩大着种种信息线索。而也正由于诸种信息线索的作用，知识不仅得以储存和牢记，且又能方便知识的提取和应用，从而提高了群体的学习和认知水平。

一、组织性

班级教学必须有严格的组织性和管理性，它是群体教学得以顺利进行的基本保障。群体教学，如果不把班级成员组织起来，凝聚起来，让他们像散沙似的处身于课堂，各行其是，那么教学就无法顺利地进行。因而，作为一个班级，它犹如一个基本的社会组织，在教师和学生、学生和学生之间互相协调的基础上，构建成一个学习群体。这个学习群体既保持个体成员自己的学习策略（如用母语辅助外语学习，经常整理笔记等）和认知风格（如场独立和场依存，容忍型和排他型等），又受群体组织纪律的约束，紧密而积极地配合教师，开展一系列教学活动。课堂的讨论、谈话、会话练习、测试反馈等有赖于群体的组织性得以展

[①] 〔美〕R. L. 索尔索著 《认知心理学》，第59页。

开,课外的游戏、参观、访问等实践活动,其计划、组织、实施、评价,自始至终都有组织性作用于其间。无论是课堂群体活动,还是课外群体活动,每个参与成员都释放着自己的学习潜能,从而产生出一种合成能量。这种能量,高度发挥出了个体成员在群体学习中的学习积极性,融会着、合成着他们的智慧、感受和想象,成员之间互相沟通,共享知识信息,并锤炼和抽绎出足以储存知识和提取知识的信息线索。这种种活动的组织和开展,本身又创设了种种认知的学习情景,为识记知识增添了情节(或情景)编码线索,加深了知识的储存痕迹和提取的线索痕迹。而在个体教学中,这种组织方面的优越性就很难得以体现和展示。

二、互动性

个别教学也可进行师生互动而获取信息线索,但不像群体互动那样形式灵活多样,信息线索丰富繁多。

群体教学互动的形式,可以是两人结对活动,可以是几人成组活动,甚至数十人大班活动。两人结对活动是群体教学的最小组织单位,也是开展会话以及互帮互学的最基本形式。结对的两个成员,可以较为固定,因为彼此比较熟悉和了解,有利于进行帮学活动;也可以临时组合,虽然彼此的熟悉度欠缺一些,但扩大了交际范围。在结对学习活动中,双方汲取对方的智慧和想象力,不仅增强了对知识的理解和对知识的应用能力,而且也积储了对方在有意、无意之中所提供的信息线索。几人成组活动,也是群体互动的一种形式。有的教学活动,不是两人结对所能完成和奏效的,例如小组游戏、小组辩论(甲方和乙方)、小组调研等,必须三五成群,群策群力,集思广益,汇聚多人的智力。小组的成员,可借助此类活动,较为广泛地汲取和储存各成员所应用和发挥的信息线索。数十人的大班活动,往往是教师就学习中要特别注意的或普遍存在的问题进行大班辅导、讨论、纠错、补充和练习,其他如演讲(包括评议)、参观、访问等大型活动,需要全班学生出席,共同活动。这种集体活动,所涉及的信息量比较大,其信息线索自然也相应较多。

群体互动可以把静态的课堂形式转化为动态形式,互动能使课堂气氛活跃,调动起每个成员的学习积极性,互动学习不仅仅是被动的接受和吸收过程,而是主动的思索和发现过程。群体成员在互动的过程中,充分利用听觉、视觉、嗅觉、触觉等各种感觉形式来进行语义的和表象的编码和记忆,同时也能利用丰富而繁多的编码信息线索来进行匹配和提取,进而达到熟练地应用。群体互动也能打破传统的"一言堂"、"满堂灌"的弊端,把课堂改变为学生集体活动的舞台。

三、合作性

合作是指学生们为了共同目的在一起学习、切磋、研究,从而解决问题、完成任务的过程。这样的合作,是群体教学实现课堂管理的必要条件,可以说是群体凝聚力的高度发挥。个别教学如果只是师生两人的话,所谓的合作性,只表现为师生的互动。因而群体教学的合作性跟个体教学的合作性,其合作的性质、合作的方式、合作的效果有很大的不同。

(一) 合作的性质

知识学习归根结底要落实到个体的认知过程中,教学形式和教学方法只是促进和加速个体的认知活动而已。群体教学的合作性,显然是试图利用合作的方式加快成员对知识的接收和掌握。个体的认知因人而异,有的接收新知较快,有的较慢;有的对信息较敏感,有的较迟钝;有的提取应用能力强,有的较弱。通过合作,取长补短,有可能让群体成员站在同一条起跑线上,即使有后进者,也可能在合作中得以赶上前进的速度。因此,合作性是群体教学的基石,是班级成员共同提高的法宝。如果班级成员的差距越拉越大,七零八落,群体教学就难以维系下去。个体教学没有此类问题,合作的有无,对它来说无所谓。

(二) 合作的方式

群体教学的合作方式多种多样,视教学的目的任务和教学的知识内容而定。常见的有结对互动式(如编制小对话、互相问答等),交流式(如小组或班级谈体会和心得等),研究式(两人或几人就某个问题搜集资料和进行分析等),讨论式(小组或班级就某个问题发表各自的看法等),互帮互学式(已懂者帮助未懂者掌握或理解知识等),等等。群体成员通过各种合作方式,学会他人的学习方法、思维方法和学习策略,提高理解和应用知识的能力,并从他人的学习活动中汲取和储存有效的信息线索。

(三) 合作的效果

一般来说,合作活动比个人努力效果自然会好些。尤其是遇到较为复杂的知识内容和较为难解的问题时,单凭一个人的智慧不易解决,且较花时间和精力。而集中两人或多人的智力,发挥群体的聪敏才智,则可互相启发、切磋、探究,开阔思路和视野,少钻"牛角尖"或"死胡同",合作成员可借助他人的世界知识和正确的观点来检验和修正自己的偏差和片面性。这样就容易解开问题的扣结,也容易领会和掌握复杂的知识内容。

合作性的不足是学得慢的成员会产生过分的依赖性,他们离不开学得快的成员的帮助;而学得快的成员为了帮助别人,只得放慢自己的学习步伐,影响自己的发展;还会造成能力强、活泼好动的成员支配能力差、沉默寡言的成员的现象;还在一定程度上影响那些对合作感到不自然或有疑虑的成员的学习进步。这些不足,在个体教学中并不存在。

四、竞争性

个体教学只有一个学生,没有竞争的对手,除非来自同一个单位的两个人,分别有自己的教师上课,表面上各不相关,暗地里却在较劲,可能会有些须竞争意味。群体教学则是公开的竞争,因为"竞争是一种普遍存在的心理现象"[①],哪里有群体,哪里就会出现竞争。所以在群体教学中,群体成员都竭力而又充分地发挥和实现自己的潜能,力争取得优异成绩,超越他人而名列前茅。

群体教学开展竞争,能激发成员的积极向上之心,提高成就动机和抱负水平,可较长时间地维持学习的驱动力,始终保持高度的注意力和旺盛的精力全身心地投入学习,从而缩小个人能力与成绩之间的差距,避免出现懈怠、松劲现象。

竞争又能使成员发现自己尚未发挥出来的潜能和他人所具有的优势,汲取别人的学习经验、学习方法和学习策略,加强和深化知识信息和信息线索,调动和挖掘自己的潜在能量,补充和营养自己的智力和学能,不断提高自己的学习成绩和学习效率。

---

① 邵瑞珍主编 《学与教的心理学》,华东师范大学出版社,1990年,第311页。

竞争还能暴露自己学习中的缺陷和局限性，知道自己的努力方向，有目的地克服自己的弱点，转化自己的劣势。

竞争和合作是对立统一的，它们都以能否满足各自的利益或达到各自的目的而转移。群体教学必须处理好这两者的关系：为了调动成员的学习积极性，须开展竞争活动；为了提高班级整体的学习水平，需开展合作活动；为了提高学习效率，有时须竞争和合作同时进行或交替进行。

五、协调性

群体教学，教师所面对的是一个班级的成员，这些成员之间自然会有个性差异，他们的禀赋、智力和认知风格都会呈现出各自的特点。教学要把那么多不同个性和风格的成员拧成一个集体，就得随时进行诸方面的协调，方能保证群体的学习效率。

协调性首先体现在成员之间的人际交往。人际交往是指人与人之间传递信息、沟通思想和交流情感等方面的联系过程，而这些联系只有在融洽、和谐的人际关系中得以进行和开展。如果成员之间有矛盾，闹别扭，互不理会，那么信息无从传递，思想无法沟通，情感难以交流，群体教学的质量就会大打折扣。因而，教师要善于了解群体成员之间的真实关系，把握好成员的思想感情的脉搏，不时地进行协调，使班级成员亲密无间，共同营造一个良好的学习氛围。这是群体教学至关重要的一环。

协调还体现在学习活动的全过程。根据群体成员的学习情况，教师得随时协调学习进度、学习节奏以及群体成员选用的学习策略。学习进度是教师依据群体成员的知识水平和接受能力而制定的，是比较理想化的一种假设和计划，因而多少带有教师的某些想当然的主观色彩。在执行过程中，也许会出现进度过快或过慢的问题，那就得视群体成员的实际接受水平而加以调整。学习节奏是指一堂课中所划分的几个教学阶段之间的配合和间歇。群体成员的学习注意力，既要充分利用之，又要安排间歇保养之，有张有弛，方能使成员保持好和分配好自己的注意资源。否则，群体成员的注意力集中不起来，即使再恰当的教学内容和再重要的知识信息以及再多的信息线索也会被拒载。因此，安排和协调好学习节奏，可以保证学习高效率地进行。学习策略是群体成员接收新知识的有力举措。学习者根据教学内容的难易和长短,不断变换和选用学习策略,让客体知识更容易在感觉登记中登记和接收,在短时记忆中编码和复现,在长时记忆中编码和储存。学习能力强的成员,变换和选用策略比较迅速和及时;学习能力差的成员,对策略的选用比较单一固着,轻易不愿变动。这就需要教师及时指点和协调,求得学习和认知步调的大致统一。

六、互补性

群体教学能发挥成员之间的互补作用。每个成员都有自己的长处和短处,将他们的智慧汇集一起,扬其长而避其短,就能凝聚和发挥出群体能量,促进对知识的理解和问题的解决。互补性主要体现在知识互补、思维互补和信息线索互补三个方面。

(一) 知识互补

群体成员由于教育、年龄、专业、职历的不同,其所积累的世界知识深浅、广狭不一;即使学习同一种教材,受业于同一位教师,也由于智力、学能的差异,其理解、掌握和应用语言知识的程度也有不同。而这些知识正是同化和接受新课新知的条件和基础。对于尚未完全具备这些知识的成员来说,学习有一定的难度。群体教学通过互动和合作,把个体成员所具备的世界知识和语言知识在教学过程中显露或挖掘出来,转化为全班成员所有,成为大家共享的资源,互相汲取,互相交流,互相补足,加速群体对新课新知的领悟和理解,并进而同化和掌握。

(二) 思维互补

运用语言思维是人类的一大特征。人们理解知识和解决问题都离不开思维。思维有演绎思维、归纳思维、形象思维、类比思维、发散思维、创造性思维等等。理解和解决问题的方法和策略,有算法式(即罗列所有的可能答案,从中找出精确答案)、启发式(即把过去的解题经验运用到现在的问题上去)、分解问题或者确立子目标(即把一个复杂的问题分解成一系列简单的问题,通过一个个子目标的实现从而解决复杂的问题)、倒退法(即从最后的目标状态反向工作,逐步解决中间的通路和过程)、爬山法(即一步步向上攀登,只选择靠近目标的路走)、目的——手段分析法(即采取一定的手段和步骤,减少目标状态与当前状态之间的差距),等等。简单内容的理解和简单问题的解决,可单靠某一种思维和方法来实现;复杂内容的理解和复杂问题的解决则需要多种思维和方法的配合使用才能得以实现。在群体之中,有的成员思维敏捷、灵活,善于变换和寻找不同的思路;有的成员思维呆滞、固着,往往一个思路沉到底。群体教学通过讨论和交流,互相启发和提示,开阔思维路子,及时变换思路,提高理解和解决问题的能力。个别教学只有教师的指点,不具互补的优势。

(三) 信息线索互补

信息线索是对知识进行编码、储存、提取的重要因素。群体的每个成员在对知识编码、储存、提取的过程中,所采用和凭借的信息线索各不相同。善于捕捉信息的、知识面较广的成员,他们在接收新知而进行编码时的信息线索较一般的成员为多;而一般的成员,他们也许在某一方面的信息线索比较充分。群体教学通过交流,成员间相互提供和补足各种信息,信息线索得以丰富而充裕,知识信息的编码因此而充分,储存因此而牢固,提取因此而迅速。个别教学的信息线索就比较有限,除了教师授课时提供一些线索外,个体就只能从课文或自身积存的知识结构中去撷取。

综上所述,可见群体教学确是丰富和增多信息线索的最佳形式。但开展群体教学的先决条件是师生的密切配合,教师要调动学生的学习积极性,学生要努力参与教师组织的各项教学活动。如果学生只是消极地带着耳朵来听课,对合作和互动缺乏兴趣,那么群体教学很容易变成单由教师一个人讲授的"一言堂",其群体的优越性难以发挥出来。另外,群体教学开展互动和合作,往往人多嘴杂,教师要善于引导,把众人的智慧和学能集中到教学内容上来,否则,容易失去目标,走叉道,信息分散而杂乱,这对理解和解决问题反而起干扰作用。

第三节 增添信息线索的途径和方法

群体教学具备组织性、互动性、合作性、竞争性、协调性和互补性等特点。这些特性,保证了群体成员能够接收到丰富而繁多的信息和信息线索。但教师在群体教学中不能充当旁观者,必须有意识地组织和调整教学活动,充分发挥群体教学这些性能的优势和效用,使整个群体教学不断地提供、汇集、发散有用的、生动的、多方面的信息和信息线索,丰富和扩大群体成员的知识信息,加深和强化匹配、提取的信息线索。因此,对外汉语教师作为群体教学的组织者和执行者,要致力于以下一些举措、途径和方法。

一、启发联想

联想是领悟、理解、消化课文内容和语言知识必不可少的途径。

课文内容是外界的事件、情节和人物活动的展现和浓缩,是经过作者或编写者加工处理过的,它比客观现实生活集中,但没有客观现实生活丰富。而教学正是要透过课文所提供的内容,运用联想的方法去领略、饱览、还原客观现实生活。正由于联想的杠杆作用,使群体成员能生动而全面地体验到生活的原貌,深刻地领会课文内容的意义。

语言是人类形成概念、进行思维的工具,是客观事物和心理活动的抽绎和概括。学习和掌握一门语言,也离不开联想的方法,因为语词与具体实物的挂钩(如汉字的"鱼",其音、形挂连到实物的"鱼"),固然需要运用联想,而语词和抽象概念、心理活动的系联(如"惊奇"联系到"突然看到某种意想不到的事物而产生心理上的反应"),更需要联想,不然难以理解。学习外语,有一个从母语到目的语的过渡,其中也非有联想不可,语词的对应(如"笔"和 pen;"在……里面"和 in 等)、语法的对比(如描写句,汉语不用"是"来连接;英语则非要有"is"这类系词相连)就是运用了类似联想、对比联想等途径来消化、接受的。

启发联想是根据不同的教学内容启发学生采取多种联想线索来认知和编码。

(一) 汉字结构联想

汉字是表意文字,字的结构中有许多表意成分,可启发学生联想。例如象形联想(如壶、母、刃、末跟事物图案相连)、意会联想(如休、及的意合)、形声联想(如河、语、拾的偏旁表意)、夸张联想(如"业"联想为房顶上的烟囱,"风"联想为挂帘子禁止风(x)吹入)、奇特联想(如"兴"想象为 * 号,"长"想象为 K 字母加一横)等。

(二) 词义联想

识记词语主要是辨认和记住词语的音、形、义,音、形是编码提取词语的线索,词义是词语的核心。但记住词语光凭语音和词形线索是不够的,还得利用词义线索来储存或提取词语。比较常用的词义联想有同义联想（如识记"卓越"时引导联想"优秀、优越"）、反义联想（如识记"喜欢"时引导联系"讨厌、憎恨"）、类义联想（如识记"平原"时引导联系"高山、丘陵"）、意境联想（如识记"清澈"联系"水清见底"的景象；识记"拥挤"联系"上下班交通堵塞"的景象）等。这些联想有助于学习者进行语义记忆和表象记忆。

运用启发联想的途径来为学习的知识增添编码和提取的线索，是个体教学和群体教学都可采用的方法。个体教学主要由教师对学生进行启发联想，群体教学则可在教师的指引下开展班级或小组的讨论活动，集思广益，从而增加和丰富所学知识的信息线索。

二、发散思维

运用比喻、类比、图表等手段，提供或转变思路，化陌生的事物为熟悉的东西。这种提供线索，促进或改换思维的途径，叫做发散思维。发散思维的使用必须依赖学习主体的已有知识和生活经验，借此跟新知识中的观念联系起来，以便认知和识记新知识，理解和解决新知识中的问题。例如要理解人体的构造，可把它比作运输系统：大脑是该系统的调度，血管和消化道是不同的公路或马路，脏腑是大大小小的转运站，等等。这样一比，人体的复杂构造，借着熟悉的事物，通过适当的想象，就容易理解其内部的位置和作用了。常见的发散思维有形象化发散、类比性发散和图表式发散等。

（一）形象化发散

抽象的知识难以理解和记忆，但如果将它们加以形象化，那么抽象的、不可捉摸的东西就变得可以体验和想象的东西了。例如，学习"狰狞"一词，可想象为"戴上一张丑恶的可怕的面具"；学习"恶心"一词，可想象为"看到脏东西心里难受的感觉"；学习"坎坷"一词，可想象为"山路坑坑洼洼难以行走的样子"。而像成语"狐假虎威"、"画蛇添足"等本身就是故事的浓缩，更易形成形象化的东西。把事物加以形象化，无疑为新知识增添了诸多可以识记和提取的线索。

（二）类比性发散

把新的知识跟旧知识中的有关事物进行类比，用熟悉的知识去想象和认知新的知识，不仅可以加速理解，而且也便于记忆和复述。例如学习意大利地图，将其类比为靴子,亚平宁半岛犹如靴筒,半岛下的两个小半岛就像靴帮和靴跟,西西里岛则为靴头。这样,整个意大利的地形地貌,这原是陌生的东西现在变成了熟悉的事物,就容易掌握,且深深地印在头脑之中。再如,学习《端午节的风俗》,将几何图形中的长方形□、三角形 △ 和虚线 ＿＿＿ 引进来跟端午节习俗类比,□是划龙船,△是吃粽子,＿＿＿是屈原投江而死;长方形在虚线之上,表示划龙船打捞屈原的尸体,三角形在虚线之下,表示投放粽子到河里喂鱼,不让鱼伤害屈原的尸体。这些熟悉的几何图形就成为了学习者回忆或复述课文的线索。

（三）图表式发散

比较复杂的知识,如果用图表来显示,把复杂的文字图形化,利用图表的线索,就能驾简驭繁,记住和掌握这类知识。例如,汉语中"东西南北"的方位说法,只能说"东南、东西、东北",不能反过来说"南东、西东、北东";"西南、西北、南北",也不能反过来说"南西、北西、北南",这种规则比较繁复,外国学生不易弄清,但如果引导学生设计和应用下面的图表来显示,则就一目了然了：

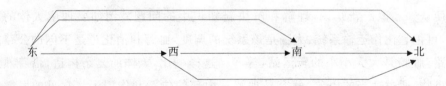

教学语法规则,常用线形图来表示,正是充分利用了图表发散这种方式。例如,"比"字句,"今天比昨天冷","昨天比今天暖和一点"等,可用下列线形图标出：

    A＋B＋形   或 A＋B＋形/数量

这比"A 项跟 B 项的比较结果是……"这样的文字说明,掌握起来要容易得多。

发散思维,教师要引导学生大胆地进行创造性的比喻和比拟,然后以此为线索,进一步理解和记住所学内容。在学习和思维过程中,有的学习者比喻用得恰当,也有的比拟失当,通过讨论和交流,彼此吸取更为合理的比喻或图表。当然,发散思维在个体教学中也可应用,但其效果明显不及群体教学。

三、合作互动

合作互动对群体教学来说有着得天独厚的先决条件,而个别教学只有师生互动,其所获取的信息线索无法跟群体互动相比拟。

班级组织多少带有一点社会化的性质,它不仅仅是个体成员的简单堆积,而是在合作互动过程中发挥出群体合成能量和智慧潜能。合作关系提供了一个令人愉快的学习环境,学习成员在这种和谐和关爱的集体中,互相帮助,共同提高:接受能力差的学生得到他人的指点而跟上教学进度(不会因差距的加大而丧失信心);接受能力强的学生也能在跟别人的合作中得到发展(既体验到成就感,同时在帮助他人的过程中也进一步得以消化和应用知识)。而其中的关键是因合作互动丰富和扩大了知识信息及其信息线索,使得知识的编码得以充分,知识的保持得以长久,知识的提取得以快捷。

常见的合作互动方式有:互帮互学,组织交流,结对会话,班组讨论,课外活动等。

(一) 互帮互学

群体学习,教师的教学进度一般只照顾大多数学生的学习水平和接受能力,因此时间一长,成员之间就会形成一些差距。接受能力差的学生会因跟不上进度而失去学习兴趣,丧失学习信心,而开展互帮互学活动能弥补和缝合这方面的不足。互帮互学主要体现在:解开疑难之结,寻求解题思路,提供编码线索等。

解开疑难之结,是指学习能力强的学生为学习能力差的学生释疑解难。新知识之所以不为一些学生所接受,必然因某个地方不理解、有疑问所致。例如,有的学生不甚明了"什么事都得自己亲眼来看看,百闻不如一见嘛!"这句话的意思,关键就在于对提宾句和成语"百闻不如一见"的把握和理解不透彻。开展互帮互学,学习好的学生将他的理解过程(比如如何切分,如何确定词语,如何整合语义和句意等)现身说法给学习差的同学,由于同学之间比较有共同的语言和相通的认知心理活动,可以帮学到点子上,这样就能较快地解开这个结扣。

寻求解题思路,主要指做练习寻找和确定答案的思维(判断、演绎、归纳)路子。如果是是非练习题,则有一个如何正确判断的问题;如果是选择练习题,则有一个确定和排除选择项目的问题;如果是问答题,则需要有一个寻找答案和归纳大意的过程。在个体独立做练习的基础上,开展互帮互学,不仅能测定双方对知识的掌握程度和能力的转化程度,同时还可打开答题思路,提高应用能力。

提供编码线索,是互帮互学的重要内容。帮学的过程实际上就是互相传递和提供信息线索的过程。帮学词语,要辨别词语的音、形、义及其词性和用法;帮学句子,要说出句子成分、句式的表达功能和对句子意思的理解;帮学段落,要说出句群的组合、关联词的运用和段落大意;帮学篇章,要说出情节和事件,以及有关的文化背景,等等。这些帮学活动,都在不同程度上向对方提供着编码线索,以加深知识在头脑中的印象。

（二）结对会话

口语课重在实践,结对会话是群体教学经常采用的一种方式。课堂上,两两结对进行口语练习:或编写小对话,或临时对答。编写对话,实际上是训练口语的三种话语(即承接性话语、功能性话语、叙述性话语)的配对(用承接性话语和功能性话语组成相邻对子,如"谢谢您啦！"——"别谢,这是我应该做的")和组合(叙述性话语的插入,如"谢谢您啦！您在百忙之中走那么远的路,为我办理这样那样的手续,真不好意思！"——"别谢,这是我应该做的。如果我到你们那里,你也会这么做的。")临时对答,实际上是训练个体成员的意念形成、话语计划和话语执行三个阶段的融合和实施,虽然表达的话语是临时构思的,但头脑中的活动仍然循着意念——话语计划(成句)——执行(发声)这么个流程滚动了一遍。因此,会话的过程,不仅提供了丰富的内容(意念和命题)线索,而且还提供了词语搭配、句式功能、句子组合、发音发声等语言信息线索。正由于口语会话的训练有这么多的线索供编码和解码,所以口语课对学习外语和提高外语应用能力显得特别重要和有意义。

（三）组织交流

互帮互学和结对会话是两、三个成员之间的活动,交流则是小组或班级成员的共同活动。帮学比较具体而细微,大到句、篇,小到词、字,都是帮学的内容。交流活动除了学习内容的沟通,还可以交流学习经验和学习策略,后者属于元认知范畴。元认知是"认知的认知",即学习过程中所采取的元记忆(学习者对知识的识记、保持、提取过程的监视和控制)、元理解(学习者对自身的阅读和听力理解活动的调控)和元学习(学习者对学习活动的自我调节和控制)。通过交流,群体成员可以吸收他人的元认知经验和元认知策略,补充和调整自己的元记忆、元理解和元学习,以提高学习效率、学习成绩和学习水平。

(四) 班组讨论

小组或班级的交流,是在一定范围内对某个话题的注视和评说。评说的内容可以很丰富,包括所见所闻、具体表现、预见和后果、肯定与否定、措施与手段、对照和比较、感想与体会等等。这里汇集着情节的、事件的、具体的、抽象的、感知的、心理的等等丰富多彩的线索,他们有助于群体成员对该话题的深刻认识。

(五) 课外活动

如果说课堂活动所提供的认知线索偏重于书面或口头描述,那么课外活动(比如参观、访谈、调查、旅游等群体活动)则打破了教室课堂的局限,走向社会和自然的大课堂。课外的广阔天地,是信息线索的源头,它们极为生动、形象、鲜明、丰富,社会的和自然的信息线索一旦与语言知识结合在一块,就能开启和发挥学习者的智能潜力,提高识记、保持、提取的效率与活力。尤其是在应用能力方面,可以得到更好的训练和培养,不仅所学的语言可在与课本表述基本相同或大体相同的情景下使用(心理学称之为水平迁移),而且还可在与课本表述基本不同或完全不同的情景下使用(心理学称之为纵向迁移)。

四、利用情境

学习者识记新的知识,头脑的加工器要对之进行编码:或者是语义编码,或者是表象编码(也称为情节编码或情境编码),或者语义和表象同时编码(心理学称之为双重编码)。当然,双重编码的识记效果最佳,不仅有利于保持和储存,且有助于匹配和提取。群体教学利用情境的目的,就是为了凭借情境线索进行双重编码,从而达到记忆的最佳效果。情境的利用,有课文情境的利用、课堂情境的营造、课外实境的活动、多媒体等现代教育技术的运用等。

(一) 课文情境的利用

课文的内容,大多是在一定的情境之中展开的;即使是论说文体,其词语和句子也有一定的上下文语境。虽然对外汉语教学并不重视记忆课文本身的情节和内容,将重点放在词语的识记和句子的理解与应用上面,但词语的解释和掌握,句子的构成和使用,决不能像读词典或看语法手册那么机械,否则,记忆不住,也消化不了。因此,词语和语法的学习,必须充分利用课文提供的语境线索,即把词语和句子放在课文的具体情境或上下文语境之中来学习和体会。例如,学习和阅读这么个句子:"滔滔江水流到四川盆地的东面,忽然变成一把巨斧,它劈开高山,奔腾而下,形成了闻名世界的长江三峡。"其中的"滔滔"、"劈开"、"奔腾"、"闻名世界"以及比喻句、成为句、连动句等,用不到一个个抽出来,逐个进行解释,而是连同课文所描述的情境或语境一起编码、整合、理解和记忆:在上下文中确定词义,在情境中掌握句意,在语境中体会句式的功能和作用。这样的学习,印象比较深刻。以后,当储存于脑中的那些词语或句子被激发时,其当时所依托的情境或语境也会同时被引发出来;相反,当有关情境和语境被引发和再现出来时,依附于它们的那些词语和句子也会同时一起从脑海深处浮现上来。

(二) 课堂情境的营造

会话课编制对话,必须有一定的情景和内容的规定,阅读理解和听力理解有时也需要有一定的文化背景铺垫。这时就要教师营造某种情境和气氛:或者介绍文化常识(如配合学习《参加中国人的婚礼》,介绍中国的婚姻习俗),或者讲述故事背景(如配合学习《纪念屈原》,讲述战国纷争的历史),或者描述某种场景(如配合学习《现代城市的交通》,描述上下班的情景),或者利用挂图唤起学生的想象(如配合学习《万里长城》,张挂地图指示长城的走势),或者放映一段录像或电视片段来烘托环境(如配合学习《漓江游》,放映电视纪录片《漓江风光》),等等。这些途径和方式,提供了丰富的信息线索,在一定程度上给学生以启发和暗示,便于教学活动的开展和认知理解的深入。

(三) 课外实境的活动

有的课型,如口语课,可以到实地去活动。例如学习了有关银行和邮局的课文内容,可以安排学生到银行去兑换现金,去邮局寄包裹,或者跟营业员进行交谈和咨询。学习了购物的内容,可组织学生到百货公司买东西,跟营业员打交道。有的阅读课文,其内容可以通过参观、访问、游览来领会和体验,就可组织学生到实地去考察和活动。例如,学习《游览黄浦江》,就可组织学生到外滩观看浦江两岸风光和欣赏夜景,或者乘坐游艇游览黄浦江。实地、实境的信息线索比课文所反映或描写的知识信息要来得丰富,也比较生动。这样学得的语言知识就比较牢固。

(四) 现代教育技术的运用

多媒体等现代教育技术手段能展现人物、事件、实境、实物,跨越时空的限制,将抽象的东西具体化和图像化(如《成语故事》有助于形象地理解有关成语)。这不仅给语言学习以一定的客观情境,便于学习者体会和领悟课文的内容,而且还能凭借这些教育技术手段揭示事物的性质和内在的诸种因素(如潮汛跟月亮的盈亏关系),使学习者能充分地认识和理解该事物。

情境这类手段,尤其是课文所提供的情境和课堂所营造的情境这两种,个别教学也应尽可能地加以运用,其教学效果跟群体教学比起来,有异曲同工之妙。只是课外的实境活动,个别教学因为缺少群体这个组织,教师往往疏于安排和布置,很容易放任自流,让学生自行去活动,从而影响其学习效果。

由于群体组织便于开展各种教学活动,从不同的渠道,通过不同的感觉通道,丰富和扩大群体成员的知识信息以及信息线索,大大有利于学习者进行识记、保持、提取的一系列心理活动,从而提高学习者学习、认知和应用新知识的效率。但也由于群体组织人数多,教师无法细致地顾及各成员的水平差异和个性差异,不像个别教学那样完全可以针对学生的具体情况因材施教,故常易造成差者跟不上,好者吃不饱的现象。因此,群体教学要求教师有较强的组织能力和更灵活的教学举措,扬群体之长,避群体之短,不断改进教学方法,争取获得最佳的教学效果。

第十一章 个别学习的认知特点

汉语作为外语教学的学习形式主要有两大类:一是群体学习,大多采取课堂学习的方式;另一是个别学习,以"一对一"的学习方式为主。个别学习与群体学习相比,其认知基础在总体上是一致的。但是由于学习环境和教学方式的不同,其认知过程的质和量会表现出一定的特异性。①

第一节 个别教育条件下学习者感知信息的特点

个别教育条件下,学习者输入信息有其不同于群体教育条件下的特点。首先表现在信息的感知方面。

一、感觉性记忆的特点

人类对信息的储存和记忆,生理学研究表明最初始阶段是感觉性记忆。感觉性记忆是极为短暂的。信息在人脑的感觉区储存一般不到一秒的时间,如果此时没有得到加工处理,则很快就会消失。但如果在这一短时间内进行了编码,就会成为新的连续印象从感觉记忆转入到第一级记忆。

学习者摄入语言信息在感觉性记忆阶段分为感觉、知觉二级。感觉是外部世界的刺激直接作用于感觉器官,如听觉、视觉、嗅觉、味觉、触觉等等而引起的。感觉中的客观事物必须经过初步的抽象加工,经过相互联系和综合形成知觉。因此知觉是对客观事物或外部联系的综合反映。感觉和知觉都是认识的感性阶段。

---

① 本章主要内容曾分别以《个别教育条件下学习主体认知汉语的特点》和《学习主体感知和记忆汉语的特点》为题,发表在吴仁甫主编的《对外汉语一对一个别教学研究》(中国社会科学出版社,2002)和赵金铭主编的《对外汉语研究的跨学科探索》(北京语言大学出版社,2003)。

在语言教学中,一堂课的刺激信息是难以计数的,而被个体感觉、接受的信息只是其中的一部分,是有限的。不同的教学形式会直接影响到学习者对信息的感知,因为"感觉刺激必须达到一定的量才能被知觉到"[①]。在课堂群体教学中,不同的学习者对信息的感知是不同的。教师所传达的语言信息,对某些人而言已经达到了一定的量,可以被知觉到;而对另一些人而言,信息量还不够,尚不足以被知觉。在个别教学中,教师所传达的语言信息是否到量,是否能够能被学习者所知觉,马上就能反映出来,从而使教师能及时加以调整。因而在个别教育条件下,学习者所知觉的语言信息,在相对意义上要大于群体教育感知语言信息的一般水平。

认知心理学研究认为"知觉是不同类感觉相互联系和综合的结果。要认识事物的整体或联系,必须已有的知识和经验加以补充"[②]。学习者所具有的知识和经验是各不相同的。在个别教育中,教学对象只有一个,教师容易了解学习者过去和现在所积累的知识和经验,从而能较为准确地把握教学内容的深度和广度,力求使新的语言信息跟学习者已有的知识结合、同化、吸收。有一个教学实例可以说明这一知觉过程。

一位日本公司职员脱产以"一对一"形式学习汉语。在学习中遇到"紫砂茶壶"一词。"茶壶"他很快记住了,但对"紫砂"一词,尽管多次翻检词典查阅,还是记忆困难。教师由于对他已有的知识和经验比较了解,便有意识地把"紫砂"和"瓷器"加以对照,使他很快地记住了前一个词。

在这个学习过程中,"茶壶"一词与他已有的有关茶壶的知识联系起来得到了解释,所以能知觉,记忆不困难。而"紫砂"一词在他的语言网络中找不到相应的联系点,因而多次反应不出。通过教师的指点引导,让新信息"紫砂"和已有的信息"瓷器"加以关联,改变了他的知识网络结构,建立了新的语言网络结节,由此便能快捷地得以反应,以后对用"紫砂"材质制作的器皿,如"紫砂茶壶、紫砂花瓶"等都能直接知觉。新的信息如果达到有效的同化、吸收,则学习者的知觉水平不仅仅是简单的递加,而会呈几何级数式的成倍提高。

在群体教育条件下,教师面对的学习对象,其已有的知识经验不在一个水

---

① 〔美〕R. L. 索尔索著 《认知心理学》,黄希庭等译,教育科学出版社,1990 年,第 5 页。
② 同上书,第 15 页。

平上。即使教师已经了解到各人知识经验积累的情况,在施教时也不可能针对每一个学习者的具体情况来传送语言信息。教师必须就其大多数学习者的知识经验状况组织教学。由此自然产生两种情况:其一,就知识经验较丰富的学习者而言,教师传送的信息跟他已有的语言网络中的信息结节,大部分是在同一层次上的联系和重复,知觉的新信息量较少;其二,对知识经验较薄弱的学习者来说,教师传送的信息已经超越了他的知觉能力,在他的语言网络中寻找不到相应的信息结节来补充和解释。可见,个别教育条件下,学习者对外界的信息容易上升为知觉,而知觉水平也能得到较快的提高。

二、注意的特点

注意到的信息和感觉到的信息是不同的。注意是"心理努力对感觉或心理事件的集中"[1]。"100年前,威廉·詹姆斯(W. James)指出:'注意是心理以清晰而又生动的形式对若干种似乎同时可能的对象或连续不断的思维中的一种占有。它的本质是意识的聚集、集中。它意指离开某些事物以便有效地处理其他事物。'"[2]注意作为一种心理过程,具有选择性、专注性和分配合理性。个别教育条件下,学习者的语言认知在注意方面又带有自己的某种特点。

(一) 注意的选择性

个别教育条件下的学习,学习者对信息的感知量往往比较大,筛选出的有效信息往往也比较多。这是因为,人们的有限容量无法注意和传送众多的外界语言信息,势必要牺牲和舍弃一部分信息线索。但如果对外界环境(情景)加以控制,对学习者的经验和知识加以调动,让注意机制优先集中于某些刺激,选择重要的和必要的语言信息,就能加大感知量。一对一的教学,没有一起学习的其他同学对学习者的干扰,也没有其他同学对教师教学的分散,这样,不论是接受信息的一方,还是输出信息的一方,都相对集中于有效信息。在群体教育中,某些学习者由于某种知识经验的缺乏而无法注意到一些信息线索,而在个别教育中,这方面的不足往往得以弥补。这是由于教师对自己的教学对象的汉语水

---

[1] 〔美〕R. L. 索尔索著 《认知心理学》,第119页。
[2] 李维主编 《认知心理学研究》,浙江人民出版社,1998年,第103页。

平比较了解,可以帮助学习者在原有知识网络的基础上,编织有关信息的新结节,从而使他扩大了注意的选择面。

(二) 注意的专注性

注意的专注性与唤醒水平有密切关系。唤醒能"使我们知觉感觉事件的能量保持活跃"[①]。唤醒水平降低时,注意的选择性降低,无关的和有关的线索都受到注意。随着唤醒水平的提高,学习者集中于有关线索而忽视无关线索。在个别教育条件下,学习者没有周围环境的制约,不受拘束,一般比较放松。当他遇到有疑难的问题或不理解的内容,可以随时打断教师的讲授而发问,教师也可随时加以说明、解答。这时的语言信息是最受学习者注意的,唤醒水平也是最高的。也就是说,学习者的注意处在最专注的状态。而群体教育因为要照顾到整个集体的学习,一般不可能随时发问,或多次打断教学进程,故而他们想注意的信息不能随时得到关注,而无关的信息却分散了他们的注意。这样他们的注意的专注性和唤醒水平会相对地下降。

(三) 注意的分配合理性

注意是一种资源。注意资源是人类借以执行认知或心智任务的心理能量。注意的资源分配理论把注意看作人类加工信息的有限心理资源。注意只能在心理资源许可的范围内承担有限的任务[②]。在语言学习中,人们既利用了注意的稳定性,也利用了注意分配的合理性。没有注意的稳定性,信息瞬息而逝,在感知阶段贮留的时间就得不到保证,因而也不可能进行加工、编码和记忆。没有注意分配的合理性,语言学习活动只能单项进行,听说读写不能同时展开,也就无法学习。注意分配的合理性,既是一种与生俱来的生理机制,同时也是一种能力,可以加以训练和培养。儿童学习母语从开始阶段只能听读,到以后上课能做笔记,这其间既有学生本身生理机制发育成熟的因素,也是教师有意识培养的结果。当学生书写文字的能力达到自动化水平以后,就能合理分配自己的注意资源,做到边听课边记笔记。成人学习外语在资源合理分配上也要经历这一阶段。

有一日本公司职员个别学习汉语,当他阅读课文时一般能比较准确地把握

---

① 〔美〕R. L. 索尔索著 《认知心理学》,第 141 页。
② 李维主编 《认知心理学研究》,第 113 页。

语音语调。但是当他与人交流时,同样一句话,说出来的是一种音调走样的难以听懂的日式汉语。教师询问他表达时在想些什么,他回答说他的注意都集中在寻找词语、搭配词语、传达意思之上了,而对于语音语调根本顾不上。

以上事例说明注意资源的分配成功要具备某些能力。这个学生的情况显示他在词语和词的发音方面所建立的联系很不牢固,没有达到自动化程度,即见字就能正确发音。由此教师在这方面加以强化训练,培养他看到或想到词语即能准确发音的能力,使他在表达时只要分配少量的注意资源即能较为准确地发音吐字,传达信息。个别教育往往有较强的针对性,可以对已学的语言内容较快地训练到自动化程度,从而使其注意资源的分配更加合理有效。

第二节　个别教育条件下学习者加工信息的特点

个别教育条件下,学习者信息输入有其特异性,而为学习者感觉登记所摄入的语言信息在交付记忆的过程中,即信息的加工,也有一些不同于群体教育的特点,这些特点对于学习者的记忆有着十分重要的意义和作用。

一、信息在短时记忆中加工处理的特点

人类信息的储存和记忆可分为两种形式和四个连续的阶段。外界刺激信息通过"感觉性记忆、第一级记忆、第二级记忆和第三级记忆"这四个连续的阶段,促使信息从短时记忆进入长时记忆,成为学习者内化的知识结构。这种认知的心理活动过程无论是个别教育的学习者还是群体教育的学习者都是共同的。当然,由于教育方式的不同,可以加速或延缓这个过程,增加或减少记忆的容量。对照群体教育,个别教育至少在下列几个方面体现出它的特异性。

(一) 短时记忆的容量有所扩大

短时记忆是一个短暂的储存器,其加工能力极为有限,只能保持有限数量的信息,因而可以说容量小是短时记忆的一大特点。[①] 根据一些认知心理学家的考察和测定,认为短时记忆的一个记忆单位的容量为 $7+/-2$ 个项目[②],一般

---

① 〔美〕R. L. 索尔索著　《认知心理学》,第183页。
② 桂诗春编著　《实验心理语言学纲要》,湖南教育出版社,1991年,第162页。

来说,信息项目超出这个极限,就会因超载而被拒之于门外,但短时记忆的这种局限在一定条件下可以得到一些局部的改善。反映在汉语学习上,每个记忆单位容纳的信息量取决于输入信息的本身的特征和人们对信息的熟悉程度①。我们在实践中发现,同样的教材,同一个教师,学习条件和学生基础基本相同,实施于个别教育,其教学进度总要比课堂集体教育来得快。这里的因素很多,而个别教育对象的短时记忆容量有所扩大则是其中之一。

我们曾做过这样的实验:挑选了九名汉语水平与个人条件基本相仿的学员,其中四名是接受个别教育的学员,五名是接受课堂集体教育的学员,让他们同时阅读一篇有关到商店购物的短文。先在限定的时间内阅读三遍,然后由九位教师分头对这九名学员提同样的问题,让他们回答(复述)课文的内容。结果接受个别教育的学员,复述的正确率高的达到94%,低的也有90%。而接受课堂集体教育的学员则差距较大,两名平时学习不错的学员,复述正确率也只达到89%;而两名较差的学员则只达到71%。

这十名学员的短时记忆的原有容量,应该是差不多的,那在实验中何以会有这么大的差距呢?究其原因主要有三:

1. 平日学习时接受的训练量不同。

课堂群体学习人数多,学生回答问题和复述练习的机会多寡不均,对于阅读—记忆—复述这样的训练方式不一定每个人都熟练,所以阅读实验中的反应不同;而接受个别教育的学员差不多学习每一篇正课文和副课文,都充分接受这样的训练,驾轻就熟,所以在阅读实验中,很自然地加强和加深了短时记忆,加大了它的容量。

2. 记忆方法的差异得到不同的记忆效果。

接受个别教育的学员由于对阅读—复述的方式比较熟悉,他们能采用巧记的办法,加大记忆的容量。比如阅读实验用的这篇有关到商店购物的短文,有跟营业员打交道的简单情节,有琳琅满目的商品等等,善于巧记的学员能抓住情节的先后线索和商品的类别进行情节记忆和组织记忆。这样,在短时记忆中的信息容量可达到上限,即单位记忆中有九个信息项目,甚至超过这个数目。而接受课堂集体教育的学员,一般不太习惯巧记,他们常常用的是硬记的办法,

---

① 王初明编著 《应用心理语言学》,湖南教育出版社,1990年,第139页。

因而在短时记忆中的容量只到下限,即单位记忆中只能暂存五到七个信息项目。于是复述的正确率也因此而下降。

3. 环境的差异。

虽然个别教育和课堂教育由同一位教师使用同样的教材执教,但课堂集体教育的情况,诸如汉语水平、训练机会、接受能力,以及个体差异等比个别教育复杂得多,知识的吸收和应用受到一定的牵制。而个别教育则比较单纯,知识的吸收和应用比较充分。这样达到一定阶段,接受个别教育的学员其汉语知识结构相应地就比较扎实、牢固,在句法规则的引导下,阅读速度和理解能力也相应地比接受课堂集体教育的学员高得多,易于对外界语言信息接收和加工,这也为扩大短时记忆的容量创造了条件。

(二) 短时记忆的时间有所延长

大脑短时记忆这个储存器,不仅接纳信息的容量有限,其保持的时间也十分短暂,一般来说只能储存约 10 秒钟[①]。进入短时记忆的信息若马上使用则可以回忆起来,时间一长便告消失[②]。这种短暂的特性,与短时记忆的有限容量是相应的。如果先前进入短时记忆的信息项目不消除的话,则后续的语言信息因储存器没有空缺的位置而无法接纳;要让后续的新的信息源源不断地输进短时记忆,则必须接连不断地、分批分批地清空储存器中的旧信息。问题是信息在短时记忆中都像行云流水般地飞逝而去,大脑不留什么痕迹,则都成了无效记忆。因此,对于短时记忆中的信息不能白白地轻易放过,必须及时对之进行加工,理解它的意思,并把重要的信息项目送入长时记忆保存起来。

在语言信息处理过程中,记忆单位通常表现为单词、短语或子句[③]。这些语言信息在短时记忆中通过句法规则构成一定的意义单位并被理解提取之后,语言形式便消失或被清除,以便接纳新的输入。为了能充分理解暂存于短时记忆中的语言信息,延长短时记忆的时间就显得十分重要了。在对外汉语教学中,接受个别教育的学生由于拘束较少,对于难以接受或者前听后忘的话语,常要求教师重述一遍,以便充分理解;进行个别教育的教师也因为熟知自己教学对

[①] 桂诗春编著 《实验心理语言学纲要》,湖南教育出版社,1991 年,第 160 页。
[②] 王初明编著 《应用心理语言学》,第 140 页。
[③] 同上书,第 141 页。

象的特点,在学生难以理解的地方,常作较大的停顿,控制后续的语言信息过快地干扰或替代现存的语言信息,这在客观上延长了短时记忆的时间。课堂集体教育,只能照顾大多数,不能顾及每一位学生的信息输入和信息处理的情况,教师的讲课速度,常超出某些学生储存信息的速度,导致信息的大量丢失;学生对于不理解的或瞬息即逝的东西,因得不到教师的强调和重述而轻易地放过。也就是说,学生的短时记忆中的语言单位未得到充分理解就被清除了出去,这就在客观上限制了短时记忆的时间。

另外,学生处理短时记忆中的语言信息,主要靠语法规则。对语法规则熟悉程度较高的学生,短时记忆中的语言单位能较快地组织、转化为意义,由于意义的系联,也就很自然地延长了这些语言单位在储存器中的时间;相反,对学生无法用语言规则处理的那些输入,则瞬息被遗忘。认知心理学家考尔(Call, M.)的听力实验表明:学习者必须学会利用句法帮助识别词与词之间的联系,使句子在短时记忆中保持较长的时间,以便弄懂意思。故此,识别句法结构的专门练习对提高听力是必不可少的[①]。接受个别教育的学生这方面的训练在一段时间里比接受课堂集体教育的学生充分得多,因而他们能够熟练地运用语法规则来处理短时记忆中的语言单位,有效地控制和延长了储存器中语言信息保持的时间。

(三) 短时记忆的加工速度有所提高

信息在短时记忆中必须得到及时的加工,延误时间就可能遗忘、消失。因此提高加工的速度是防止信息遗忘的一大良策。如果说,刺激输入在感觉登记中尚属于肤浅的感觉分析和特征分析,那么在短时记忆中就进入深一层的加工分析:或者是言语符号的序列加工(抽象的语义编码),或者是非言语的表象加工(具体的形象编码),或者两者兼而有之[②]。这种加工,可能是对一个通道的信息输入进行逐项加工(系列处理),也可能是对多个通道的信息输入同时进行加工(平行处理)[③],无论是哪种加工处理方式,熟悉度是最基本的条件。熟悉度高的,处理语言信息速度就快;熟悉度不够,处理语言信息速度就减慢。接受个别

---

① 王初明编著 《应用心理语言学》,第 142 页。
② 〔美〕R. L. 索尔索著 《认知心理学》,第 315 页。
③ 桂诗春编著 《实验心理语言学纲要》,第 165 页。

教育的学生由于教师全身心地对他一个人教学,接受训练的机会和时间较多,对词语、语法知识以及听说技能的熟悉度都较接受课堂集体教育的学生高,因此他们对知识信息的摄入、接收和加工也快。我们经常遇到课堂集体教育的一些学生要求就某一课程或某一技能作个别辅导,原因就在于大班课给予学生练习的机会太少,在提高他们的语言熟悉度方面比较欠缺。我们收集到的好多实例都说明了这个问题。

例如:有四名高等院校的汉语留学生,学了一年汉语,听力的进步相当缓慢,于是要求个别授课。教师根据他(她)的具体情况,扩大听力内容和知识范围,训练听力的技能技巧,培养猜测、联想、跳跃的能力,经过两个月(每周 8 小时)的强化辅导,做 HSK 听力模拟题的正确率从原先的 50% 提高到了 80%。

这些实例都证实了世界知识的熟悉度,语法规则的熟悉度和听力技巧的熟悉度,对于信息处理加工有着直接的影响。当听力材料是学生所不熟悉的、陌生的,自然很难加工;听懂了其中的词语,而语法规则无法将它们系联成有意义的句子,也是枉然;由于听力技巧的不熟练,也会妨碍正确的判断。这些因素如果都能达到熟练化的程度,则学生对输入的信息不仅能进行系列处理,听懂词与词之间的联系和句与句之间的关系,同时也能进行平行处理,一边加工听觉传入的声音信息,一边加工视觉传入的文字信息。这就是学生做 HSK 模拟题取得优良成绩的奥秘。

二、信息在短时记忆中再编码的特点

个别教育的条件能够改善短时记忆的质量,但也只能扩大有限的容量,延长有限的时间,提高有限的加工速度,毕竟短时记忆是以迅速遗忘为特征的[①],如果不及时进行处理将它们输入长时记忆,就会被新的信息挤走或替代。为此,必须有意识地复现短时记忆中的信息,充分地进行再编码,增加或改变长时记忆网络的节点及节点之间的联系。由于个别教育时间的利用率较高,再现信息的机会较多,在信息再编码方面形成了自身的一些特点。

---

① 邵瑞珍主编 《学与教的心理学》,华东师范大学出版社,1990 年,第 50 页。

（一）复现和再认的频率高

外界的语言刺激信息经感觉传导,即一个或数个神经元的轴突末梢与其他神经元的胞体树突相接触而进行传递,在大脑的皮质上建立起一种暂时的联系,初步形成短暂的记忆痕迹。这种记忆痕迹随时间而变化,如若不去激活它、利用它,痕迹就不能储存和保持,很快就会衰减或消失。反映在语言教学中,新的词语和语法规则输入到学习者的短时记忆中,它们只能在那儿保持17秒钟,新信息在这段时间里得不到复现或再认,就会被后续的新信息所替代或排挤,记忆痕迹因此而衰减、淡化,乃至完全消失。有经验的教师,都能抓紧信息在短时记忆中遗忘之前,加强复现和再认的训练,让神经元的轴突末梢与其他神经元细胞的树突再次相连传递,引起兴奋,加深记忆痕迹,在长时记忆中永久储存。有多位长期从事个别教育的教师所提供的教学实例,都证实接受个别教育的学习者,其遗忘率较低主要得益于复现和再认的机会多,频率高。一对一的形式,给予学习者以充分的训练时间,为复现和再认已经输入短时记忆的信息创造了良机,从而形成了个别教育条件下学习者短时记忆的加工特点。

1. 及时性

新的词语和语法规则一经输入,学习者立即进行重复刺激,抢在遗忘之前输进长时记忆。

2. 充分性

接受个别教育的学习者得天独厚,复现和再认的机会比较充裕,足以对信息进行充分的加工。

3. 多样性

接受个别教育的学习者除了一般的反复背诵、反复阅读和做练习,还常开展与教师漫谈、向教师提问等多种活动来复现和再认学过的词语和语法,知识的掌握比较牢固。

4. 意义化

单个词语和抽象的语法规则,如果作机械的记忆,即反复地刺激—反应,则效果比较一般;在个别教育中,教师比较注意词语的组织和搭配,重视句式的功能和作用,有比较充分的时间举例,让学生在意义中理解和体会。因而学习者大都已习惯于在意义中记忆词语和语法规则。

5. 情景化

新的词语和语法规则出现在教材之中,常常只用于一二种场景,学生学习之后,只能在同一情景中使用,即作水平迁移;进行个别教育的教师如果在较长时间的训练过程中,只反复地局限于一二个情景,无疑会单调乏味,他们势必要创设多个情景让学生创造性地使用。这样,学习者就可把新的语言知识应用到多个不同的情景之中,即作纵向迁移。

(二)编码线索的提供比较充分

编码是将学习者注意到的复合刺激物交付给记忆。语言的复合刺激信息能够利用的线索是很多的。词语有音、形、义等线索,句式有结构、功能、关系等线索。个别教育的教学环节和教学步骤比较有弹性,对于难词、难句以及学生难以掌握的地方或容易遗忘的信息,可腾出较多的时间,提供充分的线索帮助学生加工编码,以便送入长时记忆,把遗忘率降低到最小。

复现和再认是短时记忆进行信息加工的手段。复现是信息的重复和再刺激,再认是信息的匹配和再反应。复现是强化短时记忆的信息并往长时记忆输送(短→长);再认是从长时记忆搜索提取与外界信息相似的模型到短时记忆中进行匹配反应(长→短),目的都是为了再次编码,把信息牢固地储存于长时记忆,防止信息的流散。从大脑的神经活动机制来看,复现和再认实际上是几个细胞体的轴突末梢与另外一些相关的细胞体的树突再次接连,让信息再次传向中枢,在那里又一次地分析整合,或者加强已有的联系,或者扩建新的联系,稳固地把信息烙印在大脑之中,形成知识网络结构。个别教育复现和再认的频率比较高,不仅提供的线索比较多,老线索与新线索之间的联系也比较密切,细胞体之间,轴突与树突的紧密接触比较频繁,中枢的编码自然也就精细而正确。所谓的编码线索实际上是把复合刺激物分解为各种物理的刺激元素。比如一个词语或一个句子,可以分析为声音(语音、语调等),通过听觉神经传入听觉中枢;可以分析为形体(词形、句型等),通过视觉神经传入视觉中枢。大脑言语中枢又将这些刺激元素整合起来成为有意义的语言单位(词或句子),短时记忆的再次编码就是再次强化视觉中枢、听觉中枢的刺激元素在言语中枢中再次整合的过程。接受个别教育的学生由于没有别的同学抢占或分用他的上课时间,其读音较多地得到教师的校正,其认形(如欧美学生认读书写汉字,日本学生误写日文汉字等)也较好地得到教师的纠正,句子的搭配与语序也较充分地得到教师的指正。语言信息由这么多正确的线索可资分析整合,储存进长时记忆的语言模型近似值就比较高,避免了对客观信息的歪曲记忆(不真实编码)或僵化记忆(片面编码),为应用时的正确匹配和提取创造了条件。

三、长时记忆的信息表征特点

短时记忆中的信息通过编码与复现、再认的又一次或多次编码储存进长时记忆,是信息在头脑中的表征过程。它涉及两个因素:知识的结构和知识的转化。知识的结构,根据认知心理学家对人类知识及其结构的研究可归纳为:层次网络模式、激活扩散模式、特性比较模式、集合论模式和命题网络模式[①]。知识的转化主要是陈述性知识(类比表征、命题表征),转化为程序性知识(程序表征)。

同一个班级的学生,由于个体的差异,他们对所摄入的语言信息的表征即知识结构和知识转化,悬殊较大。何况教育形式和条件的不同,更会影响到个体对语言信息的表征过程。因而在个别教育条件下,学习者的长时记忆的信息表征,就会有不同于课堂集体教育的某些特点。

(一)较快地形成目的语语言知识结构网络

汉语零起点的外国学生,长时记忆里储存的是母语的知识结构,学习汉语的初始阶段,虽然可依赖其母语同化、吸收目的语词语和句子意义,但对目的语词和句子的读音和形体多数是靠死记硬背储存的,也就是说这时候头脑里没有目的语知识结构网络,所摄入的汉语语言信息都依附于母语的知识结构网络,接收和匹配全要通过两种语言的对译,因而,对目的语语言信息的反应比较迟缓。

接受汉语个别教育的学习者大多数是驻中国的海外商务人员,他们迫切要求较快地用汉语来处理生活和工作。在初始的三个月,他们要求教师懂他们的母语,彼此可以交流;使用的教材最好有其母语的翻译和解释,可以预习和复习。三个月后,他们却不满并反对教师过多地用其母语教学,希望尽早摆脱对母语的依赖,直接用目的语进行交流。这样,也就决定了对外汉语个别教育总

---

① 徐子亮著《汉语作为外语教学的认知理论研究》,华语教学出版社,2000年,第9页。

是带有强化教学的性质。所谓强化,就是花比较短的时间,采用集中记忆的办法,在学习者头脑中较快地建立起目的语语言知识结构网络。这种目的语语言知识结构网络,主要是目的语的词语和句式以及渗透于其间的文化。它们是通过联想记忆(类比表征)和语义记忆(命题表征)来实现的。虽然外语学习者,都经历过这样的心理过程,但速度有快有慢。比较而言,接受个别教育的学习者建立目的语语言网络一般都快于接受群体教育的学习者。原因是:进行个别教育的教学进度快,加速了网络的形成;另外接受个别教育的学习者驱动力足,采用的策略得当,容易编织起网络的结点。

我们曾经跟十余名接受汉语强化教育近一年的学习者座谈,他们认为学习汉语必须尽快地打下基本汉语的基础。有了这个基础,接收新的词语和句子会感到非常容易,一天就是学习五六十个乃至近百个生词,阅读一二千字文章,听三个小时的材料,也会觉得很轻松。而要打好这个基础,他们的经验是及时整理学过的知识:(1)对学过的词语不断地在生词本上分门别类,从同义、反义、互补义等角度去联想;(2)对学过的语法规则对照母语不断地比较、梳理,从功能、作用、关系等方面去体会;(3)注意中国人说话的思维方式和思维习惯,尽力去适应和学习。这些学习者所说的经验,实际上就是尽早建立初步的目的语语言知识结构网络,然后就能有效地去同化、顺应、整合新的语言信息,调整知识结构,形成一张节点分布与配置更为合理的比较完善的网络。

(二) 较正确而熟练地匹配和提取长时记忆中的语言模式

外界的语言信息在记忆中主要是通过类比表征、命题表征和程序表征三种方式[①]。也就是说,信息储存于知识系统里,或者是用意象和联想模式来表征,或者是用语义模式来表征,或者是用操作模式来表征。前两种表征是陈述性知识,通过学习可以获得;后一种表征是程序性知识,通过训练,把陈述性知识转化为一定的程序才能获得。个别教育的训练集中在一个人身上,机会和时间较多,保证了学习者对汉语知识的操作和应用,因而他们听、读、说的能力都提高得较快。

我们调查接触过在上海对外服务有限公司接受汉语个别教育强化训练的学员。发现他们虽然只学习八个月,但是说的能力已很强,跟他们谈话反应都

---

① 李维主编《认知心理学研究》,第63页。

较快;做 HSK 听力模拟题,正确率高达 80%—85%;能连续说五分钟到十分钟的话(最好的可连续说二十分钟),词语的选择和句子的使用都较妥帖、得体;阅读的速度五分钟可浏览近千字的课文,基本理解其中的意义,对课后练习中的是非题,判断的正确率达 80%—90%。高度的强化训练,使个别教育的学习者迅速把有关的语言知识转化为产生式系统。他们的心智活动在一系列的产生式的作用下,极为有效地从语言结构网络中匹配和提取有关的词语模式,按照语法规则组织成有意义的话语,准确地理解或表达。有的程序已经达到自动化程度。这样的教学效果,在群体教学中,没有一年半到两年的时间是难以企及的。

第三节 个别教育条件下学习者认知汉语的局限

个别教育的形式对学习者认知汉语有着一定的促进和强化作用,既上升了信息的知觉水平,也提高了信息记忆的质和量。然而个别教育作为一种学习形式,必然也有其不足之处。个别教育条件下学习者认知汉语的局限主要表现在以下三个方面。

一、信息摄入受到一定的限制

在个别教育中,"一对一"的教学活动只有师生之间的互动,缺乏一种群体的联动。群体联动信息交流范围较广,对每一个学习者而言,这种信息面广阔的交流可以起到一定的互相启发、互相补充的作用。群体教育便于组织多种训练活动,因为相当部分多样化的训练方式是以群体为基础的,例如接龙式的问答、话题讨论、分角色的情景对话以及游戏等等。这些训练活动能从各个方面刺激学习者的感官,提高他们的学习兴趣。在个别教育中,学习者的信息来源局限在教材和教师的讲解上,缺乏群体的信息交流和互相作用,因而教学显得乏味和单调。这种局限性在语音教学中尤为突出,这是因为授课教师只有一个,语音刺激比较单一,缺乏变化;从学习者而言,某一教师的语音刺激已形成一种听觉定势,他特别习惯于某种音质、音色,并对其他人的语音刺激反应迟钝,这样在一定程度上不利于他参加社会交际。为此,进行个别教育的教师常需采取一系列方式方法加以弥补。

二、语感的建立受到一定影响

汉语学习在打下一定的基础之后,若要较快地加以提高,必须培养学习者的汉语语感。特别是听力和阅读理解能力都与语感有着十分密切的关系。外界的话语、文字信息,通过听觉视觉进入大脑后,由于语感的作用,对其中一部分可以整体地感知,而不必对词语的意义与句法结构作精细的分析。语感的培养和提高有相当一部分(尤其是听感)是在交际过程中获得的。交际的频率较高及交际的范围较广,则有利于这一部分语感的形成。个别教育由于环境相对封闭,交际机会较少,因而使这部分语感的建立受到一定的影响。有一日本公司职员在接受汉语个别教育中,由于感到交际不足,曾主动放弃了公司提供的条件优越的免费住宿,而宁愿自己掏钱住进某大学的留学生宿舍,为的是就是能有较多的机会跟人交谈,提高汉语语感。

三、学习的竞争力度淡化

个别教育条件下,学习者认知汉语无群体的约束,个体的语言需求得到比较充分的满足;个体的认知风格得到较为充分的发展。且教师对学生的学习过程比较了解,个体的认知策略和应用策略一般也能得到比较及时的指导。但学习者往往也会因此而固步自封,特别是缺乏横向的比较,因此也就缺乏互相竞争的驱动力。驱动力是不断激发和维持学习者进一步认知的动力,这种动力来源于学习动机、学习目的、学习兴趣和相互竞争。"一对一"学习,竞争力度的淡化,也在一定程度上减弱了他们的学习驱动力。同时在学习策略的运用方面,由于缺少互相的比较和借鉴,不能吸取他人良好的方法和策略,而容易拘泥于个人的某种学习习惯并使之固定化。因此进行个别教育的教师除了传授语言知识、培养语言能力之外,还要在学习策略、学习方式、学习习惯上对自己的教学对象加以指导,激发他们的学习动力。

上述个别教育条件下学习者认知汉语的特点分析,是基于长期的教学实践、广泛的调查和访谈、大量的资料积累,并结合认知心理学的理论而进行的。

个别教育的对象是千差万别的,并没有两个学习者的认知特点是完全一致的。现在在如此众多的学习个体中抽绎出带有一定普遍意义的特性,是希望能有益于对外汉语的个别教育实践,并给这类实践提供一定的理论参考。

第十二章　远程学习的认知特点

现代化通讯技术的崛起和发展,因特网进入千家万户,不仅改变了人们的生活方式,也改变了传统的教育理念和教育技术。远程教学就是在这种背景下兴盛起来的一种崭新的教学举措。远程教学依托于电脑软件通过因特网向外传播各方面的知识,其中包括语言教学。它不同于群体教学,没有班组这一级组织,完全游离于课堂;它也不同于个别教学,没有教师当面传授,完全由个体独立进行操作和学习。尽管远程教学,比起传统教学来说,还属于刚刚起步阶段,有许多不完备的地方,但其影响之深远,传播面之广袤,已经显示其广阔的前景和远大的前程。

第一节　远程教学的特点

汉语的远程教学,利用电脑因特网向外进行文化传播和语言教学。它打破了传统教学的许多束缚和框框,建立起自身所固有的教学秩序和规律,在实践中形成了诸多特点。

一、远程教学的基本特点

远程教学在教学关系、教学方法、课本形式、学习场所、信息传递的速度和数量、训练方式、教学手段等等方面都有所改变,形成了自己的基本特点。

(一) 改变教学关系

传统的群体教学和个别教学,都直接有教师面对面的讲授、指点和辅导,教和学形成一对相辅相成的关系。尽管对外汉语教学近年来提出了"以学生为主体,以教师为主导"的教学原则,充分发挥学生学习的积极性和主动性。但大部分情况还是以教师的讲授为主。即使是泛读课那样的独立阅读机会比较多的课程,也处在教师的指挥之下,统一规定阅读时间,统一思考或回答教师的提问。学习活动基本上围绕着教师的教学计划和教学进度而展开,当然也有根据学习的具体情况而改变计划和进度的,但那也只是局部的改动。

远程教学的出现,在一定程度上冲击和改变了传统的教学关系。教学不再由教师直接贯彻,而是通过软件的编制间接地加以实施。它彻底以学习者的自学为主。学习者依据自身的汉语水平以及兴趣爱好,从网上选择合适的教材内容,并根据自己的优势和薄弱环节,决定取舍或加以强化。学习者成了真正的主体,他们的学习不再是被动的,或者说被教师的教学进度和教学计划牵着鼻子走,而是变被动为主动,积极地、自觉自愿地参与学习。他们不仅自己选择学习内容,而且自己控制学习进程和学习容量:简单而易学的,则少花一些时间;复杂而难学的,则多花一些时间。对电子教科书上出现的不易搞懂的内容和知识,独立自主地进行钻研和思索,养成了探究式的学习习惯。

(二) 改变教学方法

传统的教学方法,无论是群体教学还是个别教学,大多采取讲授法。对外汉语的一些教学原则,比如,精讲多练,讲练结合,突出语言教学特点,以学习者为中心,等等,也都离不开教师的讲授。即使是练,也大多是在教师的指导下开展训练活动。

远程教学是依托于电脑的网络教学,也可以说是一种程序教学。这个客观条件限制了讲授法的推行,教师所教授的语言知识已被编为各种各样的系列程序,这些程序是相对固定的,不能针对学生的具体情况随时改动、补充或说明。学生只能在程序许可的范围内,自己进行学习内容、学习频率、学习容量和学习策略的调整。这一切都建立在学生自学的基础之上。可以这样说,远程教学已经变双向的教学活动为单向的学习活动。

当然,远程教学并不排斥教的活动,她的宗旨是以自学为主,适当给以辅导,学习和辅导相结合。一般学习者可以利用网上通讯,向有关单位(如制作单位或网站等)进行咨询、提问、核对和质疑,有关单位也有义务向参加远程学习的成员答疑、解释、说明和补充,以这种方式弥补教的不足。但这对学习者来说是有一定难度的,因为他得把学习中的疑惑和不解组织成书面形式的问题,然后才能向人发问。如果学习者没有或暂时还不具备这种组织汉语文字的能力,那么他就得不到或争取不到这样的辅导。不过,从另一个角度来考虑,这样的提问和质疑,学习者必须把所学的语言知识进行一番调配和整合,选择适当的词语和合适的句式来表达,这本身也是一种语言实践的机会,而且是一种比较高级的学习方式。

(三) 改变课本形式

传统的课堂使用的教材,其编排一般采用的是线性的或平面的方式。也就是说大多数的教材是用单一视觉感知(如阅读教材)或单一听觉感知(如听力教材)的,(偶尔也有听视觉两者结合的,如录像教材,但毕竟不是主流教材。)且大多为静态的文字或插图,缺乏动感。其编排的次序,虽尽可能照顾到由简到繁、由易到难、循序渐进的原则,但一般来说,语言知识的展示因受篇幅和文字的限制,比较精练和浓缩,很大程度上要依靠教师去阐释、演绎、分析和归纳,提高教材的可懂度,才能让学习者顺利地接受。

远程教学得益于现代化的科技手段,它的课本,不再受线性和平面的约束,它可以图、文、声、像同时并进,组合成立体式的动态的电子教科书。

拿汉字来说,不仅可以发出读音(包括声韵调),展示部首结构,还可像写毛笔那样根据笔顺一笔一笔写出字来;以词语为例,生词点击,可以发出读音,展示书写,具体的概念可用实物图像表示,抽象的概念还能组成多项词义网络,其词性、搭配、组词等要素都一一包罗进去,可说是名副其实的多功能词典。就语法而言,不光是揭示语法规则,举几个例子说明一下,而是把有关句式产生句子的过程和步骤都一一铺排出来,直观而形象。而课文内容,不仅可展示出相关的图画和扫视文化历史背景,还可编制录像或卡通,让课本中的人物活动起来。这样的电子教材,打破了以往自学课本的沉闷和枯燥,让学习者一看画面,就产生浓厚的学习兴趣。

(四) 改变学习场所

传统教学经常采用的是不分个体差异的大班式上课,它必须具备一定的课堂条件,比如有黑板和课桌椅等;它也必须具备一定的时间条件,比如规定上课的钟点等。即使是个别教授,也需要一定的场所(或办公室,或会议室,或客厅,或教室等)和约定的时间(早晨和晚上的工余时间,或周末休息时间等)。当然,有时群体教学和个别教学也可走出课堂,到野外开展学习活动,但这只是课堂教学的一种补充。在固定的场所、约定的时间上课,才是传统教学的常规。

远程教学一反传统的常规,它打破了时间和空间的限制,随时随地都可携机学习。只要上得了因特网,无论出差到什么地方,无论是什么场所,无论是白天黑夜,都可打开电脑上网学习。它把知识教育从学校课堂转移到了世界各地,转移到了各个单位,转移到了每个家庭,转移到了学习成员的居所或旅途。我们说远程教学变固定教室为移动教室,此言毫不夸张。

（五）改变信息传递的速度和数量

远程教学利用电脑因特网来传播知识,其传递速度之快,信息数量之庞大,是亘古所从未有过的。以前,东西方的文化知识交流,国际间的互通有无,通过邮电传送,往往要几个月、半年甚至近一年。最新的科技成就和情报不能及时交换,造成了许多隔阂,拉大了彼此的距离。而现在一上网,就能查询和了解到最新的科技信息和科学研究成果,并能自由下载,充分掌握有关资料,为学习者的研修创造了十分有利的条件。参加语言远程教学的学习者,也同样享受到电脑因特网的好处。他们不仅能跟从远程网学习和查询,而且他们的作业,可以通过电子邮件及时反馈到有关的教学单位,并得到批复;他们咨询的问题,也可通过电子邮件,传到有关的教学单位,并及时得到答复和释疑。尽管教者和学者相隔千万里,却犹如在课堂里面对面地进行传授,一样能解决学习中的诸多问题。

（六）改变训练方式

语言实践和语言练习是学习和掌握一门语言所必不可少的环节和条件。群体教学、个别传授和远程教学,概莫例外。不过,群体教学和个别传授,有教师在场进行组织、布置和指导,对教科书所规定的练习,有所增补或删减;对练习中出现的问题,及时在课堂上订正或讲解,教和学都比较方便。远程教学没有教师在场,学生只能根据课程事先设计好的程序和练习,自己操作,自己取舍,自己练习,自己测定。如果有难解或困惑的地方,则可利用 E-mail 进行咨询和提问,争取得到有关教学单位的答疑和指导。这样的学习和练习,对每个学生来说,机会都是均等的,可以根据自己的需要就某部分的内容重复或反复学习,也可根据自己的实际情况,就某方面的练习多做或选择做,而且还可发邮件提问和质疑,获取答复和辅导,学习收效快,易提高兴趣,有成就感。从某种意义上说,远程教学弥补了群体教学因课堂时间有限而造成只有部分学生获得练习的缺憾。

参加远程教学的学习者一般都是单独的个体,不能进行合作互动。而最近兴起的利用 E-mail 发送短信和聊天的方式,弥补了这方面的不足。他们时而用母语,时而翻译成中文交流;时而用拼音,时而用汉字对答。不仅迎合了现代学习者惯用电脑的学习方法,同时又提高了学习的兴趣,发挥了互相探索,互相纠正,互相检验的学习主动性。而用拼音打字的过程,实际上是训练学习者把语音线索与汉字紧密地挂起钩来的熟练过程;聊天和发送短信,实际上也是训练学习者按照汉语语法规则选词成句的好方法。这样的合作学习,是一种语言实践,也是一种语言应用,开创了远程教学互动练习的新方式。

(七)改变了教学手段

现代计算机技术的发展,为教学增添了新的有效手段。语言学习也充分利用多媒体手段来辅助教学。对外汉语群体教学和个别教授,也迅速地开发了汉语计算机辅助教学系统的软件,以弥补课堂教学的不足。对外汉语远程教学正是在这个基础上建立和发展起来的。

二、远程教学的优越性和局限性

远程教学由于自身的特点,正在日益显示出它的优越性。当然任何事物都有两面性,受到广泛关注的远程教学,也不可避免地存在着一些不足。分析它的优越性和局限性可以使我们更好的发展和完善远程教学。

(一)优越性

远程教学的优越性主要表现在以下几个方面:

1. 直观性。远程教学可以直接形象地展示教学内容。例如,学习汉字可看到汉字笔顺的动态演示。

2. 个别化特性。远程教学可以针对不同母语背景的学生提供有针对性的指导。

3. 保护性。提供各自独有的学习环境,消除学生学习和练习的心理障碍。

4. 自由性。不受时空限制,根据需要随学随用。

5. 公平性。软件程序不厌其烦地对每个学生进行训练和评价。

(二)局限性

由于远程教学利用计算机辅助教学系统的软件,研制和开发时间不长,远程教学本身也有不尽完善的地方,因而难免会带来一些局限性。

1. 学生的注意力使用不当。有的学生对电子教学不太适应,把主要精力放在操作上,影响语言知识的接收和识记。

2. 缺少竞争和约束机制。远程教学纯粹是个体学习行为,没有竞争的激励,也缺乏进度的约束,容易放任自流。

3. 缺乏人格化品质。长期面对计算机,缺少人际交流,没有或少有合作互动。

4. 缺少应有的语言环境的指导作用。没有课堂小社会的语言环境,更无外界大社会的语言环境,没有开口说话的机会,也不能及时吸收最新的活的社会文化信息。

5. 软件制作的周期长,成本高。现有的汉语计算机辅助教学系统软件,跟不上学习者的需求。

第二节 远程教学的认知原理[①]

远程教学的原理,基于计算机的信息加工理论与认知理论的结合,因此探讨人机关系与认知活动,对于开展远程教学相当有意义。

一、计算机信息加工理论与认知理论

远程教学打破了原有教育学中课堂教学和教师面授的框架,既不是组成班级的群体教学,也不是教师与学生一对一的个别教授,而是另辟一条人机关系的蹊径。教学单位把教师的教学经验、教学艺术和教学方法汇集并融化在语言学习之中,开发、设计并研制成语言学习程序的软件在网上传播。学习者面对的是计算机,通过点击,把学习内容显示在屏幕上,依照学习的程序,一步一步地识记、练习和记忆。它没有师生关系,不能举手发言;它没有同学关系,不能互助合作。除了在网上发邮件咨询并获取答复外,基本上是一个人单独学习。但这种学习方式实施下来,收到了较好的学习效果。原因就在于计算机信息加

[①] 本节主要内容曾以《汉语远程教学的认知心理分析》为题,发表在北京语言大学对外汉语研究中心编《走向世界的汉语教学探索——第四届对外汉语国际学术研讨会论文集》(外语教学与研究出版社,2008),发表时有修改。

工理论正好吻合大脑认知加工活动的心理活动过程。早在20世纪20年代,美国心理学家华生从行为主义理论出发提出了 S(刺激)—R(反应)观,即反应或行为是受环境中的特定刺激影响的。认知心理学家不满足于行为主义心理学家的观点,他们把公式改为 S—O—R,即刺激引起机体内在心理过程变化,再由这些变化引起外显的反应。这里的 O,就是机体的内隐变化,这正是认知心理学家所要着重研究的东西。他们凭借计算机科学的成果,在信息论和控制论的影响下,在将机器系统和生命系统加以类比的思想的作用下,以信息加工理论为依据,发展了认知心理学。可以说,认知心理学是借助计算机的信息加工原理而发展起来的。认知心理学中的编码理论、存贮理论、匹配和提取理论、整合理论等等,其概念都来源于信息论和控制论。虽然人脑的认知过程是一种非常复杂的心理活动,远比计算机的信息加工理论要复杂奇妙得多,但限于科技发展的条件和人们对大脑神经活动认识的局限,用计算机系统类比生命系统来解释人类的认知活动,也不失为是一种好办法。而且神经生理学和脑神经的临床实验的研究成果不断充实认知理论,比如把记忆分为感觉记忆、短时记忆和长时记忆三个历程,它们跟哪个脑区和皮层有关,已经得到科学实践和临床实验的证实。

人们刺激信息的感觉传入到大脑进行加工处理的全过程,如图所示。

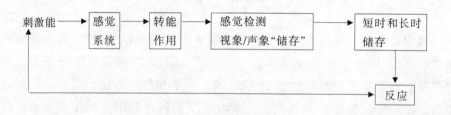

刺激能代表外界的刺激信息(即世界现象和世界知识,包括话语和文字),它们作用于人的感官(视、听、嗅、尝、触等感觉系统)。感觉系统的神经元将外部的视觉信息或听觉信息等刺激编码为动作电位,这种动作电位,因不同的化学性质(如甜、酸)和不同的频率(如高频和低频声音)等激活不同的神经活动,传递给大脑皮层。而且外部刺激强度的增加可以促使单个神经元动作电位活动频率增高和许多神经元动作电位活动频率的增高。这些神经元将各种不同特性的编码汇集到大脑皮层,就能在大脑中还原而形成视像或声像。但大脑加工器不可能对所有接收到的视像和声像进行加工。因而首先要接受感觉检测,那些不适合的信息被淘汰;那些适合的信息(视像和声像)暂时得以保存,并输送进短时记忆,经过复现和再编码,转入长时记忆。长时记忆对信息作出反应。反过来,这种反应又提供新的感觉线索,可引起新的循环。

例如,外界有几个词语信息(如机票、钞票、支票、汇票)刺激感官,通过视觉(听觉)的通道,感觉系统神经元分别将这些信息的诸多特征编码为动作电位,传递给大脑皮层,有关皮层对所有传递过来的编码,进行整合而还原为这几个词语信息。同时受到感觉检测,剔除不合适、不需要的词语(如钞票、支票、汇票),选取合适的、需要的词语(如机票),在那里短暂地保存了词语的形"机票"和词语的音 jipiao,送入短时记忆。由于短时记忆的容量小,保存时间短,极易遗忘,必须让这个词语几度复现,再次编码,使之进入长时记忆。如果"机票"这个词语是新的知识,长时记忆会吸收进自己的语言网络结构;如果"机票"这个词语是已知和旧知,长时记忆就会相应地作出反应:匹配或提取这个词语。在以后的应用过程中,"机票"这个词语(或者由外界信息刺激引起,或者由机体本身的意念所引起),又可以成为新的感觉线索,引起新的循环。

二、人机关系与认知活动

对外汉语远程教学既然是利用计算机系统的教学,那么探讨人机关系和认知活动,就显得十分必要。进行这方面的分析研究,可以帮助我们在理论的指导下进行汉语学习程序软件的研制和开发,使计算机更好地为汉语学习服务。

(一) 编码理论的运用

受计算机系统程序编码的启发,认知理论认为人们的感觉器官接收外界的刺激信息,将它传递给神经元,由神经元再传递给大脑皮层,记忆中留下的并不是实际的摹本,而是经过一定的编码或转化,就像电码将字母转化为一种特殊的点线序列一样。它可由颜色、形状、大小、距离、名称或与它有联系的其他许多事情等线索组成[1]。这些线索因素在工作记忆中经过整合,就能在大脑中反应出原来的外界刺激信息。可见,信息线索越充分,编码也越精细,以后由信息

---

① 〔美〕R.L.索尔索著 《认知心理学》,黄希庭等译,教育科学出版社,1990年,第389页。

线索激发长时记忆中的有关知识也就越容易。认知心理学认为,信息在记忆里得以表征的编码有非语言的表象编码和言语的语义编码。表象码更适合具体信息而不适合抽象信息,而言语码更适宜加工抽象信息。从记忆效果出发,认知心理学认为双重编码,即既有表象(包括形象和情节)编码,又有语义编码,记忆比较牢固。

　　对外汉语所使用的计算机辅助教学系统软件,充分利用多媒体的特点,在制作方面力求图、文、声、像并茂,让学习者的听觉、视觉与其他感觉器官一起参与活动,也就是说让机体多通道地识记和接收新的信息。例如,一个汉字"手",点击出来,就有:"手"的字型、读音、笔顺和书写、"手"的图像、"手"与他字的组合(如手指、手心、双手、动手等),以及"手"在工作和活动的录像,等等。通过这么丰富的识记活动,把耳听眼观的诸多信息线索一起汇集到大脑皮层,汉字"手"就能久久地存储在长时记忆之中。以后听到 shǒu 的发音,在这个语音线索的激发下,大脑就能解码,从长时记忆中提取出与之相匹配的"手"的字形,并马上联系到"手"字的意义。再如,一个句式的学习,既有规则的归纳,又有例句的演绎。规则的出示,不仅有文字和定义的说明,还尽可能采用图示法使文字形象化。这实际上也是在让学习者进行双重编码。而例句的演绎,尽可能把句子的产生步骤进行细化,使学习者能够把握句子的产生式系统来造句。

　　(二) 信息感知理论的运用

　　1. 阈限的自由控制

　　外界的语言信息,被机体所识记和接收,要有一定的刺激量(或称刺激能)。"当刺激能被转换而传至大脑,人便产生了意识经验。当可获得的能量超过某一水平(阈限)时,它就兴奋感觉神经元,或者就像通过门口一样'通过'。"① 不足以刺激神经活动的能量,可说成是在阈限之下,或阈下;足以刺激起活动的能量,则称为阈上。外界的信息刺激如果在阈下,就引不起机体感觉的注意,不能兴奋感觉神经元,识记活动就失败。在群体教学中,教师传播语言知识,不可能照顾到每个学生的个体差异,只是按照大多数学生的水平进行传授,其刺激能是统一的。统一的刺激能,对大部分学生来说,它的能量是在阈上,可以引起神经元的传递而进行识记活动;而对有些学生来说,它的能量可能是在阈下,尚不

---

① 〔美〕R. L. 索尔索著 《认知心理学》,1990 年,第 27 页。

足以引起神经元的传递而无法进行识记。因而导致某些学生跟不上教师教学的进度,从而拉开了学习水平上的差距。远程教学中识记和接收知识内容,完全由学习者自己自由控制,如果觉得刺激量不够(还在阈下),就操作计算机回复几遍,让要学习的内容,即刺激量达到阈上而能兴奋神经元进行传递为止。阈限是学习的"门户",学习的内容通过这个门,大脑的一切加工才得以进行。远程教学凭借计算机和因特网,有足够的条件和优势由学习者自行引导跨过这道门坎。

2. 学习容量的自我安排

人的大脑在一个单位时间里识记和学习的知识容量是有限度的。因为大脑处理系统对信息的加工受时间和数量的限制,对付不了所有的输入,只能经过筛选,择取一部分信息作进一步的加工。这就是心理学上的所谓瓶颈理论。众多的、巨大的信息量在感觉通道的传递中蜂拥而至,都要通过这小小的瓶颈。那些不合适的、不需要注意的信息自然被挡在瓶口外,那些合适的、需要注意的信息才得以通过,并被输入到短时记忆和长时记忆中加工处理。所以教学中,既要防止过多的内容挤在一起刺激学生的感官,也要避免过多的信息线索片刻不停地接踵而来,这都可能造成神经系统容量的超载。超载的结果,可能产生"拒载",也可能产生"泛化"。"拒载",是神经系统因过量活动而处于休眠状态,从学生身上表现出来的是昏昏欲睡;"泛化",是神经系统混淆不同的知识而处于混乱状态,从学生身上表现出来的是辨别不清[1]。对外汉语群体教学和个别教授,相当一部分教师以讲授为主,可能是计划不当,或忙于赶进度,一堂课的教学内容往往过多,也就是容量超载,结果常常引起学生的"拒载"或"泛化"。远程教学的学习内容和学习容量由学习者从计算机和因特网上自我斟酌、选取和安排。学习者可以根据学习内容的深浅难易,以及当时的精力和注意力,适当地安排和调整学习的内容和学习的进度,不时地调节学习节奏,让所学的知识信息适时、适度地进入感觉通道——瓶颈,并得到很好的加工和处理,不至于走因超载而引起"拒载"或"泛化"的弯路。

3. 注意资源的合理分配

注意是一种选择性行为,也就是面对外界众多的刺激信息,机体必须从中

---

[1] 徐子亮著《汉语作为外语教学的认知理论研究》,华语教学出版社,2000年,第261页。

选择一些需要的信息,集中注意力对之进行识记和学习。心理学认为注意是一种资源,"这些资源可以灵活地分配去完成各种各样的任务,甚至同时做两件事情。"① 但是所要求的资源如果超过所能提供的资源,那就做不成两件事情。注意资源的总量跟唤醒(即处于警觉的、兴奋的、敏锐地意识到周围环境的物质状态)极有关系,唤醒的水平越高,资源就越多,但是到某一限度,就会降低,像U曲线似的。例如复习过程中的题海战术就由于过量地消耗注意资源,效率反而降低。但是只要有足够的资源,就能完满地完成任务。当然,这里有一个资源合理分配的问题。如果资源足够同时分配给两件作业,自然这两件事情都能做好;如果资源欠缺,那就只能集中注意力去完成一件事情,要不,也许连一件事情都做不好。因而,注意的分配在认知过程中特别有意义。

既然注意的分配是指人们同时执行两项或更多任务时的情况,那就得考虑影响完成多项任务的因素:任务难度、练习和任务的相似性。在任务分配上,任务难度起着重要作用。两项都较容易的任务,自然能够完成得很好;两项任务有冲突时,则难度就较大,不容易完成好;两项任务虽难而互相兼容,则可互补,难度相对小些,可以勉力完成。对外汉语远程教学,学习者的注意资源分配,完全控制在自己的手里,没有教师组织教学活动来分散或夺走学生的注意力。学习者可随心所欲地使用自己的注意资源:对于自己感觉难的内容(如抽象词语、复杂句式等),多放些注意资源;对于较为容易的内容(如具体词语、简单句等),则可多项同时学习;对于两项有冲突的任务(如汉字的笔顺练习与拼音的声调练习等)则分开学习,或者打时间差;对两项兼容的任务(如词语的形音义以及词语的搭配和组合等),则多放些注意力。

练习,可使某些操作熟练化、自动化,大大改进同时完成两项复杂任务的能力。认知心理学家认为机体存在两种加工:一种是自动加工,它不需要注意,没有容量限制,一旦建立起程序,就难以改变;一种是控制加工,它依赖于注意,容量有限,以一种比自动加工更灵活的方式被使用。练习可以使自动加工发展起来。练习越多,需要的注意就越少。这就形成了两种自动化:完全自动化和部分自动化。后者尚需某些意识的参与。而完全自动化则已建立起一套程序,随时可供机体熟练地执行。学生在课堂上一边听教师讲授,一边记笔记,就是在

---

① 桂诗春编著 《实验心理语言学纲要》,湖南教育出版社,1991年,第97页。

注意资源的调配下,同时完成两项任务(又听又写)的典型表现。这里,学生听讲是需要很多注意力的控制加工,而记录则是通过练习已成为完全自动化或部分自动化的加工,不动用或很少耗费注意资源。对外汉语远程教学,学习者可以自己选定学习内容,决定注意资源的投放量。对难的学习项目(如复杂谓语、"把"字句等),则投放较多的注意力;对容易的学习项目(如边听拼音,边写汉字等),则合理分配注意力给几个感官(如听觉和触觉等),努力同时完成两个项目;并充分利用经过练习而达到自动加工的技能(如句子的产生和造作),参与到新语言项目的学习和应用中去(如计划和建构话语)。学习者利用计算机发短讯、网上聊天、提问等,都有自动加工的因素在内。

认知心理学认为任务的相似性对注意资源的分配有重大影响。比如使用同一感觉通道(如视觉或听觉),使用同样的内部加工(如背诵或默记生词),有着同样的反应(如几个同义词一起被激醒和提取),这些形式的相似性都影响两项任务彼此干扰的程度,在学习和识记中特别耗费注意力。远程教学采用图、文、声、像并茂的电子教科书,多通道地接收刺激信息,避免了任务相似性的干扰。虽然看起来要把注意力分散到听觉、视觉、触觉等感官上去,但实际上由于编码充分,且互相不会混淆、干扰,反而有助于记忆的保持和提取。

(三) 记忆理论的运用

记忆是知识的识记、保持和提取的心理活动过程。人的感官所接收的外部刺激信息,经过一定的编码,由神经元传递至大脑皮层,得以保存在短时记忆。但是短时记忆只有暂时的识记和储存功能,它的储存容量只有 7 ± 2 个单位,储存时间只有几秒,过此就会迅速遗忘。因而,短时记忆中识记的信息必须再现和重复,才能深深地、久久地保持和储存于长时记忆。远程教学的学习者,自己操纵电子教科书,能随时回复到以前曾识记而眼下即将遗忘的知识,再一次刺激感官并在头脑中整理和再次编码,使识记的知识信息长期地保持下去,日后需要时,可以依赖有关的信息线索把这些知识提取出来加以应用、理解或表达。这比群体教学和个别教授在很大程度上依靠教师来再现和重复所识记的知识信息,要简洁得多。

人脑记忆中的知识有两大类,即陈述性知识和程序性知识。陈述性知识是关于"世界是什么"的知识,其中包含着母语的语言知识和目的语语言知识两部分;程序性知识是"怎么做"的知识,其中包含着话语句子的产生式系统。它们之间相互作用,相互促进。在学习外语的过程中,每当学习新的知识(如学习新知"离开"),机体必然会拿它跟母语作对照和比较(如动词"离开"相当于英语的 leave,副词"离开"相当于英语的 off 或 away),同时也会利用已学过的目的语语言知识(如"离开"是"来到"的反义词,是"离别"的近义词)和程序性知识中的产生式系统(如,如果动词是及物动词,那么动词后可带宾语。现在"离开"是及物动词,所以可产生"他离开学校了"这样的句子)作辅助和指导,以强化新接触的学习内容。远程教学的计算机辅助教学系统软件设计,已经充分考虑这一认知过程。它有目的语和母语的多种比较,如词语系统的对照,语法和句式系统的对照;它有目的语语言知识的系统安排,如词语的语义系统,句型的产生式规则,等等。这些设计提供给学习者以对照和比较、重复和再现、练习和实践,基本上符合人的认知语言的规律和认知语言的过程。

(四) 整合理论的运用

学习语言的最终目的是为了理解和应用。理解是对通过感官传入大脑的外来信息(文章或话语)做出已经懂得的反应;应用是把人脑中的意念经过话语计划和构建而用口说或手写表达出来的反应。无论是理解还是应用,都有个信息整合的问题。信息整合是在工作记忆中进行的,加工方式有自外向内和由内向外两种。外来的文章或话语,经过感官传递至大脑的是离散的编码线索,大脑加工处理器(即长时记忆)受编码线索的激发,提取出与线索(如语音和词形)相匹配的词语到工作记忆,并在语法规则的监控下,把这些词语整合或还原为有意义的语句,这外来的文章或话语于是得以理解。这就是由外到内的加工活动。人的大脑里萌生某个意念(即命题),由意念刺激和唤醒有关词语,并提取到工作记忆,在那里进行话语的整合和构建,然后指令口腔或手指去执行,发而为声音或形之于书面。这就是由内到外的加工活动。远程教学跟群体教学和个别教授一样注重整合加工的认知练习和认知活动。听读理解和课外阅读,是由外到内的整合加工活动;发短讯,提问质疑,是由内到外的整合加工活动;而网上聊天,则是由外到内与由内到外相结合的整合加工活动。通过整合训练,学习者就能牢固掌握目的语的陈述性和程序性的语言知识。

第三节　远程教学的基本原则

随着远程教学事业的发展,进行远程教学的基本原则也在不断地形成和完善。总结迄今为止的远程教学经验与得失,我们认为以下原则有其贯彻的必要。

一、设计合理的教学软件

远程教学使用电子教科书,这是学习者主要的学习渠道,完全由自己操作来识记、巩固和消化语言知识,并把陈述性语言知识转化为程序性语言知识。因而,开发研制符合直观性、针对性、科学性和灵活性特点的教学软件,至关重要。

二、符合自学特点和规律

远程教学的最大特点就是自学。软件的设计,比如词语的出示、语法规则的演绎和归纳、课文内容的析解、练习的形式和安排等等方面,都要符合自学特点和规律,给予自学者以极大的方便,而且答疑和释解也要考虑简易性和可懂性,以便于自学。

三、循序渐进的学习进程

远程教学的进程要严格按照循序渐进的原则进行。软件设计所安排的顺序,必须有系统,分层级并呈阶梯形,便于学习者循序渐进地掌握知识;分解的学习内容和步骤要符合学习和认知规律,使学习者易于识记和保持记忆。

四、大量和多样化的训练

远程教学缺少群体教学那样的互动和交流的机会,加大练习的量和增加练习的形式可以对此进行弥补,使学习者通过自测自练来掌握和应用所学的语言知识。

五、设计针对不同学习风格的学生的课程

学习者由于禀赋、素质的差异,以及后天教育环境的不同,形成了不同的学习风格。有的习惯从整体上审视,有的善于做具体分析和辨认;有的审慎、严谨,有的浮光掠影;有的接收事物比较宽泛、容忍,有的比较狭窄、排他。远程教学的课程设计和学习内容的安排必须顾及这一点,既能让学习者各取所需,又能引导他们全面而灵活地进行学习,取长补短,弥补自己认知方式上的不足。

汉语远程教学是依托于电脑的网络教学,它得益于现代化的科技手段,而深入的理论研究和充分的教学实践应该成为其发展的两翼。在此依托之下,相信汉语远程教学可以得到持续而迅速的发展。

第十三章　中介语与学习策略

中介语是学习外语过程中必然会产生的一种语言现象。对外汉语领域对中介语现象的研究,较多地集中在外国学生学习和使用汉语的偏误统计和分析上,从大量的偏误现象中寻找和抽绎中介语的类型和规律,以找出克服或纠正偏误的方法。其实,外国学生学习汉语出现中介语现象是语言学习的必然,有时候这也许是学习者采用的一种有效策略,甚至可能会带来意想不到的收获。本章正是基于这样的认识,对中介语的性质、分类和成因,以及中介语的学习策略做一些阐述和分析,以期能在教学实践中正确对待外国学生汉语学习的中介语现象。

第一节　中介语的性质与成因

中介语究竟是什么？弄清它的性质和分类,有助于教师对中介语的全面认识和正确导向。探究它的成因,可帮助教师针对学生的中介语现象,采取有效措施,加以引导,缩短它与目的语的距离。

一、中介语是学习外语过程中的必然现象

"成人学习外语,在某种程度上与儿童习得母语相似,在精通目的语之前,使用一种过渡性质的语言,它自成体系,而又不断发展变化,向目的语体系靠近。"[①]这就是中介语。据此,所谓的中介语大致有如下一些特点。

（一）中介语是一种既不同于母语,又不同于目的语的学习者自己的语言

外语学习者,尤其在早期阶段,他们所学习和积累的目的语词语还不多,所学习和掌握的目的语语法规则和句式尚有限,不可能完全使用目的语来表述头

---

① 王初明编著　《应用心理语言学》,湖南教育出版社,1990年,第70页。

脑里的复杂思想,于是往往借用母语的词语和语法规则以济其穷。在对外汉语教学中,不同国籍的外国学生相互交谈,屡屡在中文句式中夹杂其母语词语,或者把中文词语按其母语句式来组织,以达到其交际的目的,这都是"借用"的明证。这种情况,即使高年级的学生,也还会出现。因此,在外语教育界,把中介语归结为目的语语法规则加上来自母语干扰的错误。这是一种简单的做法。事实上,中介语还包含学习者运用已有的知识(母语的和目的语的)对目的语的表述方式进行创造性的假设,并在语言实践中检验。如果得到人们的认可和肯定,则说明这种假设符合目的语的表述,因而得以记忆和应用;如果得不到人们的认可和肯定,则说明这种假设是一种偏误,要加以修正。在整个学习外语的过程中,学习者所使用的语言,就是这种既不同于母语法则又不同于目的语法则的、带有创造性质的、不断变化发展的语言。

(二) 中介语是一种自成体系的语言

外语学习过程是一个创造性的过程。学习者在这个过程中往往急于求成,不满足于按部就班的学习顺序,常常在一知半解的情况下,跳跃性地对目的语法则作出这种或那种假设,并在交际中直接应用,以检验它们的正确或错误,从而发展其中介语。尽管每个学习者所使用的中介语有诸般差异,即使是同一个学习者,在不同阶段,其所使用的中介语也有变化。但由于在创造性使用目的语的过程中,个体所受到的制约因素,诸如母语的干扰和迁移,目的语语法规则的过度概括和推广等等,是基本相同的。学习者凭借它们去建立和检验假设,积极构造中介语体系,以逐渐达到掌握目的语的目的。所以中介语带有一定的普遍性和规律性,每个学习者总是试图尽最大可能地使他的中介语规律化和自成体系。在这个意义上,我们可以说:中介语是一种语言体系。当然,"制约因素因各人先前的知识而异,制约的程度不同,因此,中介语又是变化和因人而异的。"①

(三) 中介语是一种变化着、发展着的语言

外语学习者所使用的中介语,不是固定不变的,它随着外语学习的进程和深化,不断地有所变化,有所发展。"由于新知识和新规则不断注入中介语,原

---

① 王初明编著 《应用心理语言学》,第 87 页。

来未学好的规则和结构需做修改,学习者的中介语因而处于经常性变化之中。"① 可以这样设想,在母语体系与目的语体系之间存在着一个连续体,这就是中介语体系。这个连续体上的每一个点,代表着当时的中介语发展现状。如果连续体上的某一点,距离目的语越远,说明学习者的外语水平较低,出现中介语的情况越多;反之,这个连续体上的某一点,越靠近目的语,说明学习者的外语水平越高,产生中介语的现象就越少,其中介语体系正逐渐淡化或趋于消失。由此可见,中介语是一种变化着和发展着的过渡性语言,它受规则(诸如母语的语法规则、目的语语法规则,以及学过的语言知识)支配,自成体系,并且具有交际功能,可以借此表达和交流思想。

(四)中介语现象的减少或消失标志着外语学习的熟练和成功

"可变性是中介语固有的属性和特征",它"在变化中得以发展"。② 学习者在外语学习过程中,不是消极地吸收和接受目的语的词语和语法规则,而是积极地运用母语法则和目的语法则对新的语言作出种种推理和假设,并在语言接触和交际使用过程中不断去实践和检验,保留正确的,摒弃错误的。"语言能力就是在这种摸索性的努力中不断向前发展,渐渐朝着目的语能力靠近"③。学习者使用正确的目的语的比重越来越大,使用中介语的比重越来越小,甚至趋于消失,这就意味着外语学习的熟练和成功。当然,这是相对而言的,"成年人学习外语,其外语水平恐怕一辈子都达不到与其母语媲美的程度。"④

二、中介语的分类

语言错误是推断学习者中介语体系的依据。我们可以根据错误的来源、性质和出错的频率,进行描述和归类,借此去推断和重建处于动态(即变化)中的中介语体系。

错误的来源,有的来自语内,有的来自语际。外语学习者在学习过程中对目的语作出错误判断而造成的错误,是语内错误;由于母语干扰而造成错误,是

---

① 王初明编著 《应用心理语言学》,第73页。
② 同上书,第56页。
③ 同上书,第92页。
④ 同上书,第35页。

语际错误。

　　错误的性质,科德划分为三类①:第一类是前系统错误(即语言系统形成之前的错误)。因为此时的学习者处于学习和理解一种新语言的摸索阶段,对语言规则感到模糊。第二类是系统错误。由于学习者对某个新学的语言规则作出错误的假设和推断,从而导致有规律地应用一个错误的语言规则。这是中介语里最为重要的部分。第三类是后系统错误(即语言系统形成之后的错误)。学习者虽已基本掌握正确的目的语语言体系,但使用某一个规则时,因暂时的遗忘而重又犯错。

　　出错的频率,也是判断中介语体系的依据。有的错误经常反复地出现在学习者的中介语里,根据其出现频率,可以反映出个体中介语体系的具体情况,大家习惯地把这种错误称作偏误。有的错误只是偶然出现在学习者的话语里,学习者完全可以自行改正,大家把它称作失误,不应该把它们归属于中介语范围。

　　科德对错误种类的划分,似乎很有道理。他抓住了外语学习者从建立、检验、修改语言规则假设,直至最后形成语言系统的心理过程,具有较大的说服力,但分类的标准和依据比较难以捉摸。从可操作性考虑,我们认为中介语可以分为如下三类:

　　(一) 跟横向组合有关的语序错误

　　若干词语横向组合起来就成为一个句子,这里有语序问题。汉语缺少格和形态的变化,词的组合主要靠语序手段。外国学生受母语的影响,往往以母语的语序来假设汉语的语序,如果某种句式两者的语序相同,假设成立,则有正迁移的效果。例如英语和汉语的动词谓语句的语序都是主——动——宾,欧美人很容易把握和推断,并造出合乎汉语语序的动词谓语句。如果某种句式两者的语序不同,假设不成立,运用时就会产生错误,造成负迁移的干扰。例如英语的修饰语可以后置在动词之后,由此假设和推断汉语也可以这样使用,于是造出这样的句子:"孩子坐在椅子上等得高兴地看黑猫警长。"修饰语"高兴地"被错误地放在了动词"等(着)"之后。

　　(二) 跟纵向聚合有关的词语替换错误

　　某种句式从横向组合来考察,其语序是有定的,而从纵向聚合来考察,该种

---

① Corder P. (1981) *Error Analysis and Interlanguage*. OUP.

句式中充当句子成分的词类也是有定的。请看下表：

小句做宾语句

横向组合(语序)	主语	状语	动词	小句		助词
A	大家		高呼	中国共产党	万岁	
A	指挥部	正在	研究	工程	从哪儿开始	
B	你们		希望	谁	当代表	呢?
B	我们	都	以为	这个办法	很好	
纵向聚合(充当句子成分的词类)	代词、名词	副词	能带小句的动词	名词、名词词组、代词	形容词词组动词词组	

材料取自吕叔湘主编《现代汉语八百词》，商务印书馆，1980年版(表格有改动)

《现代汉语八百词》对这个表格有个说明：A类动词也可以带名词作宾语。这类动词常见的有"看见、知道、庆祝、听见、报导、相信、记得、考虑"等。B类动词只能带小句或动词短语做宾语。这类动词常见的有"断定、声明、以为、主张、提议"等。这个说明中列举的动词，是从大量例句中归纳出来的，可以说是纵向聚合的典型实例。如果学习者选用词语来替换时，对它的所属词类和用法不清楚，就可能用错。例如，外国学生说的句子："他已经很熟悉她打电话。""熟悉"可以用作动词，但不能带小句宾语，一般只能说"熟悉她打电话的样子(或声音)"。很显然，这就是跟纵向聚合有关的替换错误。

(三) 跟组合和聚合都有关系的词义搭配错误

有时候学习者说出的句子，仅从语序和充当句子成分的词类来看，都正确无误，但句子就是别扭或不合情理。这里主要是词义的搭配有错。词语搭配跟学习者的世界知识和生活经验有关，如成年人都知道"喝"只能同液体搭配(喝酒、喝水、喝饮料、喝汤药等)，不能同固体材料搭配，如果说成"喝烟"、"喝饭"就明显犯错了。词语搭配也跟母语概念和汉语概念不完全吻合有关，如汉语中的结婚，有嫁、娶之别，英语中都用marry一词来概括，于是欧美学生会把"她嫁到丈夫家里去了"说成"她结婚到丈夫家里去了"。除此，还跟不熟悉习惯的词义搭配有关，如"打扫卫生"、"恢复疲劳"是一种大家都认可的习惯说法，但如果类推到"打扫清洁"、"恢复衰弱"，就不通了。

三、中介语的成因

中介语是学习外语过程中既不可避免、又是必要的语言现象,这有其心理成因。

（一）两个信号系统及两种语言系统之间的转换不熟练

人们能够思维、认识世界,是因为人类有两个信号系统:一个是能感知和表象客体的第一信号系统;一是可以标志事物并用以概括、判断、思维的第二信号系统,即语言。人们凭借语言,可以进行一系列的加工:编码、储存、提取和应用。而不同语言系统的人们,通过语言学习,彼此可以进行沟通和交流,就是因为两种语言系统在人们的头脑里得到了有规律的转换。这里,每一种语言系统都存在着两个信号系统在人们头脑中的相互作用。当两种语言系统实行转换时,就会形成本族语的两个信号系统,以及目的语的两个信号系统之间的错综复杂的联系,如果转换不熟练,就会有意或无意地形成中介语。

根据巴甫洛夫两个信号系统的理论,凡是外部世界直接作用于机体的刺激物为第一信号,而第一信号引起的大脑皮层活动为第一信号系统;标志某一事物的信号为第二信号（信号的信号）,第二信号引起的大脑皮层活动为第二信号系统。母语或外语中的词,本身由于有形体和读音,可视可听,有着感性的感觉基础,因而它首先是第一信号刺激物。当人们识别一个完全不认识的词时,这个词是第一信号刺激物。从这个意义上理解,外语词首先是作为第一信号刺激物出现的。标志着某个事物的词是信号的信号,就是巴甫洛夫所称的第二信号。第二信号,或某一个词唤起的皮层活动为第二信号系统。第二信号系统的基本特征是进行概括活动,这是人们以概念和判断进行思维的生理基础。当人们看到一个词语,并把这个词语和它所标志的事物相联系的时候,实际上是在大脑皮层里经过了两个信号系统的快速传递。以本族语词为例,当我们要称谓一个被感知的客体时,例如我们要称谓一个"杯子",大脑皮层上神经兴奋的传导过程是:外在的客体（如实物杯子）作为第一信号刺激物,反映到大脑皮层,进入第一信号系统,在大脑里形成感知的客体与表象,即大脑皮层中的"杯子"。进而神经兴奋传导至第二信号系统,经过概括产生"杯子"的概念,这一概念经过神经兴奋的传导过渡到第一信号词的复合体,即词的感知与表象。当人们感知一个词语（看到或听到）并称谓或想象该词所标志的事物时，大脑皮层上神经兴奋则沿着与上述进程相反的方向传递。神经兴奋从第一信号词的复合体（如"杯子"这个词语），过渡到第二信号系统，通过第二信号复合体，即通过词的概念，理解词的意义，再进入第一信号系统，到达第一信号的实物复合体（如杯子），即理解词的意义以后想象该事物的表象。①

　　学习和掌握目的语词语所经历的过程，是学习者接收一个词语时，首先感知它们的形和音，在第一信号系统里建立该词的表象，并寻找母语中的对应词，或直接与实物建立联系。也就是说，该词的意义，或者是通过母语的对应词来理解的，或者是与实物直接挂钩而获得的。不管是哪一种方式，该词语已进入到第二信号系统，完成了形、音、义的结合。如果语言学习者接触到一个实物的杯子，要在头脑里反应出目的语的词语，一般有两种途径：一种是通过母语转译成相对应的目的语的词（实物—cup—杯子）；另一种是直接检索出目的语的词（实物—杯子）。

　　外国学生学习汉语的词语，其概念的形成，有的跟外界事物在头脑中的表征直接相联系而获得，有的则通过母语的对应词由大脑皮层第一信号系统中的音、形接通到该词在第二信号系统中的概念进行间接联系而获得。属于前者的汉语词语，其音、形跟概念的联系牢固而紧密，需要使用时，一般都能毫无困难地从大脑皮层第二信号系统的词语网络中选择、提取出来应用。属于后者的汉语词语，其音、形同概念的联系比较脆弱和疏松，有的只知道词的意义，不知该词的用法；有的只了解个大致的意思，不敢提取出来使用。外国学生为求稳妥，往往暂且回避这样的词语，找一个熟悉而又相近的词语来替代。再则，汉语的许多同义词，常常只跟学生母语中的一个词相对应，例如"惊异、惊奇、诧异、奇怪"这些同义词，在英语中都是 wonder 的意思。当外国学生用母语思维，需要把 wonder 转译成汉语时，喜欢用新词的学生，可能会选择"惊异"、"诧异"；而畏惧出错的学生则可能选择最普通的最常用的"奇怪"；也有的学生出于求稳的心理，在该用这个词的地方，干脆从句中省去，造成句意模糊含混。这些因素都可能造成中介语现象。

　　外国学生说话时的言语计划和言语建立，都是在大脑皮层的第二信号系统

---

① 朱纯编著 《外语教学心理学》，上海外语教育出版社，1994 年，第 85 页。

内进行的,进到言语的执行阶段,可以说是返回到了第一信号系统,或转换成文字符号,或转换成声音符号传送出去。当然,这两个信号是复合体,很难截然分割,一般来说,有了第二信号系统的概念和词语,寻找该词语在第一信号系统中的书写形式和语音形式应该不成问题。外国学生有时因不记得某个词语的书写形式或者发不出某个词语的读音,而临时换用一个别的有把握的词语。我们常听到(或见到)外国学生说来说去(或写来写去)老是这么几个词语,虽然表达并无大错,但不能真正达意。这也是造成中介语现象的原因之一。

(二) 心理词汇贫乏和筛选不当

词语表征在人们头脑之中,认知心理学称为心理词汇。外国学生随着学习的深入,储存在他们头脑的语言网络中的汉语词语会越来越多,库存量也会越来越丰富。但如果这些词语散乱无序地随意存放,那是无法寻检的,必须按不同的标准和目的进行分门别类的编号和归档,以便提供查找的线索。由于学生的个体差异,心理词汇在每个人的头脑中不仅储存的数量不同,储存的方式(分类、归档等)也有异[①]。有的安排得比较有序合理,容易循着线索查找。有的安排得混杂而紊乱,连线索也难以寻找。有的要通过母语词语的线索来激活,母语的痕迹就会渗透进汉语,或者作了不恰当的对比,或者认为完全等同而实际上有语义的交叉,就会导致应用目的语词语上的偏误。有的可直接通过汉语的音、形线索来激活,而且能扩散到其他相关词语,但由于同类的或相近相似的词语数量比较多,学习者对每个词语的理解和把握的程度又深浅不一,筛选、提取颇费一番工夫,就很可能把该用的词语筛去了,而把不该用的词语选上了。当然,学习者头脑中储存的词语如果过少,选择的余地不多,就只能提取一个比较起来最为接近的词语来应用。正是上述的这些心理活动,导致外国学生使用汉语时发生随意比附的中介语现象。例如:

① 我现在在家里培养小狗。(该用"喂养",而错选了"培养",可能对"培养"和"喂养"的词义区别比较含混;也可能学习者的心理词典里还没有"喂养"这个词。)

② 你真是个急性子,如果比赛时也那么着急地干,徒然有利于敌人。(该用"敌手"或"对手",而错选了"敌人",这可能是从母语 enemy 比附而来;

[①] 李维主编 《认知心理学研究》,浙江人民出版社,1998年,第52—54页。

也可能心理词典中尚未储存"敌手"或"对手"这样的词语。)

③ 这个计划已经举行了。(该用"实现",或"实施",或"执行",错用了"举行",这可能是学习者的词库里尚未储存上述词语,只能选用一个意思相近的词语。)

(三) 命题之间关联不协调

关联词语是实现命题之间的各种关系的一种表述用语。人们开展思维心理活动而形成的思想,是由多个命题、甚至一系列命题所构成的。这些命题的连接有相继关系、并立关系、时间关系、因果关系和转折关系等等①,反映在句子形式上,就有关联词语所引导或连接的种种复句关系。外国学生在学习汉语时,一部分跟他们母语大致对应的关联词,较快地被接收并附属在母语的关联词上,当用汉语表述复句关系时,首先激活母语的关联词,通过它们扩散到与之相系联的汉语关联词,然后提取出来使用。由于它们毕竟分属两个语言系统,所谓的对应也只是在某一方面相近而已,如 for 对应于汉语的"为了",而用了"对于",那命题之间的关联就有可能出现不协调的情况。

再则,关联词进入大脑皮层的两个信号系统,由于它们不像实词那么有明确而实在的概念,一般都比较虚泛、空灵,只有进入句子后才体现出它们的语法意义。如果说实词在外国学生的头脑中属于第二信号系统的话,那么关联词在外国学生的头脑里还侧重在第一信号系统,它们进入第二信号系统比实词要艰难得多。因为单独的一个关联词,往往不能在外国学生的头脑中反映出什么具体的概念,即使进入第二信号系统,它们也不像实词那样可以建立语义网络。每个实词在语言网络中占有一定位置(结节),并拥有与其他实词相互沟通和联系的众多线索,而关联词的储存只能联结在语言网络的一隅,或者说堆放在一个箱子里,当需要应用时,就从中选择、提取。为了简省查检手续,它们比较多的是经常配合使用的两个关联词,成对成双地组合起来存放,激活一个,就能带出另一个,所以外国学生对于"因为……所以"、"虽然……但是"、"不但……而且"、"如果……就"等这些成对的关联词,一般都能正确应用。但汉语中的关联词不全是一对一地配组,常常是一个关联词可跟多个关联词配合。例如"也"可用在"尽管……也"、"即使……也"中,"那么就"可用在"如果……那么就"、"既

---

① 〔美〕R.L.索尔索著 《认知心理学》,黄希庭等译,教育科学出版社,1990年,第279页。

然……那么就"中,"不是"可用在"不是……而是"、"不是……还是"、"不是……就是"中。外国学生因其用法比较相似而出现"即使"、"尽管"不辨,"如果"、"既然"不分,"就是"、"而是""还是"混用的情况,这样就导致句子的关联失粘或误连,多个命题之间的关系不清。例如:

① 他的汉语发音不错,怪不得他以前住在中国八年。(因果关系颠倒了。"怪不得"后面需连接结果,而不应该是原因。这句话该说成:他以前住在中国八年,怪不得他的汉语发音不错。)

② 由于大家都赞成他的意见,我反而不同意。("由于"一般用于因果句中,而这儿的两组命题之间意思有点儿转折,所以用"由于"来关联,句子间的关系显得很别扭。这句话该说成:虽然大家都赞成他的意见,但我却反而不同意。)

③ 我昨天刚买了辆自行车,结果上下班很方便。("结果"的意思是事物发展到一定阶段所产生的效果或后果,前句里的"昨天"和"刚"说明事件发生的时间很短,跟"结果"的意思不怎么吻合,显得有点儿突兀。这里的"结果"应该换用"因此"或"因而",命题之间的关系就协调了。)

④ 我不愿意去的时候,偏不去。("偏"有转折的意思,放在"不愿意去"和"不去"两个同义的词组之间,明显衔接不上,前后的两组命题因"偏"的出现而变得模糊起来。如果是表示强调的话,则"偏"该用"就是"来替换,说成:我不愿去的时候,就是不去。)

(四)语言网络结构不完善

人们的言语表达,一般要经过言语计划、言语建立和言语执行三个阶段。①外国学生都是成年人,他们用母语思维相当熟练,思考的内容也比较复杂,因而言语计划比较宏大、精细,要说的话很多,涉及的面也很广。但到了汉语言语建立阶段就遇到了障碍,肚里有话却苦于表达不出,其原因或者是汉语的词语和句式积累得太少,不够使用;或者是虽已学过相当数量的汉语词语和句式,却有好些保持不长久,回忆不起来;或者是许多词语和句式虽已储存、编织进长时记忆的网络,但偏于一隅,跟其他词语和句式的联系线索较少,它们常常因没有充

---

① 桂诗春编著《实验心理语言学纲要》,湖南教育出版社,1991年,第414页。

分的搜检线索勾连而难以激活,即使与之有关的词语和句式被激活,也扩散不到它们在网络中的结节。也就是说,学生们学过的许多汉语词语和句式在他们头脑里的活动能量很低,很难提取出来应用。面对这种汉语语言材料贫乏、语言网络结构不完善的情况,外国学生只能用那些常用的有限词语和常用的有限句式转弯抹角地来表述那些复杂的思想。

另外,话语的建立,先要形成命题,复杂的思想常由许多个命题组成①。外国学生不善于、也不熟练用汉语把头脑里的诸多命题串联成一两个复句来表述,结果常常使用一连串的简单句,即直接搬用了命题的原始形式(一个主项加一个谓项),不嫌重复地、罗罗索索地、勉勉强强地述说话语的意思。

再有,汉语的词语十分丰富,有的含义很深,也特别生动而富有表现力,外国学生较难驾驭。他们虽然在听觉(听到词语读音)和视觉(看到词语形式)上能接受和辨别、理解某些词语的含义,但要将它们从记忆库中提取出来应用,就显得困难重重。因而,我们常常发现学生说话弯来绕去地兜圈子,就是无法讲出那个确切的词语。

例如:

① 他喜欢照顾别人,他总是那么多心。(意念中要说的是:他比别人考虑多而周密,但一下子提取不出确切的词语,于是在词语网络中选择了"多心",可这个词语有时候还带点儿贬义——"小心眼",用在这儿自然是词不达意。主要问题是学习者无法激活词语网络中已有的词语"细心"。)

② 他挖空心思地等待结果。(意念中要说的是:等待结果时候的万千思虑,但提取不出这样的词语,于是找了个代用词语"挖空心思",虽然这个词语也有"思索"的含义,但没有焦虑的成分,用在这里不很妥帖,不能把心里的话很好地表述出来。这个句子该说成:他思虑万千地等待结果。)

③ 他给客人们忽左忽右地靠近倒酒。("忽左忽右"用在这里倒很生动形象,但给人的感觉是倒酒的行动过于迅速和飘忽。其实学习者的原意是:左右轮流地倒酒。但因为找不到如此确切的词语,所以勉为其难地用了教材中学过的"忽左忽右"这么个词语,当然这已经是很不容易的了。)

---

① 桂诗春编著 《实验心理语言学纲要》,第136页。

(五) 思维法则和思维定势的影响

认知心理学家把思维看作由一系列法则和顺序联系起来的可控制的结构系统。简单说来,思维是个人在心智上或认知上操作信息的过程,也就是个人对环境的信息或记忆系统中储存的概念进行重组的过程。

一个语言系统提供大量的符号和运用这些符号的法则,人们可以凭借自己的语言系统所提供的符号及法则进行思维。不同的语言系统在思维形式方面,即运用概念、判断、推理等思维形式和进行比较、分析、综合等思维过程,都是共同的,没有什么区别[①]。这就是为什么操不同语言的人只要中间有翻译,就可互相交谈或争论的原因。成年人学习第二语言,大部分精力集中在词语和句子的学习和积累上,很少去学习和训练目的语的思维方式,就是因为两种语言的思维和表达大都表现为表达上的差异,而思维方式上往往是相同的。成年人在思维方面已相当成熟,尽管学习汉语还处在较为低级的阶段,所掌握的汉语还比较欠缺和不足,但他们要表达的思想却是复杂的。

母语思维和目的语思维在思维形式上虽然是共同的,但在思维内容上却有着很大的差别。因为不同民族在不同环境不同条件下从不同角度观察事物,不可能形成完全相同的概念系统。而概念是思维的细胞,是思维的主要形式。不同语言由于概念的差异,表达在思维内容上有所不同是不足为怪的了[②]。例如:

> 我的嘴饱了,又长出一颗牙来。

这句话里的"嘴饱了",既不符合汉语习惯,又不合情理,问题就出在学习者按自己母语的概念和判断硬推到汉语中来说。原来英语中"嘴里长满牙"是 full mouth,直译为汉语就是"嘴饱了",学习者是套用母语的概念来思维的,于是造出了令人发笑的句子。

两种不同的语言系统,不仅概念的内涵和外延都可能不同,而且思维线索的先后也有不同。如英语,一般的思维线索是先定主干命题,然后缀以小命题,反映在句子形式上也是句子主干在前,再后附修饰语,或者正句置于前,偏句放在后;而汉语,一般的思维线索是大命题伴以小命题同时而出,或者小命题先于大命题而出,反映在句子形式上是修饰语加在中心语之前,或者偏句置于前,正

[①②] 朱纯编著 《外语教学心理学》,上海外语教育出版社,1994年,第89页。

句放在后。如果外国学生无视这两种思维习惯的不同特点,在用汉语表达时套用了母语的思维定式,则就会造出非常别扭的句子。

思维在很大程度上取决于语言,抽象的语言符号提供了一种思索手段①。由于语言渗透、积淀着民族的习惯和文化,带有民族的意念,因而,与其密切相关的思维内容也会带有一定的民族意念和思维定式。例如表现在论述上,英语是"主(论)——次(论)——次(论)";汉语是"总(论)——分(论)——结(论)"②。表现在待人接物上,西方人直来直去,中国人在切入正题之前,先要谦逊一番等等。外国学生用汉语表述时,掺入了母语的思维定式,那么造出的句子,往往不易被操汉语的人所接受。

第二节 使用中介语的学习策略

外语学习者具有一种心理倾向,按照固定方式去创造自己的中介语。他们有一套学习策略,边使用和丰富中介语,边改进和修正中介语,逐步地向目的语接近和靠拢。

中介语总是与语言错误联系在一起的,而且多半是在创造性假设和运用时造成的。错误的深层隐含着种种学习策略。这些策略包括转移、过度概括、变换语言、回避、学而即用等等。

一、转移策略

费尔克和卡斯珀③转移定义为:语言转移是一种语言心理过程,在此过程中,第二语言学习者激发其母语知识去发展或使用其中介语。他们认为,当学习者激发其母语去使用中介语或理解外语的时候,会出现两种情况。一种是交际中的转移,是学习者利用母语去实现暂时的和个别的交际目的,或帮助理解目的语的意思。这种暂时的利用只是一种临时性的借用,依说话的场合不同而

---

① 朱纯编著 《外语教学心理学》,第 52 页。
② 齐燕荣 《话语分析理论与篇段听力教学》,《语言教学与研究》1996 年第 4 期。
③ Farch, C. and Kasper G., (1987) Perspectives on Language Transfer. *Applied Linguistics*, 8/2: pp. 111-136.

发生变化,它不会成为中介语的一部分。另一种是学习中的转移,属于结构性转移,由于反复借用成功,借用的语言上升为中介语的一部分,学习者使用时已经意识不到自己正在使用母语中的成分。例如,日本学生说这样的句子:"主人出去门口迎接尊贵的客人,陪同到屋子里进入。"句子的语序不符合汉语的语法规则,但他们觉得很自然,并未感到有母语成分掺入。

转移不一定是依赖母语而形成干扰的语际转移,还可能是在目的语语言内部发生的语内转移。语内转移主要表现在对外语的某些规律错误地推广和使用,例如:"她丈夫把错误发现了",这是犯了推广使用"把"字句的错误。"把"字句的动词必须具有处置意义,能管得住"把"后面的宾语。"发现"是个动词,但不具有处置意义,因此只能说:"她丈夫发现了错误",或者说:"她丈夫把错误纠正(或克服)了"。诸如此类的语内转移是外语学习者犯错误的主要原因之一。

二、过度概括策略

过度概括属于语内转移的错误,是学习者过度概括一些语言现象而得到一条虚假规则,然后用这条虚假规则去创造语句,表达自己的意思。例如学习者从"凳子"、"瞪眼"获知"登"念 dēng,于是将这条读音规则扩大到"橙子"上去了。这就犯了过度概括声旁读音的错误。再如学习者将平比句"跟……一样"和差比句"……比……"合并概括为一条新规则,于是创造出"他说汉语比别的同学一样好"这样的错句,这就犯了过度概括比较句语法规则的错误。

一般来说,外语初学者所创造的中介语中,犯母语干扰错误的居多;而中等程度的学习者犯过度概括错误较多。泰勒[1]发现,在一定范围内,过度概括策略的使用与外语水平成正比,而语际转移(母语干扰)策略与外语水平成反比。这说明外语学习是一个创造性的学习过程,"学习者总是倾向于将已知的知识或已学过的内容与正在学习的内容联系起来"[2],积极而努力地创造出能够用来交际和表达的中介语。

---

[1] Taylor, B. P. 1980. 'Adult Language Learning Strategies and Their Pedagogical Implications'. In K. Croft.

[2] 王初明编著 《应用心理语言学》,湖南教育出版社,1990年,第80页。

三、交换语言策略

　　这是学习者在应用外语交际过程中，夹杂一些母语词语来表述的学习策略。多数的情况是，学习者一时搜索不到跟头脑里的某种意念或某个概念相应的目的语词语，情急之下，母语词语冲口而出，以达到准确传递信息的目的。例如："听到这个消息，真使我 surprise"。学习者在头脑中提取不到"吃惊"、"惊奇"这样的词语，就用母语词语代之。在商务谈判中，economic（经济）、trade surplus（贸易顺差）、customs duty（关税）等等英语单词夹杂在汉语之中的情况更是屡见不鲜。即使外语水平较高的学习者，也喜欢用交换语言的策略。

四、回避策略

　　学习者对新规则的运用觉得没有把握或者感到困难，就采取回避策略，改用其他方式（包括使用其他词语或其他句式）来表述，结果造成用词的贫乏和句式的单调。例如学习者初学"把"字句，本想说"他把日常需要的东西都准备好了"，但怕用错，就改用其他句式，说成："他都准备好了日常需要的东西"，读起来就比较拗口。再如初学存现句，不太敢用，于是把"墙上挂着一幅油画，桌上放着一盆鲜花"，改用学习者熟悉的被动句式来表述："一幅油画被挂在墙上，一盆鲜花被放在桌上。"这就不太符合中国人的说话习惯。而词语的回避现象则更为常见。例如为了避开"虚伪"，说成"不老实"；为了避开"莫名其妙"，说成"搞糊涂"等。

　　回避策略比较消极，尽管不妨碍交际，但缺乏创造性。而新知识和新规则也会因得不到应用而难以掌握和驾驭。

五、学而即用策略

　　同消极的回避策略相反的是学而即用策略。这是一种积极的态度。尽管学习者对新知识和新规则尚未熟知，或者一知半解，但他们勇于实践，大胆地在交际中使用。也许在一段时间里，常常误用而犯错。例如："发生燃眉之急的时候,电话比汽车快一点儿。"成语"燃眉之急"用在这里不甚妥帖,但能够理解他要表达的是"紧急"的意思。这样大胆地使用新词,其使用不当之处,可以在交际的语言环境中得以修正,错用的情况因之而渐渐减少。由此,学习者无形之中就掌握了这些新知识和新规则。因而,这是值得肯定和推广的学习策略。

第三节 改进中介语的学习策略[①]

外语学习者在使用和修正中介语的过程中,一般而言,不是被动地消极等待,而是主动地积极改善。他们尽力采用有效的学习策略,促进自己所使用的中介语系统的改善和变化,以便尽快地接近和靠拢标准的、地道的目的语。归纳、提炼外国学生在汉语学习中所采取的有效学习策略,并加以适当的引导和推广,有利于汉语学习效率的提高和良好效果的获得。改进中介语的学习策略,主要有以下四个方面:积累词语,编制语义网络;加大记忆词组的力度;在语言实践中增强汉语语感;大胆使用中介语,不因噎废食。

一、积累词语,编织汉语语义网络

学习语言最重要的是单词的识记,学习第二语言尤为如此。语法掌握不熟练,固然妨碍表达,但词汇量的不足同样无法进行顺利的交流。而且由于心理词语积累少,可以选择的余地小,能够调遣的词语不多,临时借用一个词语凑合着表述某个意念的情况屡屡发生,这就难免会产生中介语。因而积累词语是改善中介语相当有效的策略和有力的措施。学习者积累词语的策略,其重心在于词语的识记、词语的保持和词语的再认。

(一) 词语的识记

接触生词,形、音、义三者必须同时兼顾,即认清其形,读准其音,熟知其义。学习者要充分调动视觉、听觉神经,将词的形、音与它的义一起传入大脑,形成一个模板,储存备用。汉语的词形是由一个或两个乃至多个方块字组成。方块字笔形错综,字形繁复,不像拼音文字那么单纯,它需要析文解字,尤其是偏旁

[①] 本节部分内容曾以《论词语的积累》为题,发表在《汉语学习》1997年第4期上。

部首,犹如机器的零件,由它装配成一个个汉字。汉字基本上是一字一形,要求学习者仔细审察字形,逐个印进大脑皮层。如果是双音或多音词,有两个或多个字合在一起,增加了供以识别的符号标记,虽然比单音词多了一个到几个字,却比单音词容易识记。汉字读音,声旁不甚可靠,只能依赖拼音死记硬背。汉语的意义,大多可找到与学习者母语相对应的词,也有的只是部分对应或者要用词组来与之相配。学习者要把一个汉字(词)的形、音、义,同头脑中的某一个概念牢牢地挂起钩来,才算完成对这个字的识记。识记和学习汉字,学习者常用的策略有:词素识记法,上下文识记法,大量阅读识记法。

1. 词素识记法

汉语的词语大多为双音节词,里面的字是词素,理解并掌握词素,是识记词的一种有效方法。说它有效,一是两个词素提供了较多的(起码一倍)识别记号,如"大衣、外衣、衣服"反而比"衣"更容易掌握和识记;二是意义上容易产生联想,如"理想"和"幻想",同样含一个词素"想",前者的另一个词素为"理",使人联想到"道理"、"理智";后者的另一个词素为"幻",使人联想到"空灵"、"虚幻"或"变化不定",明于此,这两个词的区别也就清晰可辨了。而且,汉语的大部分词素,其构词能力较强,识记词素,有利于以后学习更多的词语,也有利于构建词义网络。这是学习汉语的外国学生共同的体会。

2. 上下文识记法

单纯地、机械地背生词,就像读词典,单调、乏味,而且游离于上下文的生词,由于词的多义性,词义往往含糊,不肯定,很难印进头脑。单词结合课文,因上下文所提供的语境,限制了词语的多义,其意义就比较明确。加之上下文提供的信息生动、形象,易于产生联想,可强化和加深印象,不仅加速了识别的速度,而且可牢固地记住该词语的词性和搭配功能,有助于避免中介语的产生。据我们所做的统计,外国学生一般都乐于采用上下文识记法。

3. 大量阅读识记法

阅读课的学习是学生接收词语的主要通道,而课外的大量阅读也是吸收、获取生词的一种途径。所不同的是,前者为有意识记,后者为无意识记。在词汇学习中,无意识记是以有意识记为基础的。有意识记的生词是有定的,有目的的,既为理解课文扫除障碍,又是学习汉语所必备的基本的常用词。在课外阅读中,无意识记的生词是随意的、无定的,学习者可以去努力识记,也可以连猜带想、半懂不懂地跳跃过去。但由于大量阅读,这些词常常反复出现。虽然并非有意识地花时花力去识记它们,但却因时时活跃在学习者的头脑之中而储进记忆库房,从而加大了心理词汇的库存量,打下和奠定母语和目的语这两个第二信号系统之间转换的基础,反过来又提高了说话表达和阅读理解的能力和水平。学习汉语的外国学生,除了课堂上接触、学习、吸收课文中的词语外,还迫切希望利用课外的时间多阅读一些有关的汉语材料,其原因盖缘于此。

(二) 词语的保持

外国学生在学习汉语时都有这样的体会:识记的词语,如果闲置一旁,久不使用,会随时间的推移逐渐淡漠而遗忘。所以他们十分重视词语的保持和积累。词语的保持,没有什么终南捷径,只有经常应用和及时复现。

1. 经常应用

经常应用是防止遗忘的有效方法。"流水不腐,户枢不蠹",经常活动的东西能"永葆青春"。生词的保持也是如此。从课本中识记的生词,如果不应用,它们是静止的、不活跃的、受抑制的,保持的时间不会太长。所以外国学生经常调动视觉,读相应的材料;调动听觉,听有关的录音;经常动口,应用生词说话;经常动手,应用生词写话。这样一来,这些生词变为流动的、活跃的、亢奋的,不仅保持的时间比较长,而且由于应用熟练而得以改善自己的中介语。

2. 及时回忆

及时回忆是词语保持的有效手段。刚识记的词语以及以往识记的词语,它们沉睡在记忆库中,你不去刺激它、唤醒它,它就不会被激活,很可能一直昏睡过去直至消亡。所以对已识记的词语要及时地进行回忆,决不可晾在一边。外国学生深知及时回忆词语的重要,他们常采用以下一些方法:

(1) 课后复习。课堂里的学习时间毕竟有限,那么大的信息量要消化、吸收,靠短时记忆是难以巩固的。课后复习,再刺激一下视觉和听觉,激活一下刚进入记忆库的生词,"趁热打铁",这些词语就不会流失或少流失。应用时,也就容易提取,"呼之即出",学习者不会再有意去回避这些词语了。

(2) 作业练习。用眼用耳固然能传导生词到脑库,动口、动手,念和写,同样也能起到传导的作用。作业练习,用生词造句、填空、写话等,眼耳口手并用,通过多种神经的导入和输出,来回往复,让这些词语不断地在脑中沉浮跳跃,就可驱使它们从短时记忆进入长时记忆,长久地保持下来。而且经过反复的、多种形式的练习,这些词语的意义和用法就能熟记于脑,使用起来出错的情况就比较少见。

(3) 不同环境重现。对于已经识记过的生词,如果在不同环境重现,等于是以各种不同形式给予新的刺激,这种刺激对于词语的保持十分有效。因而学习者除了充分利用教科书外,还有意识地在课内课外不同环境中重现所学生词,以巩固、强化记忆。例如在课本中学过的词语如果在生活环境中,比如在街头广告中重新看到,那么记忆效果就会强于课本中的出现。这种重现是客观的,而在不同环境中的主动运用则是一种主观的努力。比如学习了"莫名其妙"这个词语后,外国学生在看到"今年二十,明年十八"这个广告时说:"这个广告莫名其妙。"当然,外国学生一时不能体会这个广告的内在含义,但经过不同场合、不同环境的多次重复的假设和检验,学习者对运用这个词语已经得心应手,这比在课堂上反复念十遍要管用得多。

(三) 词语的再认

词语存进脑库,有一个汉字,就有一个模式,一旦外界的某个词语通过视觉或听觉神经传入头脑,就会激活相应的模式而被再认。如果头脑里的模式过于模糊,或过于浅表,就会错认。特别是相似或相近的字(词),更易混淆。这势必影响学习者的阅读理解。所以外国学生充分认识到词语的再认,是积累词语、应用词语、建立心理词典和词义网络结构的必要条件。

1. 迅即再认

学习生词,迅即再认,比隔一段时间再认,效果要好得多。因为新近的东西刚进行编码,记忆犹新,容易唤醒。外国学生都有这样的体会:在课堂上学过生词后,马上阅读课文,课文语句中的生词,基本上都能再认出来。而且由于这些生词是在课文情节中出现的,在原先的语义编码基础上再加添情景编码,编码线索较多,词语就容易记住,也容易提取和应用,可在一定程度上减少回避现象。

2. 联想再认

汉字(词)的形、音跟义的联系,常常是通过联想来完成的。有的比较直接,用简单联想就可解决;有的则需迂回,要用复杂联想才能把形、义挂起钩来。所谓的复杂联想,就是抽象与具体的统一。具体的东西,好像很实在,人的感官能感觉到,但不一定能同字(词)的形轻易连接起来,常常要借助于抽象手段,如

"玫瑰"、"蔷薇"、"杜鹃"、"芍药"等,单从字(词)形很难看得出什么,把它们抽象为"花",才能进一步把实物同字(词)形联系起来。反之,抽象的字(词)义,也得将它们具体化,才能把形、义牢牢地结合在一起。如"累、辛苦"、"高兴、愉快"这些感觉方面的词,学习者必然会融入自己的某种体验而把形、义贯通起来。"污染"会联想到工厂烟囱冒黑烟,"波澜壮阔"会联想到大海大洋,这样的识记,比较形象化。一旦这些词重现时,头脑里立即会激活原来的联想而准确地再认。学习者运用联想再认,有利于建立语义网络,为准确选取词语和正确进行表述,不断改进中介语,创造了条件。

3. 群集再认

识记的生词信息,大脑对此编码加工存库时,不是杂乱无章的,而是有意、无意地进行分门别类,像图书馆里上架的图书,按照种类编号排列。如"鸡、鸭、鹅、雁、鹰"等编入"鸟禽"类,"猪、羊、牛、马"等编入"家畜"类,"红、黄、蓝、白"等编入"颜色"类,"提、举、抽、拍、打"等编入"手的动作"类,"鲜艳、美丽、迷人、漂亮、灿烂"等编入"描写美的形容词"类等等。以后再学到新的生词,如"鸳鸯、驴子、绿、携"等,大脑就会自动地把它们铸成模式(形音义的统一体)分别编入有关的类别。一旦阅读时看到识记过的生词,或者意念中需要应用相应的词语,传导神经就会把信息迅速传入大脑,大脑这个认知仪器马上在各个类别内搜检,选择对应的模式,进行辨识再认或匹配提取。因此,学习者有意识地把学到的生词,按照一定的义类进行划分和归类,编织自己心理词典中的汉语语义网络,对于储存和提取词语很有意义和价值,也能缩短使用汉语中介语的过程。

二、加大词组记忆的力度

词语是组成句子的砖块,词组是句子的预制半成品。人们遣词造句往往是从长时记忆中选择和提取一个个词语到工作记忆,按语法规则将它们组装起来。其间花费的时间较多,考虑和斟酌的因素诸如词与词的组合、词义的搭配和语法的遵循等等颇为复杂,中间略有差错,就会产生中介语。而词组的构成,已经包含了词的组合、词义搭配和语法结构等因素在内,选择和提取现成的词组来造句,实际上跨越或合并了多个产生式,不必临时根据语法规则和意义搭配来组合词语,省却了好几个步骤。这样造出的句子,就不易出错,在一定程度上减少了中介语的发生。从认知心理学的角度来看,词组实际上就是记忆组块。记忆组块信息线索较多,因为它们是两个或多个饱含信息的词语的组合,容易进行语义编码而牢固记忆。而且对于只能容纳 7 ± 2 个记忆单位的短时记忆来说,把词语记忆单位变为词组记忆单位来储存,无疑是一种扩容,加大了记忆的容量,头脑里对之进行加工处理也较为方便和充裕,从词组到句子只要略加修饰和扩展,就能顺利地表达自己的意思和想法。因此,有意识地记忆词组就成为了外语学习者减少中介语的有效策略。记忆词组的方法,常用的有意义搭配法和句子紧缩法。

(一) 意义搭配法

词组是词语的组合,但不是任何两个词语放在一起就能搭配成词组的。它们必须符合一定的条件:一要合乎语法规则;二要合乎意义情理。少却一条,就不成为词组,就不能按词组单位来记忆,只能按单个词语来储存。汉语的实词,都具有实在的意义,一般来说,皆可与他词(包括虚词)相互组合。因此,有足够的条件把词语组合为词组来记忆。而其中意义的搭配,是组合词组和记忆词组的最基本要素,学习者在学习词组时,主要从修饰关系和支配关系等方面来考虑,并把它作为记忆、储存和提取的线索。

一个词语修饰另一个词语,或者一个词语被另一个词语所修饰而构成的词组,其内部结构有二:一是定心结构;一是状心结构。这定或状与中心词之间的意义搭配,必须是合情、合理和合法的。教科书上或他人话语中所出现的词组,大多为合情、合理和合法的结构。因而学习者一般在这方面比较留意,较多地记忆和积累这类词组。一旦需要使用时,就可直接从长时记忆中调拨这种组块出来加以应用,避免因词语的临时组合、不及细细推敲而产生不合情、不合理或不合法的偏误,也不会因匆忙和紧张而说出"宏伟的房间"(大词小用)、"细微的大厦"(小词大用)、"热心地嘲讽"(褒词贬用)、"糊涂的智慧"(贬词褒用)等这样的不合情理的话语。

一个词语支配另一个词语,或者一个词语受另一个词语的支配而构成的词组,主要表现在动宾结构上。动词与宾语的意义关系搭配,有表示对象的(如"喝啤酒")、处所的(如"住宾馆")、数量的(如"吃三个")、工具的(如"写毛笔")、方式的(如"写小楷")等,这里的搭配涉及意义关系和常识问题。违背意义和常识的搭配,是不合情理的,是有偏误的。外国学生说话和写作中的中介语现象,很多方面是因支配关系的意义搭配不当而引起的,例如说"发挥汗水"、"绞尽大脑"、"浪费学习"等等。如果记忆和积累了大量的动宾词组,就可直接提取和应用,不必再去斟酌和推敲其中的动宾支配关系,减少使用中的错误。例如熟悉"掌握"一词的支配关系:掌握汉语、掌握技术、掌握本领、掌握规律、掌握节奏、掌握角度等词组,就可加以类推或替代,造出更多的词组:掌握英语、掌握科学、掌握原则、掌握……不会说出"掌握道路"、"掌握春天"等不合情理的话语。

(二) 句子紧缩法

词组大部分出现在句子中间,一个词组基本上是一个命题。一个句子可能只有一个命题(词组的句子化,如词组"学习汉语"可以理解为一个句子),也可能包含几个命题(大小命题的组合,如"我们到中国学习汉语")。命题是关系项和主项的集合。主项是命题的题目,一般是名词或代词,有时也可能是动词、形容词。关系项,即是谓项,它对主项起限制作用,一般是动词、形容词、副词。例如,"新学生认真地学习",其中"新"限制"学生","学习"限制了"学生","认真"限制了"学习",全句有三个命题,也就意味着有三个词组。因此,命题作为头脑中的意念单位,它的表述形式就是词组。只要头脑中储存足够的词组,一旦有了某个意念和想法,就可调动和提取有关词组到工作记忆中进行整合。由于词组是句子的半成品,由几个词组构成一个句子,比起由几个单词临时组合成句子要方便和有把握得多。

一般来说,教科书上的生词表较多地以词语为单位出现,以词组形式出现的情况比较少,只有在课后的注释和练习中出现或排列一些词组。大多数的词组包含在课文的句子中。因此学习和积累词组,必须从课文句子中去分析或摘寻出词组来。常用的方法是句子紧缩法,或叫寻找句子主干法。也就是说,当接触句子进行理解时,先要把句子的大命题找出来,把握住句子的主干意思,然后再找跟句子主干有关的小命题。这些大小命题,经过大脑加工器的整合,不仅可精确地理解句子的意思,同时,在头脑中也印进了若干词组。例如:学习者接触到"市场经济迅猛发展促进了新文化的繁荣。"这么一个句子,首先得把句子紧缩为"经济促进繁荣"这样一个主干式的大命题,其次再析出其余部分的小命题:"市场经济发展"、"迅猛发展"、"文化繁荣"、"新文化"等一串词组。这些词组由于反复接触而储存进大脑,当遇到外来的相关的语言刺激,就可匹配和提取出来进行整合理解;当有相关的意念需要表述时,也可把这些词组寻找出来进行再组合。因为是现存的词组,可以减少搭配上的偏误和差错,说话和写作的用语能够靠拢和接近汉语的表述。

三、在实践中增强语感

外界语言刺激的输入,经过大脑的语音加工器、词汇加工器、语法加工器、语篇加工器的加工处理:或者是由语音分析——词汇分析——语法分析——语篇分析一环接一环地作线性处理;或者四者有所交叉地进行处理(如分析词汇时,同时依赖语法分析或语篇分析来帮助对词汇的处理),以实现对外界语言信息的理解。而头脑里所酝酿或存有的意念或想法,如果要向外界发表,也得通过词汇加工器、语法加工器、语篇加工器,最后落实到语音(或文字)加工器,发而为声(或书写为文字)。其间需要加工处理的细节和项目何止几十个,这么浩大的工程,实施起来相当的繁复,也相当地花时间。不可想象,从接收外界语言刺激到理解其中的意义,或者把头脑中的想法发之于口(或形之于手),要经过这么多繁难和复杂的心理活动,却能够顺利地、而不是断断续续地理解,能够流畅地、而不是结结巴巴地述说。尽管人的大脑的运作,也许比电脑更为快速和敏捷,但要在后台执行这么繁难的操作任务,总得耗去一定的时间,其外显反应必然会有间歇、停顿和阻滞。而人们在语言活动中之所以能缩短或克服语言加工过程中所发生的停滞现象,凭借和依靠的因素就是:语感。凭着语感,跳跃繁多的加工手续而直接理解;靠着语感,越过烦琐的分析方式而直接说话。

语感是对语言的感性反映,它在三大范畴中反映出来。"一是反映词与所标志客体之间(即词义基础)的联系和反映;二是反映语言特征的(指语音、词汇、语法、修辞等语言特点)的联系和关系;三是反映两种不同语言体系之间的联系和关系。""语言联系和关系的所有这些感性反映形式构成巨大而复杂的感性复合体,这就是语感。这种语感使人能够不必意识到语言的这些或那些特点而实际掌握语言。"[①]

语言实践是形成语感的决定因素。虽然语言理论知识对于语感的形成有一定的作用和帮助,但要把理论知识化而成为语感,还得通过一定的实践才能

---

① 朱纯编著 《外语教学心理学》,上海外语教育出版社,1994年,第88页。

真正得以实现。尤其是学习外语,尽管学习者有着丰富的有关母语的语音、词汇、语法、修辞等知识,或者也掌握了一些目的语的语言知识,但如果没有一定的语言实践活动,那么,学习者的头脑里就很难反映出两种不同语言体系之间的联系和关系,其说出的话语很可能是生涩的、不流畅的,具有浓重的中介语现象。

因此,对外汉语教学,开设了听说读写各种课型,目的就是要学习者注重多听、多说、多读、多写的语言实践活动,从而训练和培养自己的汉语语感。汉语语感包括汉语的语音感(具有音素、音位、声韵调的语感)、汉语词汇感(具有词素、词性、词义、内部结构的语感)、汉语语法感(具有词法、句式、句子的内部结构等的语感)、汉语语篇感(具有段落、层次、连贯、过渡、承上、启下等语感)等等。由于语言实践和语句反复再现、反复再认的结果,使有关的汉语知识及其应用形成了比较固定的联系和关系,于是学习者也就有了一定的语感。大脑可以据此实行对话语构建以及说话和写作的监控,避免语言错误的产生。汉语语感越增强,就越能改进自己的中介语现象。

中介语既然是外语学习过程中必然会产生的现象,学习汉语的外国学生自然概莫例外。但也不能因为顾忌说汉语有偏误或不够地道而采取回避策略,在说话或写作中,有意使用自己最熟悉的、最为普通的词语和句式来表述,回避或排斥不太熟悉的新词语和新句式,所谓因噎而废食。这样,汉语学习就会处于停滞状态,只能围绕着有限的一些熟词熟句而兜圈子,进步甚为缓慢。因而学习者除了采取积累汉语词语、加大记忆词组的力度和强化汉语语感等策略外,还要有意识地大胆使用新词语和新句式。不仅要用于跟学习时相同的或相近的语境(即水平迁移),还要创新地用于跟学习时不同的语境(即纵向迁移)。尽管这样的使用可能会产生一些失误或偏误,但是可以在使用过程中得以纠正和熟练。这也是改进中介语的有效策略和良好措施。在学习汉语的相当一段时期内,学习者要大胆使用中介语来进行交际和交流。老的一批中介语在使用中得到纠正或克服,也许会出现一些新的中介语,新的中介语得到了纠正或克服,可能会出现更新的中介语,这样的情况会贯穿于汉语学习的始终,在不断的进步中,达到靠拢和接近标准汉语的目的。

第十四章　第二语言的学习策略

　　学习策略在第二语言习得过程中起着一定的作用,它会影响到第二语言学习的效率和结果。第二语言习得,学习者是主体,他们在学习过程中一般都运用一定的学习策略。本章将就学习主体在两种不同的第二语言习得中所运用的学习策略,即外国学生学习汉语的策略和中国学生学习英语的策略,进行比较。具体分析的是:外国学生汉语学习与中国学生英语学习在学习策略上的共性和特性,以及这些共性和特性的认知心理机制。[1]

第一节　基本概念与研究方法

　　"学习策略"作为一个术语,既可以从宽泛的意义上解释,也可以在一个比较严格的意义上使用。进行学习策略的研究,研究方法往往影响到研究的结果以及研究意义的实现。因而,对"学习策略"的概念的界定以及研究方法的介绍就显得十分必要。

一、学习策略的基本概念

　　学习策略是包容范围甚广的一个心理学概念。梅耶(B. E. Mayer)把它定义为"在学习过程中用以提高学习效率的任何活动"[2]。根据这个定义,学习策略至少包含两个部分:一是信息加工活动;一是调节和控制活动。
　　所谓信息加工活动,是指学习者有选择地接收外界信息刺激,在一定的加

---

　　[1]　本章主要内容曾分别以《中外学生二语学习策略的相异性研究》和《两种不同的第二语言习得中的学习策略分析》为题,发表在《暨南大学华文学院学报》2003年第3期和《第七届国际汉语教学讨论会论文选》(北京大学出版社 2004.6)上,发表时有删改。
　　[2]　邵瑞珍主编　《学与教的心理学》,华东师范大学出版社,1990年,第103页。

工器中进行编码(或解码),通过复现或再现,储存记忆库的认知过程。这里有做笔记、摘抄、评注、加标题、画线等指引注意和加强知识内在联系的注意的选择和分配策略;有利用情节和语义进行一种或多种形式的编码和加工的记忆策略;有利用分类和各种线索从头脑网络结构中提取信息的策略;有通过思维的转化来解决问题的策略,等等。所谓的调节和控制,是指学习者在对自己所采取的学习策略的认识和评估的基础上进行的调控过程。心理学称之为元认知。这里有学习者认识自己、认识学习对象和认识学习策略的元认知知识;有激发认知热情、调动学习认知潜能的元认知体验;有指定计划、修正调整计划、评价策略效果、采取补救措施的元认知监控,等等。

学习者如果有意识地采取上述种种学习策略,其学习效率必能提高,学习进程必能加快。

二、研究方法

1. 研究对象

本研究对象分为两类,一类是学习英语的中国学生,一类是学习汉语的欧美学生。

(1) 学习英语的中国学生是师范大学对外汉语系本科四年级大学生,共58人,男生18人,女生40人。年龄为20—23岁。所有学生均通过大学英语四级考试,其中有54人还通过了大学英语六级考试。

(2) 学习汉语的外国学生(主要为欧美学生)66人,其中男:38人;女:28人。

年龄:20—30岁,41人;30—40岁,21人;40—60岁,3人;60岁以上,1人。

国别:澳大利亚,26人;德国,14人;美国,5人;加拿大,5人;法国,4人;英国,2人;瑞典,2人;俄罗斯,2人;波兰,2人;挪威,1人;西班牙,1人;乌克兰,1人;巴西,1人。

职业:学生,39人;职员,17人;教师,4人;公务员,2人;家庭主妇,2人;退休,1人;无业1人。

汉语水平(以所学教材界定):初级(《实用汉语课本》、《基础汉语课本》、《基础汉语25课》),37人;中级(《桥梁》、《中级汉语听和说》),23人;高级(《高级汉语教程》、《高级汉语报刊阅读教程》①),6人。

２．调查方法

本研究运用了观察、访谈、教学笔记、自陈、问卷调查五种调查手段。在观察中分别设计了核对表(checklist)、数值量表(numerical scale)和等级量表(rating scale),观察学生在语言课上的行为(如遇到生词查词典、记课堂笔记、回答问题时结合自己的日常生活经验运用新学的词语、将旧知与新知进行联系、将语法规则类推,等等)、用目的语提问的频率、学生参与课堂活动等等。访谈的对象有对外汉语教师、外国学生和中国英语教师,分别就外国学生学习中文和中国学生学习英语的学习方法、学习习惯、遇到困难的解决办法这三方面的问题进行了开放式(广泛话题)、半开放式(核心话题)及结构化(具体话题)的访谈。教学笔记以实例记录为主。自陈式的调查对象是对外汉语系本科四年级学习英语的中国大学生,要求他们用书面形式自陈学习英语的方式、策略及其思想过程。问卷调查题目的设计参考了以下四方面的内容:① 国外有关文献资料,主要是 Skehan 的学习策略三大分类,即与语言学习过程有关的策略、与学习和交际有关的策略以及与自我管理有关的策略②;② 笔者对在上海高校及有关对外汉语教学部门从事对外汉语教学工作的教师以及外国学生的访谈记录;③ 笔者对上海及南京的四位高校英语教师的访问记录;四、笔者自身的外语学习及对外汉语教学实践。问卷调查由以下四个部分组成:① 语言知识学习策略;② 目的语运用策略;③ 利用母语策略;④ 自我管理策略。每个部分都拟定了相关的题目,每题有三至五个选项供学生挑选其中的一个或多个。

调查采用了多种手段,除了一部分问卷调查作了数据统计之外,更注重观察、教学实录等这一类现场活动所得的材料的研究。现场研究可以尽量避免调

---

① 刘珣主编 《实用汉语课本》,商务印书馆,1981年。
 北京语言学院编 《基础汉语课本》,华语教学出版社,1994年。
 陈绥宁主编 《基础汉语25课》,华东师范大学出版社,1997年。
 陈灼主编 《桥梁》,北京语言文化大学出版社,1997年。
 北京语言文化大学汉语学院汉语系编 《中级汉语听和说》,北京语言文化大学出版社,1999年。
 北京语言学院外国留学生二系编 《高级汉语教程》,北京语言学院出版社,1990年。
 武彤等编著 《高级汉语报刊阅读教程》,北京语言学院出版社,1993年。

② Skehan P. (1989). *Individual Differences in second—Language Learning*, London: Edward Arndd.

查者的主观意识的暗示和诱导,对外部环境因素控制较少,容许调查者观察自然状态下的被试的行为,使结论更接近认知的内化过程及内隐规律。而访谈和自陈则往往能比较直接地展现学习者所采取的外显的学习行为的心理活动过程。总之,我们努力把各种手段结合起来,相互补充,尽量使调查结果更接近客观实际,更科学、更全面地揭示事物的本质。

3. 数据统计①

经过分类整理与统计,问卷调查以及其他有关资料的数据列表如下:

表一 用母语做笔记情况

听课时用母语做笔记	全部用母语	部分用母语	用目的语
中国学生数(%)	——	48(83%)	10(17%)
外国学生数(%)	8(12%)	55(84%)	2(4%)

表二 依靠母语翻译情况

接受信息(听、读)和表达(说、写)时依靠母语翻译情况	全部依靠	部分依靠	基本不依靠	完全不依靠
中国学生数(%)	13(31%)	45(84%)	——	——
外国学生数(%)	49(75%)	16(25%)		

表三 学习生词的方法

生词学习法	音义结合	形义结合	音形义结合
中国学生数(%)	——	——	58(100%)
外国学生数(%)	17(26%)	——	48(74%)

*表四 记忆生词的方法②

生词记忆法	利用生词表反复背读	背诵句子或课文	应用中记忆
中国学生数(%)	58(100%)	58(100%)	58(100%)
外国学生数(%)	13(2%)	65(100%)	65(100%)

---

① 作者在研究中设计了一系列调查、统计表,为了讨论时行文的方便,现展示一部分数据。
② 凡有*号的表为多项选择,其余的表为单项选择。

表五　记忆语法规则的方法

语法规则记忆法	背诵	识别	应用
中国学生数(%)	58(100%)	58(100%)	58(100%)
外国学生数(%)	——	65(100%)	65(100%)

表六　训练听力的方法

听力训练方法	听录音带	听广播	看电影(电视)	听演讲/讲座
中国学生数(%)	58(100%)	58(100%)	58(100%)	44(76%)
外国学生数(%)	65(100%)	9(14%)	16(25%)	6(9%)

表七　训练说话的方法

口语训练法	参与谈话	找语伴	朗读	独白练习	当翻译	演讲
中国学生数(%)	58(100%)	28(48%)	58(100%)	8(13%)	44(76%)	7(12%)
外国学生数(%)	65(100%)	37(57%)	65(100%)	6(9%)	15(23%)	3(5%)

表八　训练阅读的方法

阅读训练法	读原著	读报刊杂志	读广告、说明书等
中国学生数(%)	58(100%)	58(100%)	58(100%)
外国学生数(%)	1(2%)	16(25%)	65(100%)

表九　技能训练的侧重情况(一)①

初级阶段	侧重听说	侧重读写	听说读写并重
中国学生数(%)	——	46(79%)	12(21%)
外国学生数(%)	63(97%)	——	2(3%)

表十　技能训练的侧重情况(二)②

中高级阶段	侧重听说	侧重读写	听说读写并重
中国学生数(%)	——	——	58(100%)
外国学生数(%)	——	——	29(100%)

---

① 被调查的中国学生英语的初级阶段是九年前的小学阶段,根据自陈统计。
② 被调查的中高级外国学生共29人。

表十一　交流时的表达取向

与对方交流时 你的表达取向	不管对错只要能表 达自己的意思就行	为了不出错 尽量少说些	说话时十分注意因而 影响自己谈话
中国学生数(%)	27(46.5%)	4(7%)	27(46.5%)
外国学生数(%)	59(90%)	3(5%)	3(5%)

三、研究结果

根据对观察、访谈、教学笔记、自陈、问卷调查等手段所获得的材料和数据进行综合、归纳、对比和分析的结果:中国学生学习英语和欧美学生学习汉语所采取的策略,在利用母语策略、利用和创造环境策略以及母语与目的语对比策略等方面,基本上是共同的;在词语学习策略、技能学习策略、记忆策略、思维和表达策略,以及元认知策略等方面,有一定程度的相异之处。

第二节　学习策略的共同性分析

作为第二语言习得,尽管所学的目的语不同,但采取的学习策略具有共同性是符合语言学习的一般规律的。中国学生学习英语和欧美学生学习汉语所采取的共同的学习策略主要有:利用母语策略、利用和创造环境策略以及母语与目的语对比策略。

一、利用母语策略

从访谈、自陈和问卷调查中反映出欧美学生和中国学生学习外语都采取利用母语的策略,例如:识记外语生词时找母语中的对应词,这在学生的自陈、对问卷的回答以及教师观察时所做的核对表中都得到了一致的反映;用母语记笔记,从统计表中可以看出,虽然全部用母语记录的不多,而部分用母语记笔记的情况却很普遍,占83%以上(见表一);依靠母语翻译的情况也大致相同,"基本不依靠"或"完全不依靠的"则没有(见表二)。可见,利用母语策略是人类学习外语的通则。这是因为母语对于任何人来说,是首先建立的第二信号系统,思维、交际都依赖于它,客观世界的信息刺激人们感官得到加工而形成概念时,首先作出反应的就是母语的第二信号系统。而外语对人们来说,是要再建立的一个不同于母语的第二信号系统,即一套新的语言编码体系。当这个系统还处在学习和形成阶段时,它是比较脆弱的、不牢固的,无法与母语的第二信号系统相抗衡。因而无论是外界的信息还是内部的心理意念刺激,头脑中的第一意识就是用母语作出反应,这已成为一种条件反射,或者说是一种动力定型。等到母语反应过后才转译成目的语,也就是再进行两个不同的第二信号系统之间的转换。当然外语的第二信号系统建立比较稳固后,也可能直接用外语进行思维和反应,或者其转换速度熟练到可以进行同步翻译。不过学习期间的学生能达到完全用目的语来记笔记或完全用目的语来进行思维翻译的毕竟是少数(见表一、表二)。而用目的语思维,这正是外语学习的最高目标。

二、利用和创造环境策略

外语学习,不仅是语言知识的获得,还有技能的训练和培养,而后者光靠课堂上由教师模拟或假设一些情节和语境来进行操练,是远远不够的。几乎所有的学外语的学生都在寻求有利于外语学习的种种环境来操练和提高自己的听、说、读、写外语的基本技能。因为语言的使用跟环境是密不可分的,离开环境的遣词造句只是一种机械操练,远离实际的需要;只有结合环境的言语才是创造性的应用,符合交际的需要。在这方面欧美学生和中国学生采取的利用和创造环境策略是基本相同的。他们都在利用和营造听的环境,听录音带、听广播、看电影(或电视)、听演讲(或讲座)等(见表六),努力适应和建立外语的语感;他们都在利用和创造说的环境,参与谈话、找语伴、朗读、独白练习、当翻译、演讲等(见表七),努力寻求说话的各种场合和机会,达到用外语与人交流的目的;他们都在利用和创造读的环境,读原著、读报刊杂志、读广告和说明书等(见表八),努力透过外语的书面形式(包括词语、句式和句子之间的关系)去理解其中的意义,扩大阅读的范围,提高阅读理解的水平。如果说中外学生在采取利用和创造环境策略方面有点差别的话,那也只是听说读写的先后顺序有所不同而已。如欧美学生开始学汉语注重听说,占97%(见表九),当然把营造听和说的环境放在首位;中国学生开始学外语,比较偏重阅读,占79%(见表九),自然会把创造阅读环境放在优先的位置。但到中高级阶段,中外学生一般都是听说读写并重的,几乎达到100%(见表十),那么这时候在利用和创造环境策略方面,基本上差别不大。

三、母语和目的语对比策略

学习外语是在母语之外再建立另一套语言体系。原来的语言体系(母语)不会因此而搁置起来,它在学习者的思维和表达中仍然起着积极的或消极的作用。尤其对于初学外语者,在词语的对应和语法的对比上,母语对目的语的学习作用不可低估。外语生词的摄入,其音形基本上是附在相对应的母语概念之上的,找不到完全对应的词时,也是用母语加以描述或定义的。外语语法规则的接收,为了方便记忆和应用,也常常在学习时有意识地进行对比,保留彼此相同的规则,强化相异的方面。母语和目的语对比策略,这是欧美学生和中国学生普遍采取的共同性策略。在我们的观察、访谈和学生的自陈、作业中处处留有中外学生在学习目的语中经常使用母语和目的语对比策略的痕迹。这种对比发挥着母语推动外语学习的正面作用,也起着尽可能减少母语对外语学习的负面作用。例如中国学生学习英语,跟汉语对比得比较多的是形态,包括名词的性数格变化,动词的规则和不规则变化,时态的变化等,这是汉语最缺乏的东西,特别需要强化,方能无误地运用。欧美学生学习汉语,跟其母语对比得比较多的是句式和语序,因为汉语缺少形态变化,被动句、比较句、提宾句等基本上依靠语序来表述,经过对比可以强化这些语法规则。但是汉语跟英语等外语在基本句型上有许多是一致的,经过对比,这些相同的语法规则可以发挥正迁移的作用。

第三节 学习策略的差异性分析

中国学生学习英语和欧美学生学习汉语,由于所学目的语的文字符号系统的不同,所学目的语的内容和特点不同,甚至长期形成的学习习惯不同,因而在采取学习策略方面自然也会有所差异。即使运用同一策略,也有程度上和重心上的相异性。

一、词语学习策略的差异

一般来说,学习外语的词语,应该形音义同步注意。但欧美学生习惯于由二十多个字母组成的拼音文字,不习惯于由横、竖、撇、捺、点、折等笔画组成的方块汉字,而前者字母排列的形与元辅音拼合的音是统一的,两者可同时与义联系;方块汉字只具形,音是外加的,而且方块汉字的笔画繁多,结构复杂,令西方人望而生畏。因此欧美学生学习汉语词语,往往采取从音到义的途径,对于词语的形,即汉字,或者舍弃而不学(约占26%,见表三),或者学习滞后,即对汉语词语的形的识别大大落后于对音的识记。这是西方人学习汉语比较普遍的现象。我们的观察、调查和教学实践都证实了这一点。从认知心理学角度来透析这种现象,主要是注意资源不够分配的问题。注意是"心理努力的集中和聚焦(Matlin 1983)"它有选择性(选择注意的对象)、转移性(从注意某个对象转移到另一个对象)和可分解性(同时注意两个对象)的特点①。但这种可分解性(即注意资源的分配)是有条件的,或者以一种注意为主,其他的略略带过;或者其中的一种注意已熟练到很少消耗资源的地步。习惯于拼音文字的欧美学生,对形、音脱节的汉字,既要注意其形与义的结合,又要注意其音与义的结合,常常顾此而失彼。也就是说,在一定阶段欧美学生对汉语词语的注意,还不具分解的条件。于是他们在学习并积累汉语生词时,干脆以音义结合为主,充分调动听觉的接收和加工作用。这样,虽然教科书上有相应的汉字,它们的形同样是一种刺激,但既然大多数欧美学生在初级阶段往往将汉字学习滞后,那么这些方块汉字大多未被注意和选择。根据认知心理学的过滤说来看:"作为前注意分析的结果,选择性过滤器决定哪些刺激接受进一步加工。未被选择的刺激基本上被关掉,不再接受进一步精致化。"②或者根据认知心理学的衰减说来看:"未选择的通道不是完全关闭的,而只是关小或阻抑"③。因而这个阶段的欧美学生,汉字的识记数量相当有限,进展十分迟缓。再者,汉字的音还有声调,这

---

① 〔美〕John B. Best 著 《认知心理学》,黄希庭主译,中国轻工业出版社,2000年,第36页。
② 同上书,第38页。
③ 同上书,第40页。

又是欧美学生的薄弱环节。"如果刺激复杂,需要的资源就多"①,因而客观上也迫使他们把大量的注意资源投向汉字的读音上面,也正因为注意资源相对集中,他们从语音感觉方面积累词语的速度比较快速。

既然欧美学生不注重汉字的形,那么教科书上的生词表对他们来说作用不大,最多是注意其中的拼音和英译概念。由于汉语词语的同音词(尤其是单音节词的同音词)过多,光凭语音很难准确地联系到义,所以欧美学生的策略是希望在句子中学习生词,用上下文语境来限定词的意义。单纯利用生词表反复背读的情况非常罕见,只占2%(见表四)。

当然,欧美学生初级阶段学不学汉字,是否分配部分注意资源给汉字,跟他们的学习目的和意图有关。实验表明:"被试者的意图在决定什么材料能被意识到中是很关键的因素,这意味着我们必须要考虑被试者在加工过程中可能包括策略的因素"②。如果学习者的意图是解决日常生活用语,那么学不学汉字似乎关系不大;如果学习目的是想当翻译,则非要学汉字不可。如有一位西班牙学生,为了日后当翻译,学习汉语一开始就注意汉字的学习和积累。两年下来,HSK的模拟题除了书写汉字不太熟练外,语法结构和阅读理解部分没什么问题。这说明欧美学生学习汉语,同时学习汉字的形,也就是说分配一部分注意资源给汉字的形是完全可能的。另如,有一对英国夫妇,开始都不愿学汉字,后来妻子学起汉字来,丈夫仍然没有兴趣。两个月后,妻子的汉语进步较快,丈夫只能听说,差距很明显。因而欧美学生不学汉字只是权宜之计,到一定阶段,他们还是要求形音义同时兼顾的。

中国人学习外语有两种情况:成年人由于受年青时期外语教学重阅读倾向的影响以及年龄与学习目的等关系,继续深造外语时,一般追求阅读能力的提高。其学习外语生词以整体视觉为主,不太注重一个个字母的拼合及其准确的读音,而是直接把词形跟意义相连在一起,并通过书面材料的复现率的反复刺激来识记和积累。因此成年人学外语比较普遍的现象是:在上下文语境中能识别词形和词义,但读不准,拼不全;在需要应用时,也难以从脑库中提取,有时不得不依靠词典来确认词形和词音。

---

① 〔美〕John B. Best 著《认知心理学》,第45页。
② 同上书,第44页。

如今年青人学习外语,由于外语教学的改革,生词学习一般都是音形义并重。青年学生一则学过汉语拼音方案,对字母拼读并不陌生;二则拼音文字字母组合的形和字母拼读的音往往是统一的,见形能读出音,听音能拼出形,"音形义"一步到位,不必另外消耗多少注意资源;三则听觉、视觉同时调动,可加深生词的记忆痕迹。我们常常见到青年学生不用上下文语境,单独利用生词表一个一个地拼读和记忆,其原因盖出于此。

二、技能学习策略的差异

"在学生的学习中,动作技能的学习往往与认知学习交织在一起"[①]。外语作为一种语言,它有着知识和技能的两面性:语言的知识性是结构性、系统性、符号性,语言的技能性则是工具性和交际性。学生学习一门外语,在知识和技能两方面是谋求平衡还是有所侧重和偏颇,就会影响其学习策略的取向。

根据调查和统计,欧美学生和中国学生学习外语所采取的策略,都走着一条从偏颇到平衡的道路。但他们的侧重点正好相反。欧美学生学习汉语,初级阶段注重听说,喜欢交际会话(见表七);中国学生学习外语,初级阶段注重书面和阅读,喜欢积累和吸收外语知识,不愿开口(见表九)。而到了中高级阶段,欧美学生由注重听说转向读写,要求自己听说读写全面发展;中国学生由注重阅读转向听说,要求自己听说读写并驾齐驱(见表十)。殊途而同归,欧美学生和中国学生都在追求知识和技能的平衡。上面表七所统计的有关"参与谈话"这一项,中国学生和外国学生都是100%地采用这种训练方式。但这是外显的数据,实际上有其内隐的变化过程。对中国学生来说,从不愿开口到积极寻找机会参与谈话是走过一段历程的。我们的观察和学生的自陈都证实了这一点。

认知心理学把动作技能称为心因运动技能,认为"这种动作技能不是简单的外显反应",而是"受内部心理过程控制"的[②]。欧美学生开始学习汉语时,一则拼音文字的痕迹深,二则畏惧不熟悉的方块汉字,因而往往舍弃汉字而单求音与义的联系,侧重听说是最自然不过的事。但他们来中国学习,毕竟处身于

---

① 邵瑞珍主编 《学与教的心理学》,华东师范大学出版社,1990年,第128页。
② 同上书,第129页。

汉字的世界,满眼望去都是汉字,视而不见,熟视无睹,不现实也不方便。为了丰富自己的汉语知识,提高自己的汉语水平,于是到中高级阶段就会迫切要求学习和书写汉字。因为这个时候,通过一个时期的耳濡目染,他们对汉字也有了一个适应和习惯的过程。而中国学生,由于头脑中汉字表意文字的痕迹太深,学习外语也会下意识地去注意文字符号,一个字母一个字母地去拼读,在音—义和形—义联系中比较偏重于形—义的结合。这样,也就很自然地侧重于书面语和阅读了。另外,还有一个原因,近60位中国学生在问卷中当问及不愿开口的原因时都回答:胆怯、害羞。这说明中国学生在外语学习的早期,也就是还处于不熟练的情况下,普遍比较拘谨。但是到了中高级阶段,外语的词语和语法规则有了较多的积累,却还是听不懂、说不出的时候,他们深感哑巴英语和聋子英语的缺陷,于是大多数学生突破了听说的屏障,大胆地进行交际实践。他们的外语学习因策略的改变而有了质的飞跃。

三、记忆策略的差异

"学习外语的关键,是设法将所学的语言知识和使用规则有效地储存起来,在需要时能够取出来使用"[①]。要做到有效储存,因素颇多,诸如学习者先前获得的知识和经历,语言信息刺激的强度和频率,对摄入信息的编码方式和搜检线索等等,都在一定程度上影响所学内容的储存和记忆。欧美学生学习汉语,初级阶段既然以"音—义"结合为主,在记忆策略上,自然会充分利用"音"的线索。他们将汉语词语中代表某个意义的"音",通过听觉通道传递到中枢神经,与头脑中母语的某个"义"对应起来,实在无法对应的便用母语词语加以描述。这都需要学习者原有的知识结构参与作用。实践证明,头两次的这种联系尚不太巩固,易于遗忘,最佳的方法是把这个词语放在句子中听辨多次,加大音—义刺激的强度和频率,使汉语词语的"音"和"义"牢固地结合在一起而储存进长时记忆中。欧美学生之所以采用句子来识别和记忆词语(见表四),一则避免汉语中同音词过多的干扰;二则利用语境和情节记忆的方法来激活和搜寻词语,弥补因不学汉字而造成"形—义"脱节的缺陷;三则使用汉语词语时,跟词语同时

[①] 王初明编著 《应用心理语言学》,湖南教育出版社,1990年,第138页。

摄入的句子可供参考和模仿。

中国学生学习外语在生词的记忆方面一般都是听看并重的,他们要求有视觉的空间码和听觉的语音码。或许是受汉字表意文字的影响太深,光听不看总觉不放心,只有字母语符列拼对,字母的元辅音发准,才跟自己母语的"义"挂钩,很少有人走单纯"音—义"结合的道路(见表三)。也正因为头脑在对词语加工时空间码和语音码同时存在,在中国学生的感觉中似乎编码线索比较充分,所以他们并不追求词语非要在句子中出现不可,拿着生词表就可反复背诵和记忆外语单词(见表四)。至于词语信息的刺激强度和频率,以能记住为度,个体自己就可掌握和控制。但由于并不强调词语在句中出现,往往产生生词表上的单词全部能拼读和识记,却不一定能联系实际使用的现象。

记忆和储存外语的语言知识和使用规则,主要为了应用。欧美学生学习汉语,初级阶段的应用偏重于说,不管对错只要能表达自己的意思就行(见表十一),走的是复述—模仿—创造的道路,即在复述的基础上进行模仿,在模仿的基础上进行创造。为了能把学到的词语和句子应用到会话实践中,他们一般都能及时地化知识为能力,即把陈述性知识转化为程序性知识,根据已学的词语和语法规则产生出较多的句子来表达自己的意愿和想法。当然,知识变为能力是需要有一个转化过程的。表五所统计的记忆语法规则的方法,其中外国学生识别和应用两项均为 100%。这说明他们所学到的语法知识是在识别和应用中逐步转化为能力的。数字既体现了他们所用的记忆方法,同时也包含了他们学习中的转化过程。在这个过程开始时,他们说话的速度较慢,他们要依据一系列的产生式步骤一步步地推导和运算。经过多次的实践,他们说话的速度明显加快,说明他们对某些产生式已臻于熟练,不需要逐步逐层地去推导和运算,记忆中的程序已变成自动化的技能。例如一位初级班的法国学生,凡是学到的词语都力求在交际中应用,即使是课外无意学习(听到)的词语,也大胆地用进自己的话语。他又喜欢变换句式,一个意思总要用几个不同的句式来表达。因而他的口语在同班同学中提高得最快,说得最为流利。而且由于欧美学生喜欢交际会话,参与的交际场合较多,"不同场合的语言交际使用知识也储存于记忆中"[①],它们跟课本上或课堂上学到的语言知识建立起多种联系,充实和组织好

---

① 王初明编著《应用心理语言学》,第 146 页。

已经储备的信息,一旦需要,知识随着情节记忆的唤醒也活动起来,以供灵活运用。因而欧美学生的汉语应用能力和交际能力,两者相互为用,同时得到提高。

中国学生学习外语,初级阶段的应用偏重于阅读,走的是识别—理解—背诵的道路,即识别课文中的词语和句子,理解其中的意义,然后把它们硬背下来。表四和表五记忆生词和语法规则的方法中中国学生背读和背诵都是100％,这足以证实中国学生学习外语注重背诵的记忆策略。这样的记忆当然也会给人一种成就感。但由于这种记忆只是增添陈述性知识,在没有转化为程序性知识之前,它们只对阅读、识别、理解起作用,而无法创造性地产生多个句子来表达自己的思想。由于中国学生不愿用外语开口说话,因而他们学到的许多语言知识和语法规则只停留在陈述性知识这个层面上,知识的积累大大超过了能力的转换。这样的情况大多数要持续到大学高年级阶段,由于学习策略的转变,才重视知识向听说能力的转化,因而他们的程序性知识的自动化比起欧美学生似乎慢了一拍。

四、思维和表达策略的差异

思维和表达是语言的实际运用。"语言的使用具有层次结构"。在最高层次上是说话者的目的,"决定策略或意思,计划很可能要说话者的临时交际意图去有意识地制定",属于思维范围。在较低层次上,主要是根据策略或意思,"决定具体的话题内容,以选择语言的句法结构",属于表达范围[1]。欧美学生和中国学生即使到了中高级阶段,使用外语时,在最高层次(即思维)上,一般还是利用母语来决定交际的策略和意思,外语学得好的可能母语和目的语夹用,能够完全用目的语直接思维的,恐怕只有从事翻译工作的人了(见表二)。这可以说是中外学生的共同性和普遍性。但在较低层次(即词语和句法结构的选择)上就有明显的差异。造成差异的原因主要在句法结构上。汉语的修饰语无论多长,一般都直接附加在句子的主干成分之前,也就是说,某个意思中的多个命题可能都紧缩在一个句子结构之中。而欧美语言中较长的修饰语一般都以从句的形式附在主干成分之后,这种思维定势和表达习惯一时是难以改变的。欧美

---

[1] 王初明编著 《应用心理语言学》,第179页。

学生为了清楚地表达自己的意思而又不违反汉语语法规则,于是采取了使用简单句的策略,也就是说把一个意思中的多个命题,分拆成几个简单句来表述。我们在欧美学生的习作中发现他们使用简单句的情况相当普遍。我们也曾把一次话题讨论会上欧美学生的发言录了音,仔细统计他们使用简单句的频率,竟然达到80%以上。而中国学生虽然受汉语语句的影响根深蒂固,但把较长的修饰语以运用从句的方式来表述,似乎无多大困难,中国学生的发言一般都能使用这样的结构。这恐怕是"主干语在前,修饰语在后"的表达方式同人们"先决定大命题,再思索小命题"的思维方式比较一致的缘故吧! 当然这也和中国学生在初级阶段采取偏重阅读策略而有较多的诸如此类的语句积累有关。

  成年人学习外语,"在精通目的语之前,使用一种过渡性质的语言,它自成体系而又不断地发展变化,向目的语体系靠近。"[①]这就是人们常说的中介语。"把中介语称为一种语言,说明学习者的过渡性语言受规则支配,自成体系,并且有交际功能。"[②]欧美学生和中国学生在学习外语过程中所用来表达自己思维的,就是这种中介语。它既不同于母语的语法规则,也不同于目的语的语法规则,而是一种正在发展变化的心理语法规则。从这个意义上说,学习个体在表达中的语言错误,反映了学习者在某个学习阶段的语言体系,是一种必然会出现的语言现象,无所谓"错",也无所谓"对"[③]。因为随着学习的深入,新知识和新规则不断注入中介语,学习者能够自觉地、主动地摆脱母语的干扰(即改正语际错误),并修正和改变原先未学好的目的语规则和结构(即改正语内错误),最后靠近目的语。在这方面,欧美学生和中国学生概莫例外地走着同样的道路。但由于欧美学生使用汉语新词和新的语法结构比较大胆,在运用中介语方面偏重于转移。"转移是学习者利用已知的语言知识,去理解新的语言"[④](p.78)。欧美学生学习的初级阶段,较多的是采取语际转移策略,即把母语语法规则迁移到汉语中来。因此,他们尽管其时所学到的汉语词语和语法规则还不多,但能借用母语的某些语法规则进行简单的表达。到中高级阶段,他们较多地采取语内转移策略,即"对外语的某些规律错误地推广使用"[⑤]。这是发生在目的语

---

  ①③ 王初明编著 《应用心理语言学》,第70页。
  ② 同上书,第71页。
  ④ 同上书,第78页。
  ⑤ 同上书,第79页。

内部的负向转移现象。例如,动词"问"可带双宾语:"问你一个问题",而动词"打听"在某个意义上与"问"重合,因而他们把双宾语规律移用到"打听"中来:"打听你一个人"。这看来是个错误,但是却向目的语跨出了一步。如果欧美学生不去使用这样的"具有过渡性而又自成体系"[①]的中介语,那么新的词语和新的语法规则,始终只是一种陈述性知识,很难转化为程序性技能,学习的最高目标——逐步靠近目的语,也较难实现。中国学生相比欧美学生显得比较拘谨,使用外语新词和新的语法规则比较慎重。根据58名学生的自陈统计"为了不出错尽量少说些"、"说话时十分注意因而影响自己谈话"这两项就占了51%(见表十一)。他们在运用中介语方面偏重于回避或者"过分"追求正确。回避是一种常见的交际策略,中国学生当其对某个新词的概念和语法属性模糊不清或对某种语法规则(如完成态)尚不能驾驭时,干脆回避不用。而对于已经掌握并比较熟练的语法规则,却又刻意追求正式和完美,往往让操英语的学生听起来似乎有"过于"正确之感,反而不符合口语语体的要求。当然回避和过分追求正式,都是中国学生在使用外语中暂时所采取的策略和措施。通过语言实践,这类中介语现象是可以克服和改变的。

五、元认知迁移策略的差异

认知学习是有层级的,通过学习,获得语义知识,即关于世界的事实性知识,这是比较简单的认知学习;获得程序性知识,即关于办事的方法与步骤,这是复杂的认知学习;获得策略知识,即控制自己的学习与认知过程的知识,即元认知知识,这是更高级的认知学习[②]。作为成年人,欧美学生和中国学生都已经获得元认知知识,并有长足的发展,在外语学习中,它们正起着调节和监控的积极作用。例如根据自身的情况制定学习计划,到一定阶段修正和调整原先的学习计划,决定采用什么样的学习策略并定期或随时评价策略的效果,自觉分析学习中的缺陷和不足并采取补救措施,等等。我们曾采用过是非题就上述每个项目进行核对,几乎每一位学生都制定并调整过自己的学习计划,也都曾评价

---

① 王初明编著 《应用心理语言学》,第75页。
② 邵瑞珍主编 《学与教的心理学》,第124页。

并改换过自己的学习策略。也就是说,差不多每一位学习外语的成年学生都在不同程度上采用了元认知策略,至于效果如何,当视个体的条件和素质而定。但欧美学生和中国学生在运用元认知迁移策略上,却有着较大的差距。原因是欧美学生学习汉语往往已是第二外语,他们在学习第一外语时已积累了许多学习外语的方法和经验,这些元认知经验很自然地在学习第二外语时迁移进来作为学习的借鉴。他们对于如何控制和调节自己的学习过程,以及学习策略的应用和变换等,可以说是驾轻就熟,运用自如。而中国学生学习英语大多是第一外语,其母语的习得跟成年后的外语学习是两码事,这种依靠语言环境逐步习得的幼儿学语的元认知经验,很难搬进课堂中的外语学习。因此中国学生学习外语的方法和策略基本上要靠教师指点或自己摸索,一般要到中高级阶段才能比较自如地运用元认知策略来对自己的学习进行调控。当他们学习第二外语时,也能部分地运用学习第一外语的元认知经验。当然还得视所学第二外语的语种而定。如果是法语、德语等与其第一外语(大多是英语)同属拼音文字,则能迁移的元认知经验较多;如果是日语,则能迁移的元认知经验就较少。

学习策略本身无优劣之分,重要的是如何运用策略。虽然采用同样的策略,在运用过程中,由于学习者的个体差异以及元认知经验的发挥程度不一,学习效果自然也就不一样。本章对两种外语学习策略所作的对比和分析,其实际意义在于对学生而言,可以突破现有的学习策略模式,选择使用那些有利于内化语言的学习策略,促进自主语言学习能力;对教师(尤其是对外汉语教师)来说,可以把握外国学生学习汉语和中国学生学习英语的特点、方法和途径,把两者的长处和优点结合起来,确认适合于教学对象的学习策略,在安排教学活动时引导学生使用有效的学习方法,同时鼓励学生充分认识和采用相应的策略,并自觉评估和改换自己所采用的策略,发挥元认知策略对学生在外语学习方面的自我管理和监控作用,进一步提高第二语言的学习水平。这样,既摆脱了照搬自身过去的外语学习方法的经验主义,也不盲目接受西方流行的外语学习理论,使对外汉语教学中的学习策略的运用更为理想。

目前的教学理论研究,比较多的是就某一类学生的外语习得进行分析和研究,而将中国学生学习英语和外国(欧美)学生学习汉语的学习策略加以比较、分析的甚少。本研究所提供的实据,在一定程度上丰富了具有普遍意义的外语教学理论以及第二语言习得理论,比较充分地体现了这一研究的理论价值。

第十五章　认知风格与学习策略

人的认知风格是由先天禀赋和后天环境的熏陶与影响而形成的,由于每个人的禀赋不同,所处的教育环境有异,因而每个人所养成的认知风格总是带有个人的特点:可能具有场依存性(或场独立性)特点;可能具有容忍(或排他)倾向;可能属于沉思(或冲动)类型。同一个班级集体的学生,尽管有着相同的教育环境和教育条件,也许是同一个教师指导和教诲,但学习效果却因人而异。这往往是由个体的认知风格差异所致。①

汉语作为第二语言的学习,成功与不成功受到诸多因素的影响。这些因素有来自外部的客观条件,也有学习者自身的内在原因。教学实践表明,学习者认知风格的不同,会影响到他们所采取的学习策略,并最终反映在学习效果及学习成绩上。日本某公司曾选派了一批(五人)年龄在 25 岁至 35 岁之间的公司职员到上海短期进修汉语。他们的汉语水平是零起点。经过 930 个小时(每天上课六小时,约八个月)的学习后参加汉语水平考试(HSK),其中一人通过 HSK 中等 A 级(8 级)、三人通过 HSK 中等 B 级(7 级)、另一人通过 HSK 初等 A 级(5 级)。可以说他们的汉语学习的外部条件,如学习起点、学习时间、汉字背景、课程教材、任课教师等,基本是相同的。但考试结果却显示出很大的差距。这说明除了外部条件以外,个体自身的内在因素起了很重要的作用。分析他们的个体特征,可以发现有共同性也有相异处。他们的职业背景、学习动机基本是一致的。他们是同一公司的职员,学历相同,在公司的职位也是同级的。他们都以掌握语言工具为目的,有明确的奋斗目标。这个奋斗目标是客观的、现实的:一方面公司对他们的学习有具体的要求,至少必须通过 HSK 中等 C 级(六级);另一方面,学习成绩的优劣会影响到他们今后的去向(即被派到中国的某个地区,如香港、上海、青岛还是无锡、威海)以及在公司中职位的升迁等。相

---

① 本章部分内容曾以《不同认知风格汉语学习者在学习策略运用上的差异研究》为题,发表在《国际汉语教学动态与研究(第一辑)》(外语教学与研究出版社 2006)上,发表时有删改。

异之处主要表现在个体的认知风格、学习策略等方面。在五名学员中最典型的个例是 HSK 成绩最好的和最差的两个学生,他们的个体认知风格极具特性。而这种对比鲜明的特性在他们汉语学习的第一个月,就引起了我们的关注。由此我们开始作跟踪记录,从他们两人在汉语学习的外显反应中,试图寻求认知风格、学习策略与学习效果之间的内在联系及相互影响。

第一节 理论背景与研究方法

认知风格与学习策略的研究,其理论背景是以心理学、认知心理学和第二语言习得理论为依托的。

一、理论背景

语言学习跟人们从事其他学习活动一样,都有一个知识在头脑中的表征过程。在这个过程中,学习个体个人的心理特征起着重要作用。这是因为学习作为人的一种一般行为除了受到一般的心理活动规律的支配之外,还受到个人心理特质和心理因素的影响。语言学习中个体的心理特征主要表现为认知风格上的差异。所谓认知风格是指学习个体在学习过程中对信息进行加工的方式。这种加工方式,教育心理学和认知心理学将它们归纳为:场依存性与场独立性、冲动型与沉思型、容忍倾向与排他倾向[1]。

场依存性具体表现为看待事物往往倾向于大处着眼,从整体上进行观察,常以整体知觉背景作为信息接受的参照或依据。场独立性则倾向于从细微处看待事物,善于对信息作具体的分辨,并擅长于从整体中抽绎出部分来加以分析、认识。

沉思型的认知风格表现为对任何事物都进行反复思考、斟酌并经常运用细节性的加工方式,以便对事物的处理尽量完善、完美。冲动型的认知风格则表现在遇到问题常急于解决并凭预感作笼统的设想,而不是全面地进行分析思考。

---

[1] 徐子亮著 《汉语作为外语教学的认知理论研究》,华语教学出版社,2000 年,第 370 页。

容忍倾向的风格对事物的接收取向宽泛,能兼收并蓄、综合概括能力强,但也容易泛化事物的客观规则。排他倾向则与之相反,接收的常是概括性的事物,无法容忍概括性广的、不十分明确而带有一定模糊性的事物。

个体的认知风格是在学习过程中受学习条件、环境和个人的禀赋、素质而形成和发展的,此外,还往往受到学习者的个性特征的影响。个性特征中个体性格的内向与外向、自信心与抑制以及焦虑程度等常常与认知风格关系比较密切。性格外向的学习者一般开朗、大方、善于交际,在群体活动中善于营造气氛。表现在语言学习上开口早、开口率高、不怕犯错误,因而在口语方面占有一定优势。性格内向的学习者则比较沉静,观察多于表达,不善交际。表现在语言学习上,往往阅读优于会话,开口时顾虑较多,怕犯错误因而开口率较低。自信的学习者往往对自己各方面的行为自我评价比较高,在语言学习方面赞赏自己的学习行为、学习策略,有充满信心、积极上进的一面,但过于自信也会偏向于固执而不利于对个体的学习策略作及时的修正。

抑制则是一种具有保护性能、抵制外部威胁的心理屏障[①]。抑制往往在个体缺乏自信的时候起到保护自我的作用。特别是成年人"已在生活体验中逐渐形成了比较稳定的自我概念,对自己的个性特征已习以为常,并成安全感,抑制已成为自我周围的一道安全屏障,想跨越这道屏障已不是一件容易的事。[②]"表现在外语学习上,会对参与交际形成一定的阻碍。

焦虑也是一种心理活动的表现。国外学者对焦虑进行了各个侧面的研究。他们把作为一种性格特征的焦虑称之为"特质焦虑"(trait anxiety),具有这种性格的人在许多情况下都可能产生焦虑感(Spielberger et al,1983)并且具有这种性格特征的人通常在紧张的情况下会产生心态焦虑。而且焦虑性格在某种特定的情况下如考试、外语交际等,易产生紧张,忧虑情绪[③]。心理学家对于第二语言学习焦虑有几种解释。一为焦虑可分为促进性焦虑和退缩性焦虑。前者使学习者产生动力而后者使学习者退缩、逃避学习任务。另一为焦虑有一般与特殊之分,一般焦虑是任何学习个体在遇到困难时都会产生的,特殊焦虑是某

---

① 王初明编著 《应用心理语言学》,第 110 页。
② 同上书,第 112 页。
③ 余心乐 《成人学生英语课堂焦虑感与听力理解成绩的关系》,《语言教学与研究》,1999 年第 2 期。

一个体因某种特殊因素而产生的。在外语学习时产生的焦虑会影响到学习效果①。

认知风格直接关系到学习者的第二语言学习策略。学习策略是指学生在发展第二语言或外语技能中，促进学习进步而使用的具体的行为、步骤或技巧②。

因而学习策略，例如如何分配注意，如何记忆，用什么方法操练和巩固所学的语言知识等等，一方面直接作用于语言学习，会影响到学习效果和成绩；另一方面也可以因个体认知风格的差异而对之有不同的选择和运用。例如沉思型的语言学习者往往习惯于对问题多作思考权衡及判断。学习方式上相对而言，他们比较谨慎，比较依赖于书面形式，作详细的学习笔记是他们必用的学习语言知识的策略。即使要求口头回答问题，他们也会借助书面形式进行考虑和斟酌，常常先将答案写在纸上再回答。可见个体在认知风格上的偏好会影响到学习者在学习策略选择及运用上的取向。

二、研究方法

1. 研究对象

进行个案研究的对象为1998年春日本某公司派往上海专职学习中文的山本和小林两名职员③。山本27岁，毕业于日本东京大学，经济专业。小林28岁，毕业于日本庆应大学，法律专业。两人在同一公司任职，在公司中的职务同级。汉语水平都是零起点。由于能到中国来专职学习中文，机会难得，并与他们今后的工作与职位有直接关系，因而两人对学习中文的期望值很高，充满信心，主观上十分努力。他们在中国学习中文的客观条件基本是相同的。但在学习开始的第一个月就显示出两者之间的差异。最初只是表现在学习方法上，以后就反映在学习效果及学习成绩上了。学习八个月以后参加汉语水平考试，山本获得了中等A级（8级）。小林只获得初等A级（5级）。由于他们学习的客观条件（如学习时间、课程教材、任课教师）基本相同，个人因素中也有共同之处

---

① 王初明编著 《应用心理语言学》，第190—110页。
② 秦晓晴 《第二语言学习策略研究的理论和实践意义》，《国外外语教学》，1996年第4期。
③ 文中人名为化名。

(如职业背景、学习动机),所以学习成绩差距大的原因似乎可以归因于个体的认知风格与学习策略上的差异。

2. 研究方法

我们在进行个案研究时,采用了以下一些手段和方法。

(1) 观察

主要进行了参与性观察、非参与性观察和结构式观察。参与性观察是在教学过程中进行观察。作为教师在授课中随时有意识地观察两位研究对象的学习行为,例如如何听课,听课时注意的重点,如何做笔记,是否主动参与课堂内的学习活动,如讨论、发言、回答问题等等;非参与性观察是通过听课的方式观察学生在其他教师授课(各种不同的课型)时的学习行为和表现,通过与其他教师的交流了解研究对象的学习情况。结构式观察为有重点地观察某几种现象,并作记录。例如对课堂上其他学生的发言,研究对象持何种态度:注意、注意并参与、有选择的注意、完全不注意等等。对重点所要研究的现象,列出若干项,并根据观察到的现象进行选择和记录。

(2) 访谈

采访对象有两类:一类是研究对象,另一类是担任研究对象教学工作的教师。采访方式,对研究对象的访谈有两种:一种是漫谈式的,并不确定什么重点,与研究对象在没有限定的、比较自然的状态下交谈,然后将访谈资料归纳整理,抽绎出研究所需资料。另一种是有针对性的,事先规定好几个话题或具体问题,如询问他们对教学的要求(如教学进度、教材适用性、学习的难点等等)以及他们的学习观念、学习习惯和学习方法等等。对教师的采访,意在通过他们了解研究对象,扩大资料搜集的面。

(3) 教学笔记

把在课堂教学中看到听到的关于研究对象的学习行为,以及汉语表达等内容记录下来。特别注意对研究对象学习行为的细节的记录,并把研究者当时的印象和想法等也记录下来备查。试卷、成绩单、有声资料,如研究对象朗读语言材料或进行口语练习、测试等的录音资料等资料也归入教学笔记。

(4) 自陈

请研究对象把自己在进行一种学习行为时的想法表述出来。这种方式较多地用于阅读理解方面的研究,比如在阅读一段汉语文章时发生的问题,如何想、怎样解决的整个心理过程。

(5) 全程跟踪,多次分析

对两位研究对象我们进行了整个学习过程的全程跟踪(约十个月)。基本上每个月整理一次搜集到的各种资料和数据。可以说数据分析和材料搜集是同步进行的。在整理材料和数据时常常会发现新的问题,产生新的想法,从而对以前的分析和研究结果加以修正和调整,经过多次的反复修正和调整。使跟踪分析更趋于客观、真实,尽量避免带有调查者的主观色彩和主观影响。

第二节 研究结果及分析(一)

本研究对山本和小林的汉语学习进行了全程(约十个月)跟踪考察。他们在语音学习、词语记忆、阅读理解及口语交际等方面表现出强式的认知风格和学习策略上的差异,并影响到他们在元认知策略方面的运用。

一、语音学习

语音阶段课堂教学时间总共安排了 25 个课时,每个课时是 1 个小时。在单位时间内,山本基本上能按照教师设计的教学环节和步骤进行学习。比如听录音——模仿朗读——自己练习发音——做教师指定的练习等等。而每个教学步骤,山本都能在限定的时间内完成教师指定的任务。比如用五分钟准备一项拼读声、韵、调的练习等。

小林在课堂学习中,则常常发生难以和教师的教学步骤同步的现象。例如听录音,他常常要求教师再让他听一遍,甚至多次的重复,完全不顾同班同学的讨嫌和不耐烦。跟教师朗读声、韵母或音节拼读,听不准的他会多次要求教师再读一遍。课堂练习,一般学生都能在限定的时间里完成,他则经常时间不够。因为遇到自己没有把握的音节,他会停留在原地,反复朗读。

课外的语音练习,通过与山本和小林的面谈了解到,山本一般每天花一个小时左右。他说,我主要听自己没有把握的音节,例如韵母 an 和 ian;前后鼻音 an 和 ang、in 和 ing、en 和 eng 的分辨,声母 q 和 ch、ch 和 sh 的分辨。至于 b、p 和 d、t 等送气不送气的声母,日语中虽然没有在送气不送气方面的区别,但是我自己觉得不难,听得清也读得好,我就不花很多时间练习。声调中我觉得最难把握的是第二声和第四声,所以我主要做二声和四声的练习。

小林在课外的语音练习上要花两个多小时。他说:上课听过的内容,我回家后都要从头至尾再听两遍。每一个音节都不放过。但是有时听着听着脑子里会想别的事。有时录音带走过去很多才发现自己没在听,这时候我再把录音带倒过去重新听。老师说汉语声调不同,意思就不同。所以我特别注意四声,就怕声调听错了,弄错汉语的意思。另外我也特别注意自己的发音,反复练习,怕自己声调不准,别人听不懂我的话。

语音阶段结束时的一次听力和朗读测试,在一定程度上反映了他们的学习结果。二十组辨音题,每组两个词语(四个音节)的语音辨别(选择题),山本和小林都没有错;听写二十个音节,包括声、韵、调,山本错了一个,小林错了两个,一个错在韵母,一个错在声调;听录音选择正确答案:十个声母选择(每题四个选择项):山本没错,小林错了一个;十个韵母选择题(每题四个选择项):山本没错,小林错了一个;十个声调选择题:(每题四个选择项)山本错了一个,小林错了两个。朗读一段三百字的注音材料,山本错了四个,小林错了一个。从测试情况来看,山本的听力好于小林,但是小林的朗读优于山本。从整个学习阶段来看,从开始的语音学习一直到十个月的学习结束,应该说,就语音语调而言,小林是五个学生中发音最好的一个,比较准确,错误也较少。山本的发音从整体上听,感觉也不错,但有时会有一些错误,而这些错误一般出现在使用频率低的或尚未学过的词语上。

根据课堂观察和他们的自述,可以看出山本和小林在学习上运用的一些策略及其特点。山本和小林都运用了注意的学习策略。注意是指心理努力的集中和聚焦(Matlin, 1983)——是一种有选择性、转移性和可分解的集中[1]。我们知道一般在课堂上,各种信息刺激是很多的,需要学生付出相当多的注意力。山本和小林都十分关注学习的内容。表现在具体的学习行为中,如听录音,做各种音节朗读练习等等,这些都是注意的直接表现形式。但对学生来说,不可能全部注意和接收众多的刺激信息,必然会根据自身的需要作出选择和分配其注意力。小林经常在听不清楚或分辨不出近似的发音时,要求教师重复,这就

---

[1] 〔美〕John. B. Best 著 《认知心理学》,第36页。

是有选择的注意。当大量的语音信息经过感觉通道的时候,他作出了一种选择性的反应。

在课外的学习中,山本的有选择的注意策略更着意运用于切合个人的实际需求。他抓住汉语语音中的区别性特征,例如韵母的前后鼻音的区分等等,结合自己学习中的实际,找出针对个人的、或者说是具有个体特征的重点和难点,把心理努力集中和聚集于此之上。例如常有日本学生分辨不清声母送气和不送气的区别,他觉得自己不存在这方面的困难,于是就忽略不计,而把练习重点集中在自己的难点上,例如二声和四声的音节连读。

与山本不同,小林在课外学习中,采取了全面注意的策略,他给予所学内容以普遍的关注和重视。课堂上学习的内容,课后他全部要听两遍。他这样做由于没有一定的选择性,常常会使重点和难点未得到强调而流于一般。小林的这种策略的运作是跟他的认知风格密切相关的。从他在课堂上要求反复听某一个词语的发音、从他在听课过程中为了搞清楚一个词语的发音而放过其他内容的学习这些典型的行为中,我们不难看出,他的学习方式是抓住某一个具体问题,或者说局部问题,精益求精,力求完善。这是一种沉思型的认知风格的典型表现,即对于信息的加工,使用的是细节的加工方式,而非整体性的加工方式。这样做尽管错误较少,但是由于过分追求局部的详尽和全面,常常会放弃了对整体的,也就是比局部更为重要的整体的认知。例如刻意追求某一个词语发音的准确,而忽略了对一个句子的语法结构学习以及对整句意思的理解。小林这种认知风格上的过于拘泥的特点,使得他常常会在某一个学习阶段停留较长的时间。例如语音学习就是一个典型的例子,当语音学习告一个段落,进入到词汇语法学习阶段时,小林还在语音部分徘徊,甚至由于追求语音的准确而影响到语法知识的接收和练习。反映在听力上,他的注意常常集中在词语的发音上而拖延了对整个语句的理解速度。尤其是课堂的群体学习,当他在某一点(语音)上的停留和反复的时候,学习集体是不可能给予过多的等待的,这样由于反复推敲某一个词的发音,往往就错过了或放弃了其他内容的学习。

从面谈中,我们了解到小林的这种认知风格跟他的个性有一定的关系。在语言学习中,他的焦虑感往往表现得很明显,常常是他们公司五个学生中最为突出的。认知上的拘泥,影响学习的速度,从而又加剧了焦虑。而"一些外语学习心理研究者们认为,过分焦虑会阻碍外语学习。"小林在一定程度上陷入到了这种恶性循环。但是也有"调查结果表明焦虑与外语学习之间的关系很难确定,需要了解焦虑的性质以及产生焦虑的具体场合"[1]。因为焦虑与外语学习未必只有挫折因素,有时也会产生动力。从我们对小林这一个案的研究中发现,小林的焦虑突出表现在他总是担心四声分辨不清。具体而言,他特别注意四声的听辨,反复练习自己发音中的声调。他的这种焦虑促进了他的语音学习,但在一定程度上影响了他后续的语言知识的学习和技能的操练。

二、词语记忆

语言学习要进行大量的词义理解和词语记忆。在课堂学习中,山本十分注意听取教师的讲课,例如词语的释义、结构和搭配、用法等等。他的笔记主要记课本中没有出现的、老师讲课中补充的内容,尤其是教师将新旧知识进行了归类整理或扩展的一些词语。另外,对例句他也十分重视,基本上都记下来。

小林在词语学习中仍然十分注意词语的发音,很重视词语的朗读。当词语朗读这一教学步骤完成后,他时常还会对没有把握的发音独自再重复几遍。在听课过程中,他常常为了查一个词的发音而不听老师的讲课,不参与课堂的集体学习活动,例如回答问题、做练习等。但是课堂进行的是群体教学,不可能为个别学生的要求而停留和等待,因此小林在语音上过多的关注,使他往往跟不上后续的学习步骤,甚至出现在课堂上一个人离群自学的情况。小林的笔记一般就记在课本上,即在相应的词语旁记上一些有关的内容。

在访谈中谈到关于词语的学习和记忆,山本说:我觉得老师讲的词义的比较很重要,一方面我知道了这些词语的意思不同在哪里,另一方面有了比较就容易记住。另外我认为例句也是十分重要的。例句表达的是一个完整的意思,我常常通过例句来记忆词义和用法。课堂上的造句每次我都发言,因为如果说错,老师能帮助我改正错误。课外复习我主要看自己的笔记。另外我有一本自己的词语本子,我一般不按照课本里词语的次序记生词,而是根据词性、词义、用法等重新整理分类,记在自己的词语本子上。这样复习很有效,记得牢,要用的时候也容易找。

---

[1] 王初明编著 《应用心理语言学》,湖南教育出版社,1990年,第109页。

小林谈他学习词语的情况时说:我一般按照课本上的生词表复习词语。先把音读准,然后再看意思等等。如果有什么不明白的,我主要查词典,因为词典里的解释肯定是对的。小林没有另外准备自己的词语本子,他认为课本是最可靠的。至于课堂造句,小林几乎从不主动发言,他说,课堂造句要求临时想,即使想好了,也没有把握,一定会有很多错,所以不想说。

从学习与记忆的心理机制来看,"人们注意了的信息可以在短时记忆中保持。但要在长时记忆中保持,除了采用多次复述外,最重要的策略是对信息进行编码。"①山本在词语学习中主要运用了这样一些策略:比较异同、重视知识的内在联系、进行分类整理。这些学习策略实际上都是信息的各种编码方式。其一,词语的比较,尤其是同义词或近义词的辨析,可以寻找出其中的不同点,相异的信息刺激一般强于相同的刺激,有利于记忆的加强和巩固。同时词语的辨析增添了检索的线索,便于匹配和提取。其二,注意记录例句,并积极参与课堂造句练习。这一学习策略,从认知心理角度分析,进行的是信息间的关联编码。通过词语之间的组合、搭配的关系来深化对某个词语的理解,强化记忆。同时这种各词语之间的关系包含着一种内在联系,这种内在联系"使人能够超越给定的信息,收举一反三之效"②,也就是说一个词语出现在某一个句子中,必然跟它先后左右的词语发生联系,这时的信息量就不仅仅是这一个词语本身所显示的,它已经扩展到相邻的词语,是一种扩展了的信息量。这种通过上下文的关联来学习、理解词语的方法,同时还产生一定的语境效应,这种语境效应能有效地促进记忆。其三,词语的分类整理。这是山本的一个非常有效的学习策略。"许多著名的心理学家强调分类编码及编码系统的形成对学习与记忆的重要性。例如布鲁纳认为,有意义学习的实质是编码系统的形成"③。人们在语言学习中对所输入的词语并不是孤立地或是杂乱地存在于记忆之中的,而是有序地排列在大脑库架上的。这在认知心理科学中称之为心理词典或心理词汇。心理词汇中语义排列,有按词语之间的语义联系来排列的,也有以一个词语内部的语义系统来排列的④。山本在他个人的词语本子上,将词语按不同标准归类,

---

① 邵瑞珍主编 《学与教的心理学》,华东师范大学出版社,1990 年,第 108 页。
②③ 同上书,第 111 页。
④ 徐子亮著 《汉语作为外语教学的认知理论研究》,华语教学出版社,2000 年,第 89 页。

如词义、词法、功能、性状等等，进行的就是通过词语之间的语义联系来进行语义排列。这种词语归纳整理从记忆的角度来讲是在进行一种群集认知，即把相关词语从类属、功能、或同义、反义的方面来归类记忆。在词语学习中，记忆是一个方面，而更重要的是当积累、储存在头脑中的词语在需要时能尽快地进行识别或提取，以利运用。积累的词语越多，越有利于语义网络的建立，而语义网络越丰富，所归的类别越多，检索就越方便、越有效，使用和再认也就越准确、越快捷。

山本所采用的学习策略同他个人的认知风格不无关系。山本在语言学习中往往表现出场依存性的认知方式。具体而言，他比较关注学习的整体，也就是说在感知个别信息时，很注意结合整体的知觉背景。例如，当他学习某一个具体的词语时，他往往把所学的内容跟其他同时出现的内容或已学的内容联系起来进行考虑。例如对词语的归类记忆、造句时利用语境效应，通过上下文关联的方式来理解记忆等等。

小林在词语学习上也运用了信息编码的策略，但是他的信息编码偏重于语音编码。我们知道"一个词语输进外国学生的头脑，大脑认知机制会自动地把这个音、形、义的统一体分解归档，即语音归入音序系列，词形归入笔画部首系列，词义也分门别类归入有关框架。——因此，人们的言语刺激信息，无论是从听觉通道还是从视觉通道传进大脑，都能通过音的线索或形的线索激活处于网络中的有关词语及其多个义项，进行识别和提取。"[①]而利用多种线索来检索不仅易于记忆、储存信息，也利于识别、提取和运用语言信息。小林偏重于词语的语音编码，在一定程度上忽略了语义编码，会降低词语的理解识别效率。除注重于语音以外，他似乎比较拘泥于课本和词典，他循规蹈矩地按照课本上生词表的顺序来学习或记忆生词。他也经常翻检词典，但是他一般着重于对单个的词进行辨认和理解。因而他的词语积累和语义网络的建立都较他人滞后得多。而且他个体的场独立性倾向的认知风格往往会左右他的学习策略的选用。他对事物作出判断和采取态度时常依赖于个人的内部标准。例如对于课堂造句，他认为在课堂上即时造句无法作比较充分的准备，而且易出现错误，因而采取了被动的态度。这种观点与他的追求完美的个性特征是有一定的联系的。

---

① 徐子亮著 《汉语作为外语教学的认知理论研究》，第91页。

第三节 研究结果及分析(二)

语音学习和词语记忆是语言知识的学习,阅读理解与口语交际则是一种语言能力。下文我们通过阅读理解与口语交际这一语言能力的培养,从输入与输出的角度,探讨认知风格与学习策略的相关性。

一、阅读理解

阅读理解主要是对语言材料即所学的课文以及课内外书面材料的阅读理解。要了解或检查学生是否理解了所学的课文内容,在课堂教学中通常采取提问回答的方式,因为提问是语篇教学的主要方式。语篇理解是建筑在句子理解的基础上的,要理解语篇首先要理解单个句子,理解句子必须掌握词语和语法规则。课文中的事件和内容都是由词语和句子组合而成的,学生对问题的思索以及寻找答案也是通过词语和句子的检查来完成的。因此提问题不仅有利于课文的理解,也有利于对每一个词语和句子的把握[①]。山本对阅读理解的提问通常能比较快地作出回答,正确率也较高。理解课文内容对他而言并不困难。小林很少主动回答老师的提问,即使点到名,回答得也比较慢,并经常是一边开始回答一边还在课文中反复扫视,寻找语句。如果是限时阅读,例如限定用15分钟阅读一个语段,那么山本一般都能在规定的时间内读完。在阅读过程中,他很少查阅词典,回答问题的正确率一般在90%以上。小林则常常嫌时间不够,别的同学都读完了,他还有三分之一至四分之一的内容未读。他在阅读过程中不停地翻检、查阅词典,而频繁的查词典则很明显地减慢了他的阅读速度。小林回答问题的正确率跟他的阅读速度有关,凡是他读过的部分都能比较正确地回答。但是如果考察整个语篇阅读的正确率,那么因为阅读的速度慢,未读部分的问题答不出,这个比率就相应地降下来了。

我们曾专门请山本和小林阅读过一篇850字的短文,不限时间。并请他们把遇到问题时如何思考、如何解决问题的想法表述出来。山本说:我看文章的

---

① 徐子亮著《汉语作为外语教学的认知理论研究》,第204页。

时候第一遍先粗粗地浏览一下,大概知道是哪方面的内容,然后看第二遍。第二遍是细看,尽量把每个句子都看懂。如果遇到生词一般先不查词典,而是看句子,如果通过上下文能猜出来,就尽量猜,或者进一步看前后句子所说的意思。有些句子很长,遇到长句子我就找句子中的主要部分,比如主语部分、宾语部分等等,找到主要部分就容易懂了。即使跳过一些词,问题也不大,阅读的目的是比较准确地理解文章的内容。如果这是一篇阅读理解材料,文章后面有选择题或问答题,那么我在第二遍阅读时先把这些问题看一遍,带着问题有重点地阅读,同时要求自己边看边回答这些问题。第三遍主要看一些词语,有的词语已经学过了,但是在句子中与它搭配的词语或结构是以前没看到过的,这些要特别注意。另外有些生词比较重要的,比如动词,对理解句子的意思有影响,这类词一定得查词典,并尽量记住。谈到课外阅读时山本说,如果阅读材料是自己找的,那么常常采用通读的方式,以大致读懂文章的内容为目的。出现的生词不影响内容理解的就跳过去,可以猜的也尽量猜。有些生词看上去面熟,但记不住意思的,说明自己原先查过,只是现在忘了,我就查词典,也会查自己的词语本子。当然完全生疏的词就只查词典了。但是我一般不把这些生词记下来,因为这样阅读速度太慢,我希望通过多读来扩大词汇量。有的词在不同的文章中多次出现,这类词就特别容易记住。至于翻译的方式,我只有对特别难懂的或词语的意思都懂但组成句子意思不明白的,我才借助母语翻译来理解。

小林在阅读指定的文章时是逐词逐句地看下来的。凡遇到生词他都查词典,并且把意思注在该生词下面。第一遍几乎把生词障碍都扫清了。第二遍他看文章后面的选择题和问答题,然后再一次全文阅读,回答这些问题。因此他的阅读速度远远慢于山本,小林认为读一篇文章必须把每个词的意思都弄清楚,如果有生词而不查,自己会觉得很不放心,怕影响文章的理解。他说课外阅读的内容我主要看教材。如果看课外文章的话,我也必定把生词都查出来,并且记在本子上,希望自己能记住。另外阅读文章,基本上依靠翻译的方式,即在心里把文章的每个句子都翻译成母语。

从山本和小林的课堂学习表现,个体的课内外学习行为,以及他们的对自己学习过程的自陈,我们可以看到他们在阅读理解方面所采取的学习策略的相异之处。

山本在阅读理解中充分利用上下文语境,在语境中理解词语、句子以及文章的含义。因为句子、语段和文章的理解同语境有着十分密切的关系。语境可以对词语的意义作出导向、确认和解释[①]。从认知理论角度分析,句子的语境、特别是句群的语境提供的线索比较多,线索的增加即参照数的增加,可以使词义猜测得到确认或更接近准确和真实。而且当句中出现意义不明的词语时,除了通过上下文语境解释、定义词义以外,还可以通过语境来衔接缺省,补充语义,帮助跳跃障碍词[②]。因而利用语境是一个有效的阅读策略,此其一。其二,山本采取了带着问题,有针对性地阅读的策略。如果有问题要回答,他在第二遍仔细阅读之前先看问题,然后进行有针对性的阅读。这样的阅读可以更合理地分配个体的注意资源,将焦点集中在相关的语段和句子上,在抓住重点的基础上全面理解文章内容。其三在阅读理解中,他采取了不同方式来记忆生词、扩大词汇量。他把词分成几类,有暂时遗忘的词,也有完全生疏的词,他采用查不同的工具材料来帮助记忆。对于暂时遗忘的词,在头脑的记忆网络里已有痕迹,只要加强记忆痕迹,通过多次重现就可以提取先前储存的信息,查阅词语本或词典都是一种重现和激活的方式。至于完全生疏的词,则首先要把词语信息经过编码,进入头脑中的词语网络,因而必须采用不同的储存和激活方式。除了一般的记忆方式以外,他还充分利用语境来帮助记忆,当同一个词语多次在不同语境中出现时便不易遗忘。例如在某一篇文章中看到的词语在另一篇文章中出现时,不仅其上下文语境会有不同,并且语言结构、交际内容、个人知识、已有经验也都不相同,因而有利于巩固记忆。其四,有选择地借助母语。借助母语是一种手段,目的是为了进行信息编码以及利用母语线索提取目的语的语言信息。有选择地借助母语而不是完全依靠母语,表现在对于比较难理解的句子时才凭借母语翻译,这样可以避免过多地依赖母语造成负迁移。山本的这些学习策略与他个人的认知风格有直接的关系。山本的认知风格具有较大的容忍性,尤其表现在阅读理解方面,他能够运用猜测和跳跃障碍的方式,通过语境来整体理解文章的内容,特别是对于自己不熟悉的,甚至是现阶段自己难以理解和接受的语言材料也能容纳,不寻求准确的解释,任其模糊、含混于其中,相

---

① 彭聃龄主编 《语言心理学》,北京师范大学出版社,1991年,第162—165页。
② 徐子亮著 《汉语作为外语教学的认知理论研究》,第125—127页。

信以后总会弄清的。阅读汉语的文章,除了语言结构、词语含义不同于学习者的母语以外,其间所蕴含的文化差异,思维模式的不同也需要学习者加以调整并重新适应。山本除了能将不同于母语文化的内容加以容纳之外,还能尽量适应汉语的思维模式去理解文章内容,他有时会向老师提出这样的问题,这句话中国人是怎么想的,试图从中国人的思维模式去理解语篇。

小林在阅读理解方面所运用的学习策略,反映了他个人的认知风格上的特点。他对文章中的每个句子都作了过于精细的推敲,对每个生词都要进行查阅,每个词的词义都要搞清楚,并要求字字确切,句句明晰,不肯跳跃障碍。这也是与他追求精确答案的沉思型风格相一致的。当然这是一种严谨的学习态度,但是在限时阅读中就很被动,另外也限制了语言材料的量的接受。在词语记忆方面,他不加区分,一律进行抄录和记忆。但是没有重点、平均用力往往会因量的膨胀而引起记忆的泛化反而导致记不住。所以往往是花了大量的时间而效率很低,或收效甚微。与山本不同,小林的认知风格表现出比较明显的排他倾向。他的母语结构的知识以及母语结构的特殊性,在他的认知结构中已经牢牢地扎了根。因而学习新的语言,包括必须接受新的语言从形式到内容的一切,就比较困难,他常常试图用母语去同化或者替代,有时干脆回避。即使接受,也必须化相当长的时间才能缓慢地转变、逐步渗透。这一点特别反映在阅读理解上,几乎每个句子他都要用母语去翻译或解释一遍,而且十分拘泥于母语形式与目的语形式的对应上面。按常理,阅读理解,由于有大量的汉字出现,对日本学生而言,原应该是比听力或会话占优势的,但在小林的学习中,这一点特性表现得并不突出。是否可以这样说,阅读理解对小林而言,并没有因母语中的汉字而沾到多少光。

二、口语交际

口语交际是说话人表达个人意念的一种方式。也是语言学习的根本任务之一。口语交际在课堂上的表现主要为提问、回答、参与各种课堂的口头练习如朗读、复述、造句、对话或者讨论等等。山本在课堂上表现得很主动,他总是积极发言,或者向教师发问、或者回答教师的问题。对话练习、讨论等他总是主动参与。小林则显得比较被动,他一般不主动发言,只有按次序轮到他或者老师点名,他才开口。

关于口语交际的技能训练。山本是这样认为的,课堂上的发言和练习是最好的机会,对的老师会肯定,即使说错了,老师也会帮助改正。而且往往是错的、老师改正的地方是自己印象最深、记得最牢的部分。我们是来学习的,如果没有错,说得像老师一样好,就去公司上班吧,不需要再学习了。所以我不觉得说错有什么不好。在课外,我尽量找机会练习说话,出租车司机、商店售货员、饭店或卡拉OK的小姐,打扫卫生的阿姨我都跟他们说,而且我尽量用在教室里新学到的词语和句子跟他们说。这样做我可以记住新学的东西,还可以检查自己用得对不对。如果他们听不懂,或者他们用别的话来重复我的话,或者再说一遍。我就知道自己说错了。如果跟别人说话时要用自己不知道的词,我尽量找可以说明我的意思的词代替。有时问别人,有时回家后立即查词典并记在本子上。回到宿舍,我常常看中国的电视,现在很多节目都打出字幕,这样除了练习听力,我还可以模仿他们的话,还可以知道什么话在什么场合才说。

小林则认为:没有把握说对的话,我一般不说。课本上、教材中的句子肯定是对的,所以我要是说的话,我说学过的句子,因为有时候说错了,对方不会告诉你,那么自己以为是对的,这样以后就一直会说错误的句子了。跟别人对话,特别是中国人,我有压力,自己想说的内容不知道用什么词,或者怎样把这些词搭配起来说,有时一句话只能说出半句的意思,所以干脆不说吧。有时打个手势对方就能听懂那也就用不到说了。在宿舍里,我主要读课文,听教材的录音。电视和广播里说的大部分听不懂,所以我也就不听了。

山本在口语交际的技能训练方面采取了积极参与课堂活动,以及课外利用各种条件扩大交际范围的策略。就课堂活动而言,发言和参与练习是一种积极的智力活动,可以为信息编码和记忆提供许多线索。而且各人编码记忆所需要的线索是有差异的,只有主动索取最有利于个人的线索,才能达到最好的编码记忆的效果[1]。例如山本在回答提问的时候用错了一个词,那么这个词的错误是山本的,而不一定是其他学生的。这个词出现的原因可能是语义网络的编码有误,也可能是识别不正确,或许是一时提取不出而找了别的词语来替代。当得到了教师的纠正以后,也就重新进行了正确的编码或识别,也可能是经过再

---

[1] 徐子亮著《汉语作为外语教学的认知理论研究》,第321页。

现,加深了信息在大脑皮层的记忆痕迹,这样,山本的主动参与学习活动一方面扩大了个人信息编码记忆的线索,另一方面也是索取到了有针对性的最有利于个人接收信息的认知线索,从而有利于巩固和提高学习效率。与此同时,他在课外利用一切条件练习会话,扩大交际范围,有益于接受来自多方面的信息。现代认知的信息加工理论认为,学习者通过多种信息系统收集多方面的信息;收集的信息越多,越是可靠,所获得的知识也就越是真实和有用[①]。进行会话交际时学习个体的思想是开放的,他要接纳外界众多信息的刺激并作出反应。这个反应过程是个体高度检索、识别、提取有关信息的过程。他不仅要强化已知信息的痕迹,把旧知同当前话题的内容紧密联系起来,而且要把所学的知识放到同原先学习情景完全不同的新情景中重新组合加以运用,因而进行的是一种创造性的学习。这种创造性的学习不仅巩固了新学的知识,也使这些知识得到了多方面的扩展。

山本的这些学习策略的运用,同他的认知风格是有很直接的联系的。他愿意同各种人接触,进行会话、交际,是他的外向的个性、具有冲动倾向的认知风格的直接体现。在进行口语交际时,他比较自信,顾虑少,乐于同外界接触,乐于表达思想。特别是他练习会话不怕出错,他不会过多地去注意或在乎周围环境或人们对他的错误所表现的态度。也就是说,外界的影响在他内心产生的作用不大,因而他会继续操练,在不断改正中得到提高。

小林在口语交际方面运用的策略,是以正确的语句为条件的,或者说比较拘泥于课文或教材的语言形式。在这些语言材料中出现过,或从这些语言材料中获得的知识他就能比较放心地运用。同时他比较多地采用了回避策略。回避策略是由于怕出错的心理而造成的一种避繁就简、避难就易、避多就少,甚至"完全回避"的消极措施。从知识表征的过程来看,储存在短时记忆中的信息,要依靠不断的外部信息的刺激,才能激活,作出反应,并被编入语言网络[②]。要使进入长时记忆库的信息增多,也就是要加强记忆、减少遗忘,则必须积极地寻找外部机会以获得刺激。如果过多地采用回避策略,许多新学的词语、句式得不到进一步的加工而被淡忘甚至遗忘,是非常可惜的。当需要的时候,甚至还

---

① 邵瑞珍主编 《学与教的心理学》,第40页。
② 〔美〕R. L. 索尔索 《认知心理学》,黄希庭等译,教育科学出版社,1990年,第389页。

得重新接收、编码,成为"事倍功半"之举。

怕出错的心理,较多地反映在具有沉思型认知风格的学习者身上。因为他们比较追求详尽和全面,反映在口语交际上自我要求准确率高,不能容忍较多的错误出现,因而由于怕犯错误则尽量少说。另外,怕出错的心理也与个性中的抑制有关。心理学研究表明,人们的抑制心理在儿童期并不明显,但从青春期开始由于生理的、情感的和认知的变化产生了保护语言自我的心理机制。这时的语言自我紧紧依附于母语,成为自我个性特征的一部分。在学习一种新的语言时,语言自我会受到威胁。特别是成年人有比较稳定的个性特征,抑制已成为个体周围的安全屏障,要冲破这道屏障接受一种新的语言,则非易事①。因此要克服怕出错的心理,尽量开口用目的语在各种场合进行交际,根本的是要排除情感障碍、降低自我个性中的抑制。小林自我抑制的程度较高,在一定程度上妨碍和影响了他口语能力的提高。

第四节 元认知策略和认知风格

综观上述四方面的学习分析,我们可以看到山本和小林在学习策略和认知风格方面所具有的特点。

山本主要采取了这样一些学习策略:有针对性、有选择的注意策略;对学习内容进行比较、区别以及分类归纳的策略;整体和局部相结合的策略;有选择、有控制地运用母语的策略;利用一切机会和条件积极主动地参与交际的策略。山本的这些学习策略的运用一定程度上反映了他个人的场依存性的、容忍倾向的认知风格特征,同时也同他外向、自信心较强的个性有关。

小林采取的学习策略是:重视正确发音和偏重语音编码的策略;全面注意学习内容,特别重视细节的策略;全面凭藉母语的策略;着重于表达的正确、尽量回避错误的策略。小林的这些学习策略的运用,体现了他的场独立性的、沉思型、排他型的认知风格。这种认知风格和他的内向的、抑制和过分焦虑的个性特征是分不开的。

不论他们运用了何种学习策略,体现出何种认知风格,在汉语学习上他们

---

① 王初明编著《应用心理语言学》,第112页。

都运用了元认知策略。个体的认知风格和个性特征是先天的禀赋和后天的环境与条件因素养成的,有时不随个体的意志而改变,因而在一定阶段是比较稳定的;而元认知策略的运用,却完全可由个体来控制,可以对自己所进行的学习加以监控、调整和发展。具体而言,元认知策略可以包括对学习全过程的监控、设定学习目标、安排学习时间、选择学习策略、对学习策略有效性的检查及调整等等。

山本的整体或宏观调控能力较强。他在每一个学习阶段都设定比较具体的学习目标,并根据目标采取相应的学习策略。到一定的阶段审视自己策略的运用以及学习的结果,然后根据实际情况作出适度调整,特别针对薄弱部分给予加强。对这方面的情况他是这样说的:我一般过三个星期检查一下自己的学习情况。如果发现某一个方面有问题,那么首先找一下原因,怎么会造成这种情况的,然后想办法纠正或弥补。比如在语音学习方面,最初我只注意自己觉得难的地方,特别练习分辨不清或发不好的音。后来过了一个多月,我发现有一些自己以为有把握的音节,特别是声调,在句子中连起来读的时候读不好。别的同学比如小林,他的发音总是比较准确,我就回过头来再复习语音练习材料,每天花半小时练习听和发音,直到自己比较有把握为止。此外在微观或局部调控方面,山本也做得比较好。这种微观调控表现在他对自己的单项技能训练经常进行检视和总结。例如阅读理解,他说:"有一段时间,我做的题错的比较多,但我不急于完成每天规定的数量,而是找错的原因。有的是词义理解不正确,有的是句子和句子之间的关系没弄清楚,也有的是我的想法的问题,也就是和中国人的想法、看问题的角度不同。特别有一些句子,没有生词,但还是理解错了。这种情况我就去问老师,'中国人是怎么想的',并且试着改变自己思考的角度。我觉得理解了中国人的思维,阅读就提高得快。"

山本的元认知调控也受到他个体的认知风格的影响,这主要表现在两个方面。其一,他对自己的语言学习管理策略运用得比较灵活,既制定了长远目标,也有近期计划,并能根据不同的学习阶段、学习内容以及学习效果调整计划,同时根据不同情况及差异选用各种学习策略,发现问题随时变换和修正。例如,虽然语音学习阶段已经完成,但当他发现句子连读时有声调不准的问题就重视加强语音方面的操练,并安排作阶段性的重点练习。其二,对于学习策略的调控往往从宏观上着眼,比较重视整体背景,看问题比较全面,通常把一个问题同其他情况结合在一起进行考虑。例如记忆和积累词语，除了归纳、整理的方法以外，还结合阅读，在句子、语段中利用语境来理解记忆。他并不把词语记忆看做是单独的一个学习部分，而是结合和渗透在学习的各个方面，在整体中加以落实。因而山本运用的是一种整体性策略。这种元认知策略，使他能够自如地驾驭、监控和调整自己各方面的学习策略，不断提高汉语学习的效果。

小林的自我监控能力也很强。但是他的这种监控能力可能更为他的个体审慎的认知风格所影响，因而更具有鲜明的倾向性。比较山本而言，小林采取的是一种序列性的策略。所谓序列性策略，即解决问题比较偏重于语言学习的次序。例如他对语音学习的过分关注即是如此。他的想法比较机械，即语音的问题没完全解决就会影响到后续的词语和语法的学习。同时由于他的自我意识较强，过分地集中注意于某一点而不能做及时的转移和适度的调整，往往跟不上群体学习的进程，因而产生了在课堂上自学的情况。当然从学习的整个过程来看，他的学习策略也有一些变换，但是转变过程很慢，且适应期长、不够灵活。

分析这两种较为典型的认知风格，我们可以看到，山本的认知风格倾向于场依存型，他的容忍性较大，灵活开放，能作比较全面的自我监控并随时进行调整。注重学习的整体效应，能把握重点、难点，重视学习各部分的内在联系，进行有针对性的学习。特别是他的灵活性和容忍性，以及善于使用所学语言进行交际的参与型风格，尤其能在短时间内取得较好的学习效果。当然，任何事物都有其两面性。宽容和注重整体，有时自然会忽略了一些细节和个别内容，这就需要作适度的调整，针对薄弱部分给予加强。小林的认知风格表现出场独立型的理智风格。他学习勤奋、有条理，能自律，注重细节。所学习的东西大都十分扎实、牢固。但是他对模糊的东西难以接受，且过多依赖书本。由于怕出错而经常采用回避策略，这样相对而言犯错误少，但是学习效率比较低。如果有足够的时间长期学习，这种认知风格影响下的语言学习也会取得较好的学习效果。但是如果是短期强化学习，那么效果会不甚理想。可见，个体的元认知经验和元认知策略的运用，对于发挥其认知风格的长处，以及对于其学习策略的影响，常常是举足轻重的。

在语言习得中，认知风格受到学习者的个性特征、学习动机、学习者的社会文化背景、生活环境、工作或学习经历以及学习条件等诸多因素的影响。认知风格不是一种定式,他们具有变化性、稳定性和一致性。在一定的时期、一定条件下可以转换,可以各自起作用[①]。也就是说,认知风格可以在某个阶段或一个时期相对稳定,但随着客观条件的变化,例如学习阶段的转换、内容的改变或加深,而有所改变。典型的例子如上文分析的个例小林,当整个学习阶段的学习内容有所转变以后,如汉语水平考试复习应试阶段结束,口语强化训练开始,他的学习策略的运用也开始转变。就学习风格而言,他的场独立型的特征逐步(尽管缓慢)向场依存型靠拢,容忍度有所加大。最后在结业式上,他用汉语作了六分钟的发言,内容丰富,有一定的连续性,发音比较准确,表达还连贯。外语学习要取得理想的效果,只认同一种认知方式是不够的,各种认知风格各有所长,交错应用,可以充分发挥各种风格的长处。

认知风格的研究实际上是学习个体的个性差异的研究。研究认知风格的意义在于:不同的学习个体有不同的认知风格,教师如果了解学习对象的认知特征,就可以制订相应的教学计划,尽量根据学习者的个性特征采取与之相适应的教学方式,使教和学的风格尽可能和谐。同时,对学生由于个性造成的学习上的缺陷,教师可以加以正确引导和弥补,使学习有所进展,从而取得理想的教学效果。

[①] 徐子亮著 《汉语作为外语教学的认知理论研究》,第373页。

参考文献

柏树令主编(2001)《系统解剖学》,人民卫生出版社。
北京语言学院外国留学生二系编(1990)《高级汉语教程》,北京语言学院出版社。
北京语言学院编(1994)《基础汉语课本》,华语教学出版社。
北京语言文化大学汉语学院汉语系编(1999)《中级汉语听和说》,北京语言文化大学出版社。
查有梁编著(2003)《课堂模式论》,广西师范大学出版社。
陈绥宁主编(1997)《基础汉语25课》,华东师范大学出版社。
陈英和著(1996)《认知发展心理学》,浙江人民出版社。
陈灼主编(1997)《桥梁》,北京语言文化大学出版社。
傅 政(2001)《二语学习成功者策略研究初探》,外语教学,第2期。
顾 越(1997)《母语制约第二语言的学习》,《对外汉语教学的理论与实践》,延边大学出版社。
桂诗春编著(1991)《实验心理语言学纲要》,湖南教育出版社。
黄文源著(2004)《英语新课程教学模式与教学策略》,上海教育出版社。
江 新(1999)《第二语言习得的研究方法》,《语言文字应用》,第2期。
李炯英(2002)《中国学生二语学习策略的观点与运用———一项实证研究》,《外语教学》,第1期。
李 维主编(1998)《认知心理学研究》,浙江人民出版社。
刘爱伦主编(2002)《思维心理学》,上海教育出版社。
刘 珣(1993)《语言学习理论的研究与对外汉语教学》,《语言文字应用》,第2期。
刘珣主编(1981)《实用汉语课本》,商务印书馆。
刘亦春(2002)《学习成功者与不成功者使用英语阅读策略差异的研究》,《国外外语教学》,第 3 期。

马箭飞(2004)《汉语教学的模式化研究初论》,《语言教学与研究》,第 1 期。

彭聃龄主编(1991)《语言心理学》,北京师范大学出版社。

秦晓晴(1996)《第二语言学习策略研究的理论和实践意义》,《国外外语教学》,第 4 期。

沙 平(1999)《第二语言获得研究与对外汉语教学》,《语言文字应用》,第 4 期。

山东师院、北京师大等合编(1997)《生理卫生》,人民教育出版社。

上海第一医学院、中山医学院主编(1979)《内科学》,人民卫生出版社。

邵瑞珍主编(1990)《学与教的心理学》,华东师范大学出版社。

谭雪梅、张承平(2002)《非英语专业学生交际策略能力现状研究》,《国外外语教学》,第 3 期

涂雪松编著(1999)《神经内科学》,军事医学科学出版社。

王初明编著(1990)《应用心理语言学》,湖南教育出版社。

王文宇(1998)《观念、策略与词汇记忆》,《外语教学与研究》,第 1 期。

文秋芳(1995)《英语成功者与不成功者在学习方法上的差异》,《外语教学与研究》,第 3 期。

文秋芳(1996)《传统与非传统学习方法与英语成绩的关系》,《现代外语》,第 1 期。

文秋芳(2001)《英语学习者动机、观念、策略的变化规律与特点》,《外语教学与研究》,第 2 期。

武和平(2000)《元认知及其与外语学习的关系》,《国外外语教学》;第 2 期。

武和平(2001)《九十年代外语/二语学习动机研究述略》,《外语教学与研究》,第 2 期。

武彤等编著(1993)《高级汉语报刊阅读教程》,北京语言学院出版社。

徐子亮著(2000)《汉语作为外语教学的认知理论研究》,华语教学出版社。

杨治良、郭力平、王沛、陈宁编著(1999)《记忆心理学(第二版)》,华东师范大学出版社。

叶碧霞(2000)《学习风格与外语教学》,《国外外语教学》,第 2 期。

余心乐(1999)《成人学生英语课堂焦虑感与听力理解成绩的关系》,《语言教学与研究》,第 2 期。

〔德〕约翰内斯-恩格尔坎普,陈国鹏译《心理语言学》,上海译文出版社1997年版。

张长城、葛斌贵、周保和主编(1993)《人体生理学》,科学技术文献出版社。

张海蒙(2002)《无须回避的"回避现象"》,《国外外语教学》,第3期。

朱纯编著(1994)《外语教学心理学》,上海外语教育出版社。

A.C.盖顿著,周佳音等译《人体生理学基础——正常功能与疾病机理》,甘肃人民出版社1980年版。

Bialystok. E. A (1978) Theoretical Model of Second Language Learning. *Language Learning*, 28.

Bruce Joyce Marsha Weil Emily Calhoun 著,荆建华、宋富钢、花清亮译《教学模式》,中国轻工业出版社2002年版。

Corder P. (1981) *Error Analysis and Interlanguage*. OUP.

Farch, C. and kasper, G. (1987) Perspectives on Language transfer. *Applied Linguistics*, 8/2:111—36.

John, B. Best 著 黄希庭主译《认知心理学》中国轻工业出版社2000年版。

Kurt Pawlik Mark R. Rosenzweing 主编 张厚粲主译《国际心理学手册》,华东师大出版社2002年版。

Michael Eysenck 主编《心理学——一条整合的途径》,华东师范大学出版社2001年版。

Oxford. R. L. (1990) *Language Learning Strategies: What Every Teacher Should Know*. NewYork:Newbury house.

R. L. 索尔索著,黄希庭等译《认知心理学》,教育科学出版社1990年版。

Rubin, J. (1981) The Study of cognitive Processes in Second Language: Learning. *Applied Linguistics*, 2:117—131.

Taylor, B. P. (1980) *Adult Language Learning strategies and their pedagogical implications*. In K. Croft.

Skehan, P. (1989) *Individual Differences in Second Language Learning*, London: Edward Arndd.

Matlin, M. (1983) *Cognition*. New York: CBS College Publishing.

后 记

生活中一些偶然事件有时会对人生产生重要影响。本科二年级时，一天中午在华东师范大学河东食堂就餐，听到邻座的同学在谈论心理学课程。出于好奇心，我也去报名选修了这门课。没想到心理学课程的学习，给我后来的学术研究打下了良好的基础。

这是我的第三本有关心理学与对外汉语教学研究的学术专著。这本书的写作前后经历了六年时间，其间先后出版了《实用对外汉语教学法》和《对外汉语教学心理学》。也因为这两本著作的撰写，几次推翻本书的写作提纲，修改写作内容。及至今日成书，其间种种经历，可谓甘苦自知。

本书的写作，吸取了许多前人的成果，也得到了师长和同行们各方面的帮助。

我最初学习认知心理学是从罗伯特·L.索尔索的著作开始的。现在这本书已经翻得封面都快掉下来了，但我仍珍藏着，因为这本书见证了我学习和研究十多年的过程。

彭聃龄教授的著作，从《语言心理学》到《汉语认知研究——从认知科学到认知神经科学》，也是我经常学习、翻阅的书籍。2001年10月在北京参加"汉语学习与认知国际研讨会"，有幸聆听了彭教授的学术报告，并有机会向彭教授请教，得到了十分有益的启示。

赵金铭教授一直关心着本书的写作。虽然我们见面的机会不多，但每次相遇，他总是询问研究的进展。他还在百忙中亲自为我购书、寄书，令我深感不安。

吴仁甫教授是我的老师，在本科和研究生期间，我都上过他的课。1986年，吴老师从中文系调任对外汉语教研中心主任，给了我的学习研究以直接的支持。退休后他去了美国。以后每当回国我们见面，总要说到认知心理学的话题。感谢他给予的鼓励和点拨，并为本书惠赐佳序。

这本书的写作源于我申报的国家汉办"十五"科研规划项目的立项(项目号:HBK01—05/039)。在此衷心感谢项目评审委员会的领导和专家所给予的肯定和支持;感谢我所在的华东师范大学对外汉语学院的领导对学术研究的鼓励和倡导,使我的课题研究能顺利进行;感谢我的同事史世庆老师、樊小玲老师等各位,允准我记录你们的课堂教学过程;感谢我的研究生钱季玉冰、厉力、陆晓红、袁海萍、汤莉娜,帮助我拍摄课堂教学实况并做文字记录;北京大学出版社的领导和编辑鼎力相助,沈岚老师为本书的出版付出了辛勤劳动,特在此致以诚挚的谢意。

　　最后要向我的先生、儿子以及父母家人表示歉意,你们一再地容忍我投身于研究和写作中而疏于了对你们的照顾。你们跟我一起承受写作中的烦恼,分享成功的喜悦,是你们的支持和付出成就了这些成果。

　　我以感恩之心写下以上这些文字以表由衷之意。

徐子亮

二零零九年大暑日写于上海